G. Bruce Knecht, Absolvent der Harvard Business School, arbeitet als Korrespondent des *Wall Street Journal* in Hongkong. Seine Arbeiten, veröffentlicht in zahlreichen amerikanischen Reisezeitschriften und Magazinen wie dem *New York Times Magazine*, *Atlantic Monthly*, *Condé Nast Traveler* und *SAIL*, trugen ihm zwei Nominierungen für den Pulitzerpreis ein. Für die Recherche zum vorliegenden Buch setzte sich Knecht unmittelbar nach der Katastrophe auf die Spur der Ereignisse und führte lange Interviews mit Teilnehmern, Überlebenden, Familienangehörigen, Rettungsteams und Meteorologen. Der erfahrene Segler ist unter anderem Mitglied im Royal Hong Kong Yacht Club.

Für Elizabeth

Die Deutsche Bibliothek – CIP-Einheitsaufnahme
Ein Titeldatensatz für die Publikation ist bei
Der Deutschen Bibliothek erhältlich.

NATIONAL GEOGRAPHIC ADVENTURE PRESS
Reisen · Menschen · Abenteuer
Die Taschenbuch-Reihe von
National Geographic und Frederking & Thaler

1. Auflage Oktober 2004
© 2004 Frederking & Thaler Verlag GmbH, München
Deutsche Erstausgabe © 2003 Rowohlt Verlag GmbH, Reinbek bei Hamburg
© 2001 G. Bruce Knecht
Titel der Originalausgabe: The Proving Ground
erschienen bei Little, Brown and Company, New York
Alle Rechte vorbehalten

Aus dem Amerikanischen von Michael Benthack
Titelfoto oben: zefa visual media gmbh, Düsseldorf
Restliche Umschlagfotos: Newspix, Australien
Innenteilfotos: siehe Bildnachweis S. 304
Karte: Eckehard Radehose, Schliersee
Umschlaggestaltung: Dorkenwald Grafik-Design, München
Herstellung: Caroline Sieveking, München
Druck und Bindung: Clausen & Bosse, Leck
Printed in Germany

ISBN 3-89405-239-2
www.frederking-thaler.de

Das Papier wurde aus chlorfrei gebleichtem Zellstoff hergestellt.

G. BRUCE KNECHT

DER ORKAN

**Die Todesregatta
von Sydney nach Hobart**

Aus dem Amerikanischen
von Michael Benthack

Inhalt

Prolog   7

Teil 1: Ruhe vor dem Sturm   11

Teil 2: Jenseits von Eden   80

Teil 3: Die schwarze Wolke   133

Teil 4: In Wind und Wellen   200

Teil 5: Kielwasser   268

Epilog   292

Danksagung   301

Bildnachweis   304

Prolog

Larry Ellison lag in seiner Koje und hielt es für sehr wahrscheinlich, dass er sterben würde.

Dank des Aktienbesitzes an seinem Unternehmen Oracle gehörte er zu den reichsten Männern der Welt. Aber jetzt war er seekrank, ihm war speiübel, und die amerikanische Technologiebörse *Nasdaq* schien in weiter Ferne zu sein.

Am Vortag schon war ihm klar geworden, was auf sie zukam. Er hatte auf einen der beiden Laptops seines Bootes geblickt und eine Satellitenaufnahme mit einem wirbelsturmartigen Wolkenmuster gesehen. Mit dem gleichen surrealen Gefühl des Losgelöstseins, das ihn manchmal überkam, wenn er ein Flugzeug nur anhand der Instrumente flog, fragte er Mark Rudiger, den Navigator der Yacht: »Hast du so etwas schon mal gesehen?«

Fast unmerklich schüttelte Rudiger den Kopf.

»Aber ich«, rief Ellison in ohnmächtigem Zorn, »und zwar auf dem Wetterkanal. Sie haben den Hurrikan Helen genannt. Aber was hat der hier zu suchen, verdammt noch mal?«

Seitdem kämpfte Ellisons Yacht *Sayonara* gegen eine tobende See. Steile, 13 Meter hohe Wogen zogen das Boot Furcht einflößende Wellenkämme hinauf und schickten es in tiefe Wellentäler hinab. Ging es aufwärts, hatte man das Gefühl, während eines Erdbebens Fahrstuhl zu fahren, und hinunter war es, als sei das Fahrstuhlkabel gerissen. Der Rumpf der Yacht bestand aus zwei Carbonfaserhäuten, die einen Kern aus Schaum umschlossen. Carbonfaser ist trotz ihrer Leichtigkeit ein unglaublich stabiler Kunststoff, aber Ellison hatte bemerkt, dass tragende Teile allmählich ihren Dienst versagten. Einige Schotten, die für die Stabilität des Bootskörpers verantwortlich waren, begannen sich von ihm zu lösen, ja sie waren teilweise nicht einmal mehr mit ihm verbunden. An der Rumpfinnenseite, nahe dem Bug, bildeten sich große, ovale Blasen, was darauf hindeutete, dass sich die Kohlefaserhäute vom Schaumkern gelöst hatten und beide Flächen nun aneinander rieben. Irgendwann würde der instabil gewordene Bootskörper beim Zusammenprall mit einer Welle wie eine Papiertüte zerdrückt werden. Außerdem befand sich die *Sayonara* für einen Hubschraubereinsatz unerreichbar weit draußen auf See, und sollte er über Bord gehen, würde er wahrscheinlich nicht so lange überleben, bis ein Schiff ihn retten konnte.

Nach Meinung aller außer ihm selbst führte Ellison, dem man seine 54 Jahre nicht ansah, ein Traumleben. Meist leitete er sein Unternehmen mit 37 000 Angestellten, ohne überhaupt im Büro zu erscheinen. Lieber kommunizierte er mit seiner Firma per Telefon oder E-Mail, entweder von Bord der *Katana*, seiner 25 Meter langen, supermodernen High-Tech-Yacht, oder aus seinem elegant-schlichten Haus im japanischen Stil in Atherton, Kalifornien, wo das Wasser im Gartenteich wie in einem Swimmingpool gefiltert wurde, damit es immer kristallklar blieb.

Ellison trieb ein tief verwurzelter, nicht zu befriedigender Ehrgeiz an. Er kam als unehelicher Sohn einer Mutter zur Welt, die ihn zur Adoption fortgab. Der Adoptivvater hatte ihm immer wieder gesagt, er werde es im Leben zu nichts bringen, doch mit seinen Erfolgen wuchsen Ellisons Ambitionen. Er besaß den federnden Gang eines Jugendlichen, der soeben eine Leichtathletikmeisterschaft gewonnen hatte, die dunkelbraunen Augen jedoch wirkten kühl konzentriert und stets auf der Hut. Im Wesentlichen – in einer spezifischen

Form von Aufsteigermentalität – vor seinem größten Konkurrenten Bill Gates, dem Chef von Microsoft. Es war eine Rivalität, die, jedenfalls in Ellisons Vorstellung, über Geld und Geschäft weit hinausreichte. Er, der nicht nur Segelregatten gewann, sondern auch Kurzgeschichten schrieb, Klavier spielte und akrobatische Flugkunststücke vollbrachte, strebte ständig danach, sich talentierter und vielseitiger als Bill Gates zu zeigen.

Für Ellison war das Leben ein Experiment oder ein Wettkampf, bei dem es ihm nur um eins ging: zu beweisen, wie gut er eigentlich war. Beherrschendes Thema war dabei die Geschwindigkeit. Neben der *Sayonara* besaß er eine Sammlung diverser hochgezüchteter Flugzeuge und Automobile. Dank ihres 18 500 PS starken Motors war seine Yacht *Katana* imstande, mit einer Geschwindigkeit von 35 Knoten durchs Wasser zu rasen. Ellison hatte viel über sein nicht zur Ruhe kommendes Verlangen nach Geschwindigkeit sinniert. »Geschwindigkeit kann man unter zwei Aspekten betrachten«, erzählte er Freunden. »Es gibt eine absolute Vorstellung von der Geschwindigkeit und eine relative – schneller sein zu wollen als die anderen. Der zweite Aspekt ist meiner Meinung nach viel interessanter. In ihm kommt das Ur-Wesen des Menschen zum Ausdruck. Seit den Zeiten, als wir noch als Jäger und Sammler in Dörfern lebten, werden die Stärkeren und Schnelleren besonders belohnt.«

Ellison war bei der Sydney-Hobart-Regatta gestartet, weil sie zu den anspruchsvollsten Wettkämpfen im Segelsport gehört. Ein Teil ihres Reizes bestand in der Gefahr. Doch als er in der Koje lag und sich in der Kabine umsah, in der einige der besten Berufssegler der Welt auf Haufen nasser Segel lagen und sich in Eimer erbrachen, kamen ihm Zweifel an seinem geradezu zwanghaften Bedürfnis zu gewinnen.

Tief bohrte sich die *Sayonara* in jede anrollende Wasserwand. Dann schien sich das Schiff daran zu erinnern, dass es eigentlich zum Schwimmen bestimmt war, und tauchte aus dem Wellenberg wieder empor. In diesem Moment begann er zu zählen – einundzwanzig, zweiundzwanzig –, während der Bug auf der anderen Seite der Welle frei schwebend herausragte und scheinbar erneut der natürlichen Ordnung der Dinge trotzte. Diese Bewegung schien kein Ende zu nehmen, auch wenn er erst bei »vierundzwanzig« angekommen war, bis schließlich ein so großer Teil des 25-Meter-Boots in der Luft hing, dass die Schwerkraft es herabzog und der Zyklus mit einem gewaltigen Krachen endete.

Und immer wieder musste er denken: Was für eine idiotische Art zu sterben.

Teil 1: Ruhe vor dem Sturm

1

Geographisch und gesellschaftlich ist der Hafen das Zentrum Sydneys. Dies gilt insbesondere für den zweiten Weihnachtstag, wenn der Start zur 1008 Kilometer langen Regatta von Sydney nach Hobart, einer Stadt an der Ostküste Tasmaniens, den Hafen in ein riesiges natürliches Amphitheater verwandelt. Praktisch jeder in Sydney verfolgt den Start, entweder aus nächster Nähe oder am Fernsehschirm. In Parks, Gärten und auf Hausdächern versammeln sich die Schaulustigen zu Tausenden, meist mit einem Drink in der Hand. Im Hafen selbst drängen sich Hunderte von Booten im Lärm der Sirenen und tief fliegenden Hubschrauber.

Aber nirgends geht es geschäftiger zu als am Ursprungsort dieser ganzen Aufregung, dem Cruising Yacht Club of Australia. Nach seiner Gründung im Jahr 1945 finanzierte der Verein noch im selben Jahr die erste Sydney-Hobart-Regatta. Das Clubhaus, ein unauffälliger zweistöckiger Backsteinbau, liegt an der Rushcutters Bay, nur wenige Kilometer östlich vom Stadtzentrum. Der Ehrgeiz des Clubs – so er denn welchen hat – gilt eher »dem Hobart«, wie man die Regatta meist nennt, als der Gewinnung gesellschaftlichen Ansehens. Das Segeln spielt im Leben der Australier seit jeher eine bedeutende Rolle. Es ist deshalb nicht verwunderlich, dass sich auch Polizisten und Taxifahrer als Segler bezeichnen. In Australien, einer Insel von der Größe der Vereinigten Staaten, aber mit weniger als 19 Millionen Einwohnern, war der direkte Zugang zum Wasser noch nie den Reichen vorbehalten. Und da die Gründer des CYC sicherstellen wollten, dass dies auch so bleibt, zahlten die 2500 Mitglieder 1998 einen Jahresbeitrag von nur 250 Dollar, ein Zehntel dessen, was manche Yachtclubs in den USA und Europa verlangen.

Was den finanziellen Beitrag seiner Mitglieder betraf, gab sich der CYC somit eher bescheiden; anders sah es dagegen mit den Erfolgen beim Hobart aus. Die Hauptbar, die auf eine große Terrasse und die Bootsstege hinausgeht, schmücken Fotos von Sieger-Yachten mit viel sagenden Namen: *Assassin*, *Love & War*, *Ragamuffin*, *Rampage*, *Sagacious*, *Scallywag*, *Screw Loose* und *Ultimate Challenge*. In der etwas förmlicheren Bar im ersten Stock hängt eine Gedenktafel mit den Namen von 43 Männern, die mindestens 25 Hobarts durchgestanden haben. Obwohl seit 1946 auch regelmäßig Frauen teilnehmen, hat sich noch keine auf der Tafel verewigen können.

Die vom CYC ausgerichtete Regatta zieht die größten Namen des Segelsports und Prominente aus allen Bereichen an. Rupert Murdoch hat an sechs Rennen teilgenommen; 1964 ging seine 18-Meter-Yacht *Ilina*, eine klassische Holzketsch, als Zweite durchs Ziel. 1969 hieß der Sieger Sir Edward Heath, der damalige britische Premierminister. Drei Jahre später schockierte Ted Turner die anderen Skipper, als er nach dem Start seiner *American Eagle* erst einmal frech durch das Feld der Zuschauerboote steuerte – und dann weitersegelte und siegte. 1996 gewann Hasso Plattner, Multimillionär und Mitbegründer des deutschen Softwarekonzerns SAP, und stellte einen neuen Streckenrekord auf.

Die erste Regatta überhaupt fand statt, nachdem der Club Kapitän John Illingworth, einen im Zweiten Weltkrieg in Sydney stationierten Offizier der britischen Marine, eingeladen hatte, an einer Vergnügungsreise von Sydney nach Hobart, Tasmaniens zweitältester Stadt und einst ein wichtiges Seefahrtszentrum, teilzunehmen. Aber nur wenn es eine Wettfahrt wird, soll dieser erwidert haben. Man war einverstanden, und Illingworths 12-Meter-Slup *Rani* besiegte in sechseinhalb Tagen die acht anderen Yachten, womit sie das erste Hobart gewann. Bis in die sechziger Jahre benötigte man vier bis fünf Tage, um die Strecke zurückzulegen. In den folgenden Jahrzehnten schrumpfte die durchschnittlich erforderliche Zeit auf drei bis vier Tage. 1996 benötigte Plattners *Morning Glory* wenig mehr als zweieinhalb. Dass der Kurs immer schneller absolviert wurde, spiegelt zwei der größten Veränderungen im Rennsegeln wider: erstens die Abkehr von Holzbooten, die man gemäß Eingebung und Tradition konstruierte, und die Hinwendung zu Yachten, die an Computern entworfen und aus Fiberglas, Aluminium und den synthetischen Materialien des Raumfahrtzeitalters gebaut werden. Und zweitens die Wandlung vom reinen Amateursport zu einem Sport mit einer zunehmenden Anzahl professioneller Segler.

Während des größten Teils seiner Geschichte hat das Segeln der Professionalisierung, die viele andere Sportarten grundlegend wandelte, stolz widerstanden. Doch schon Sir Thomas Lipton – der sich zwischen 1899 und 1930 mit seinen fünf leidenschaftlich, wenn auch erfolglos geführten Kampagnen zur Gewinnung des America's Cup geradezu den Ruf eines Heiligen erwarb – begriff die Bedeutung des Sponsorings. Außerdem trug die mit seinen Bemühungen um den Cup einhergehende Publicity viel dazu bei, seinen Tee in den USA zu einer bekannten Marke zu machen.

Seither ist das Niveau der Wettkämpfe stetig gestiegen, wodurch immer größere Investitionen an Zeit und Geld erforderlich wurden. 1977 hatte Ted Turner für seine Kampagne zur Eroberung des America's Cup ein halbes Jahr seiner Zeit und 1,7 Millionen Dollar investiert. Als einzigen Lohn erhielt die Mannschaft freie Kost und Logis. Im Jahr 2000 hatten sich fünf US-amerikanische Mitbewerber fast drei Jahre auf den America's Cup vorbereitet und über 120 Millionen Dollar ausgegeben. Patrizio Bertelli, Chef des italienischen Modehauses Prada, stellte dem Syndikat, das sein Land vertrat, einen Etat in Höhe von 50 Millionen Dollar zur Verfügung.

Larry Ellison investierte allein für die Kampagne um den America's Cup 2003, bei der er schließlich knapp gegen die schweizerisch-neuseeländische Yacht »Alinghi« unterlag, rund 200 Millionen Dollar. Und um den nächsten America's Cup wird Ellison wieder mitkämpfen. Fast alle Crewmitglieder sind inzwischen Profis, die während der Vorbereitungsjahre ordentliche Gehälter verdienen, und Ellisons Partner BMW stellt mehrere Ingenieure ab, die Erfahrungen vom Karosseriebau aus der Formel 1 einbringen.

Ted Turner, der mehrere Wettfahrten auf der *Sayonara* absolviert hat, ist hinsichtlich der Entwicklung des Sports, den er einst dominierte, zwiegespalten. Während eines Rennens sagte er einmal zu Gary Jobson, seinem langjährigen Taktiker: »Mir sind da zu viele Computer im Spiel. Was ist eigentlich aus dem intuitiven Segeln geworden?« Als einem der Pioniere der Computerindustrie kamen Larry Ellison keine solche Bedenken.

Ellison, der das Hobart bereits 1995 gewonnen hatte, hatte sich für das 1998er Rennen zwei Ziele gesteckt. Vor allen Dingen wollte er Hasso Plattner den Streckenrekord abnehmen. Nach Bill Gates war Plattner sein wichtigster Wettbewerber in der Softwarebranche. Der Segelsport hatte ihre Rivalität nur noch gesteigert und eine weit ins Persönliche reichende Dimension hinzugefügt. »Das ist ein Kampf bis aufs Messer«, sagte Ellison – und meinte es auch so. Er brüstete sich damit, dass seine Yacht *Sayonara*, die in dem Jahr, als der Rekord aufgestellt wurde, am Hobart nicht teilnahm, noch nie gegen Plattners *Morning Glory* verloren hatte. Ellison und Plattner redeten zwar kein Wort miteinander, hatten jedoch andere Wege gefunden, sich auszudrücken. Während einer Regatta ließ Plattner – erbost über einen Vorfall, den er als unsportliches Verhalten Ellisons ansah – die Hose fallen und zeigte der Crew der *Sayonara* den nackten Hintern. Ellisons zweites Ziel war es, George Snow zu schlagen.

Snow, ein charismatischer Australier, der das Hobart im Jahr 1997 gewann, und Ellison hätten kaum verschiedener sein können. Die Mannschaft auf Snows Yacht *Brindabella* setzte sich überwiegend aus Amateurseglern zusammen. Auf der *Sayonara* segelten ausschließlich Profis – bis auf zwei Gäste: Einer war Lachlan Murdoch, Rupert Murdochs ältester Sohn und designierter Nachfolger. Zehn von Ellisons 23 Crewmitgliedern gehörten dem Team New Zealand an, das den America's Cup im Jahr 1995 gewonnen hatte und ihn 2000 verteidigen wollte.

Ellison hat schon immer Traditionen über den Haufen geworfen und wider den Stachel gelöckt. Nachdem seine Mutter sich entschlossen hatte, nicht für ihn zu sorgen, wurde er vom Onkel und der Tante adoptiert. Mit seinem Adoptivvater Louis Ellison, einem russischen Emigranten, der sich nach der Einwandererinsel Ellis Island genannt hatte und als Buchhalter arbeitete, kam er nie zurecht. Ellison, der in einer kleinen Wohnung in der South Side von Chicago aufwuchs, mochte weder die Schule noch organisierten Sport oder Leute, die ihm sagten, was er zu tun habe. »Ich hatte immer Probleme mit Autorität«, erzählte er später. »Mein Vater dachte, dass Leute in übergeordneten Stellungen mehr wissen als man selbst. Das habe ich nie geglaubt. Ich fand immer, wenn sich jemand nicht verständlich machen kann, muss ich nicht blindlings tun, was mir gesagt wird.«

Nachdem Ellison das Studium an der Universität von Illinois in Urbana-Champaign und danach an der Universität von Chicago, wo er lernte, Computersoftware zu schreiben, abgebrochen hatte, fuhr er im verbeulten Auto nach Kalifornien. Es kostete ihn keine große Mühe, eine feste Anstellung zu finden; sie zu behalten war da schon schwieriger. Er schlug sich mit diversen Computerjobs durch, bis er von einer neuen Software erfuhr, die imstande war, große Datenbestände zu speichern und schnell zu verarbeiten. Nachdem er ihr

Potenzial erkannt hatte, gründete er eine Firma, aus der später Oracle hervorging. Das Unternehmen produziert keine Software, die der Konsument kauft oder auch nur kennt, doch jede Organisation, die große Datenmengen speichert, braucht sie. In den ersten zehn Jahren des Unternehmens verdoppelten sich die Verkaufszahlen fast jährlich, so schnell, dass es schien, als geriete Oracle im nächsten Augenblick völlig außer Kontrolle. Auch Ellisons Privatleben stand auf recht wackligen Füßen. Er heiratete dreimal und ließ sich dreimal scheiden; bei einem Surfunfall zog er sich außerdem einen Halswirbelbruch zu.

Im Jahr 1990 wäre er fast aus dem eigenen Unternehmen geworfen worden, nachdem bekannt geworden war, dass einige Oracle-Mitarbeiter Scheinaufträge im Wert von mehreren Millionen Dollar verbucht hatten. Doch Mitte der neunziger Jahre schien seine risikoreiche, rasante Art der Unternehmensführung in einer Branche, die sich schneller wandelte, als es traditionsverhafteten Industrien möglich war, völlig angemessen zu sein. Nach seiner festen Überzeugung war sein Unternehmen besser als alle anderen darauf vorbereitet, aus dem boomenden Internet Kapital zu schlagen. Schließlich waren die Firmen der ersten Generation des E-Commerce-Business – Amazon.com, eBay und Yahoo! – auf Oracle-Software angewiesen. Weil die Aktienkurse dieser Unternehmen wie Raketen gen Himmel schossen, würde seiner Ansicht nach auch der Wert seiner Oracle-Aktien explodieren. Und er glaubte, es wäre ihm möglich, sein höchstes Ziel zu erreichen: Bill Gates von seinem Platz als reichster Mann der Welt zu verdrängen.

Von jeher interessierte ihn das Segeln. Als Kind träumte er davon, mit den Yachten, die er auf dem Lake Michigan sah, in exotische Länder zu reisen. Er war noch nicht lange in Kalifornien, da kaufte er eine 10-Meter-Slup, die er jedoch wieder verkaufte, weil er sie sich nicht leisten konnte. Sein Nachbar David Thomson, ein zugewanderter Neuseeländer, schlug ihm 1994 vor, eine Maxi-Yacht zu bauen. Maxis sind mit etwa 25 Meter Länge der größte Bootstyp, der in vielen Regatten zugelassen ist. Ellison willigte ein, stellte aber einige Bedingungen. Erstens sollte die Yacht die schnellste ihrer Art werden, und zweitens sollte Thomson die ganze Arbeit allein erledigen. Thomson war Privatanleger und wohlhabend genug, um es sich leisten zu können, in Ellisons Nachbarschaft zu wohnen, doch drei bis vier Millionen Dollar für eine eigene Maxi überstiegen seine finanziellen Möglichkeiten. Er hatte aber Lust dazu, Entwurf und Bau von Ellisons Boot zu beaufsichtigen, und so stimmte er dessen Forderungen bereitwillig zu.

Wer sich entschließt, ein Boot zu bauen, möchte normalerweise an der Planung beteiligt sein, doch Ellison machte deutlich, dass er mit Details nicht behelligt zu werden wünschte. Als Thomson, einen Stapel technischer Zeichnungen unter dem Arm, bei ihm erschien, redeten sie nur wenige Minuten über das Schiff, dann brachte Ellison das Gespräch auf sein neuestes Flugzeug, über das sie sich länger als eine Stunde unterhielten. Thomson informierte ihn gelegentlich per E-Mail über den Fortgang der Arbeiten. Weil er gehört hatte, dass Ellison Gast eines Staatsbanketts im Weißen Haus zu Ehren des Kaisers von Japan sein würde, erkundigte er sich am Schluss einer Mail nach der Etikette bei solchen Veranstaltungen: »Was ziehst du eigentlich an? Verneigt sich ein Amerikaner vor einem Kaiser?« Und fügte an: »Viel Vergnügen. Sayonara.«

Sekunden nachdem er den Versenden-Knopf gedrückt hatte, schickte er noch eine E-Mail hinterher. »Sayonara. Gar kein schlechter Name für ein Boot.«

Die Fragen nach der Etikette im Weißen Haus ließ Ellison zwar unbeantwortet, doch den Namensvorschlag kommentierte er postwendend: »Das ist er.«

Die *Sayonara* wurde im Mai 1995 in Auckland fertig gestellt, nur wenige Tage nachdem das Team New Zealand den America's Cup gewonnen hatte. Diesen Sieg feierte der kleine Staat mit vier Konfettiparaden und einem Ausbruch nationalistischen Stolzes, wie man ihn seit den Feiern zum Ende des Zweiten Weltkriegs nicht mehr erlebt hatte. Thomson rekrutierte fast die Hälfte der *Sayonara*-Crew aus dem siegreichen Team. Unmittelbar im Anschluss an die letzte Parade flogen die Männer zur Jungfernfahrt der *Sayonara* nach San Francisco. Als Skipper verpflichtete Thomson den Berufssegler Paul Cayard. Cayard war Erster Steuermann unter Dennis Conner auf der *Stars & Stripes* – dem Boot, das den Cup an die Neuseeländer verlor –, hatte an insgesamt fünf Admiral's-Cup-Regatten teilgenommen und 1988 das Whitbread Around the World Race gewonnen. Zur Vervollständigung der *Sayonara*-Mannschaft heuerte Cayard mehrere Crewmitglieder der *Stars & Stripes* an und stellte so eine Traummannschaft aus US-amerikanischen und neuseeländischen Seglern auf die Beine.

Als sich die Männer der neu zusammengestellten Crew in Alameda, auf der gegenüberliegenden Seite der Bucht von San Francisco, an Deck der *Sayonara* trafen, waren sie beeindruckt von dem, was sie sahen. Bis auf das rote O im Namenszug *Sayonara* seitlich am Rumpf war alles auf dem Boot entweder in Schwarz oder Weiß gehalten. In der Regel sind weiße Rümpfe mit einem matten Anstrich versehen, doch der Rumpf der *Sayonara* reflektierte das glitzernde Wasser wie ein Spiegel. Der 30 Meter hohe, leicht nach achtern geneigte und sich zur Spitze verjüngende Mast war schwarz, desgleichen die Segelhüllen, Winschen und Instrumente. Wie fast alle modernen Rennyachten hatte die *Sayonara* ein ausladendes Heck und ein breites Cockpit, in dem zwei große Steuerräder nebeneinander standen. Sie war schmaler als andere Maxi-Yachten und mit einem Gewicht von 23 Tonnen leichter als die meisten

Boote ihrer Klasse. Das nicht gestrichene Schiffsinnere war kohlefaserschwarz. Eine fensterlose schwarze Kajüte hat zwar nichts Anheimelndes, doch Farbe wiegt – und der Verzicht auf sie unterstrich nur, wie ernst man es in puncto Geschwindigkeit meinte. Bis auf die langen Segelsäcke war das vordere Drittel der *Sayonara* ein leeres schwarzes Loch. Im Heckbereich befand sich eine ähnliche schwarze Höhle. Einzig die mittlere Sektion war so entworfen, dass sie von den Seglern bewohnt werden konnte – doch selbst dort war die Unterbringung spartanisch. Aus den Wänden ragten unverkleidete Röhren und mechanische Apparaturen. Die *Sayonara* war, wie David Thomson es versprochen hatte, eine reine Rennmaschine.

Binnen drei Jahren war die Yacht praktisch unbesiegbar geworden und hatte drei Weltmeisterschaften in der Klasse der Maxi-Yachten sowie das Newport-Bermuda-Rennen gewonnen. Ellison war rundum zufrieden. »Ich hätte die New York Yankees kaufen können, aber die hätten mich nicht einmal als Verteidiger aufgestellt. Auf dem Boot gehöre ich wirklich zum Team.«

Die Crewmitglieder kennen zu lernen war Teil des Vergnügens. Er stellte fest, dass viele sein Interesse an Flugzeugen und schnellen Autos teilten, und genoss das Zusammensein mit ehrgeizigen und kampfstarken Männern, die außer der Chance, auf der *Sayonara* zu segeln, nichts von ihm verlangten. Er war mit seinem Team so zufrieden und setzte so großes Vertrauen in dessen Können, dass er 1997 zu der vor Sardinien stattfindenden Weltmeisterschaft für Maxi-Yachten mit Rolex-Armbanduhren für jedes Mitglied anreiste. Darauf hatte er SAYONARA. MAXI WORLD CHAMPIONSHIPS: SARDINIA 1997 gravieren lassen, lange bevor die Wettfahrten begannen.

In der vorletzten Fahrt dieser Regatta segelte Hasso Plattners *Morning Glory* auf Siegeskurs, bis das Großfall riss und das Segel zusammenfiel. Die auf Platz zwei liegende *Sayonara* nutzte die Gelegenheit und ging in Führung. Bis zum Ende der Wettfahrt wurde die *Morning Glory* von ihr »abgedeckt«: Wann immer die *Morning Glory* über Stag ging, tat es die *Sayonara* ihr nach, sodass sie sich stets zwischen ihrem Gegner und der Ziellinie befand und es Plattner damit praktisch unmöglich machte, die Führung zurückzugewinnen. Das Abdecken ist ein übliches Manöver beim Rennsegeln, doch es brachte Plattner in Rage, und am schlimmsten war, dass sich die *Sayonara* mit diesem Tagessieg schon die Meisterschaft gesichert hatte. Um die Regatta zu gewinnen, brauchte Ellison zum letzten Rennen nicht mehr anzutreten und tat es auch nicht. Plattner hielt dieses Verhalten für grob unsportlich und sagte später: »Dazu fallen mir nur die übelsten Kraftausdrücke ein.«

Eine Woche vor dem 1998er Hobart trafen Ellison und seine Freundin Melanie Croft, eine Liebesromanautorin, in Sydney ein. Nachdem sie erfahren hatte, dass ein größerer Sturm während der Zeit des Rennens drohte, hielt sie das Hobart für eine Kraftprobe, auf die ihr Freund dieses eine Mal verzichten sollte. Wenige Stunden vor dem Start ging sie mit Ellison von ihrem Hotel am Hafenrand in den üppig blühenden Königlichen Botanischen Garten. Dort versuchte sie, wie schon so oft, ihm die Teilnahme am Rennen auszureden.

»Das ist doch idiotisch«, sagte sie. »Es besteht überhaupt keine Notwendigkeit, daran teilzunehmen. Das Rennen ist viel zu gefährlich.«

»Es ist ungefährlich«, erwiderte Ellison. »Hart, anstrengend, das ja, aber seit Beginn sind nur wenige Menschen dabei ums Leben gekommen. Manche meinen, es sei gefährlich – das ist ja einer Gründe, warum es so cool ist –, aber in Wirklichkeit ist es das nicht. Mach dir also keine Sorgen.«

Später dachte er wiederholt an das Gespräch zurück und fragte sich, warum er nicht auf seine Freundin gehört hatte. Aber da war es bereits zu spät.

2

Die Sydney-Hobart-Regatta ist bei weitem nicht die längste Blauwasserwettfahrt der Welt, aber sie gilt als eine der tückischsten. Die Bass Strait, jene 210 Kilometer breite und fast 90 Meter tiefe Meerenge zwischen Tasmanien und dem australischen Kontinent, zählt zu den stürmischsten Gewässern der Erde. Weil beide Landmassen einst verbunden waren, ist der Meeresboden zwischen ihnen heute sehr viel flacher als der der Ozeane im Osten und Westen. Wenn Wellen, die sich über Hunderte von Meilen aufgebaut haben, über den flachen Meeresgrund ziehen, überschlagen sie sich oft wie die Brandung am Strand.

Nach Meinung vieler Yachtsegler liegt über jedem siebenten Hobart ein Fluch. In den Jahren 1956, 1963, 1970, 1977 und 1984 wurde das Regattafeld von besonders schweren Stürmen verwüstet. 1977 schieden 59 Yachten aus. 1984 gaben 104 von 150 Booten bei orkanartigen Winden auf. Diese Serie schien 1991 zu enden – oder vielleicht setzte sie sich auch erst 1993 verspätet wieder fort, als nur 38 von 110 Teilnehmern in Hobart ankamen. Wie dem auch sei: Manchem Segler fiel ein, dass nach der ursprünglichen Serie das Jahr 1998 schlecht werden musste.

Durch die Sturmgefahr sahen sich die Verantwortlichen des CYC jedoch nicht veranlasst, eine Verschiebung des Rennens in Betracht zu ziehen. Wie Yachtclubs überall auf der Welt hält sich der CYC an die fünf Grundregeln der *International Sailing Federation*. Regel Nr. 4 lautet: »Jedes Boot entscheidet in eigener Verantwortung über den Start bzw. die Fortsetzung des Rennens.«

Am Samstagmorgen um 4.00 Uhr, neun Stunden vor Regattabeginn, traf Brett Gage, leitender Meteorologe im Australischen Wetteramt, in seinem Büro im 16. Stock eines Gebäudes im Zentrum von Sydney ein. Da sich das Amt, wie in den vorangegangenen Jahren, bereit erklärt hatte, dem Cruising Yacht Club gesonderte Wetterberichte zur Verfügung zu stellen, hatte Gage alle Hände voll zu tun: Um möglichst viele Skipper und Navigatoren individuell informieren zu können, musste er für jede Yacht einen Wust von Wetterdaten zu einem Paket zusammenstellen, die Vorhersage für das Rennen erstellen und anschließend zum CYC eilen.

Die größte Schwierigkeit machte das Wetter selbst: Man war sich völlig uneins über seine Entwicklung. Bei einem Vorbereitungstreffen am Heiligabend im CYC hatte Kenn Batt, ebenfalls Meteorologe beim Wetteramt, mehrere mögliche Szenarien vorgestellt, allerdings auch hinzugefügt, er wisse nicht, welches sich tatsächlich entwickeln werde. Batt und Gage gründeten ihre Wettervorhersagen auf drei weltweite, von Computern erstellte Vorhersagemodelle sowie ein australisches Modell, das nur die örtlichen Wetterverhältnisse berücksichtigte. Das aus den USA kommende globale Modell, das nach Ansicht mancher australischer Meteorologen dazu neigte, die Stärke von Stürmen zu übertreiben, sagte ein starkes Tiefdrucksystem voraus, das Winde von Orkanstärke erzeugen konnte. Die beiden anderen Modelle – das eine kam aus einem Wetterzentrum in Kontinentaleuropa, das andere aus einem Zentrum in Großbritannien – prognostizierten einen sehr viel weniger gefährlichen Sturm. Bei seinem Briefing am Heiligabend hatte Batt darauf hingewiesen, dass südlich von Australien ein Tiefdruckgebiet entstehen und nach Norden ziehen könnte, während die Flotte ihm auf südlichem Kurs entgegensegelte. Allerdings könne es auch am ersten Weihnachtstag verpuffen. »Die Computermodelle machen da unterschiedliche Angaben«, hatte er gesagt und Gelächter geerntet. »Trotzdem ist vermutlich mit einem kräftigen Tief zu rechnen, das wohl heftige Winde und einen ziemlich hohen Seegang produziert.«

Will man das Wetter für eine bestimmte Region vorhersagen, müssen die globalen Wetterbedingungen berücksichtigt werden. Die drei wichtigsten Vorhersagemodelle stützen sich auf Millionen von Beobachtungspunkten, die über den ganzen Erdball verteilt sind. Für jeden der mehr als 100 000 Punkte eines Koordinatennetzes sammeln meteorologische Stationen, Wetterballons und Treibbojen Daten. Diese Daten über die Windgeschwindigkeit, den barometrischen Druck, die Lufttemperatur sowie die Luftfeuchtigkeit kombinieren sie mit Annäherungswerten aus 29 Schichten der Erdatmosphäre, wodurch über drei Millionen punktuelle Messwerte entstehen. Bei allen Modellen werden neben den Informationen für jeden einzelnen dieser Punkte noch zusätzliche, von Flugzeugen und Satelliten gewonnene Daten in Supercomputer eingespeist. Dies ergibt dann über 20 Millionen Rechenvorgänge pro Sekunde, die über eine Stunde dauern, und produziert globale Bilder über die Veränderungen der Lufttemperatur, des Luftdrucks und der Jetstreams in großer Höhe, die das Wetter bestimmen.

Die Modelle, die Batt untersuchte, sagten sehr große Luftdruckunterschiede voraus. Diese Unterschiede waren das Entscheidende, denn die Schwankungen im Luftdruck sind es, die den Wind erzeugen. Zu jedem beliebigen Zeitpunkt weist die Erdatmosphäre mehr als hundert Tiefdruckgebiete auf, in die Luft aus allen Richtungen strömt. Je niedriger der Luftdruck ist, desto stärker ist der Wind. In den südlichen Breitengraden beginnt der Wind aufgrund der Erdrotation im Uhrzeigersinn zu kreisen, sobald die Luft sich dem Zentrum des Tiefdruckgebiets nähert (der so genannte Coriolis-Effekt). Dadurch entstehen jene Wolkenwirbel, die man von Satellitenaufnahmen her kennt. Ist der Wind entsprechend stark, entwickelt sich ein »tropischer Zyklon«.

Während Gage am frühen Samstagmorgen seine erste Tasse Kaffee trank und die aktuellen Satellitenaufnahmen und Computerdaten überflog, stand fest, dass sich ein Tief bildete. Hinsichtlich seiner Stärke wichen die Modelle jedoch nach wie vor voneinander ab. Zu den Informationspaketen, die Gage zusammengestellt hatte, gehörten auch Vorhersagen über den Luftdruck sowie Wellenhöhen und Gezeitenwechsel. Weil auf einem Satellitenfoto über Australien kaum eine Wolke am Himmel zu sehen war, gab er eine »Windwarnung« aus. Das hieß, es war mit Windgeschwindigkeiten zwischen 25 und 33 Knoten zu rechnen. (1 Knoten = 1 Seemeile/Stunde = 1,852 km/h). Aber er wusste, es konnte viel schlimmer kommen, und er befürchtete, nicht mehr rechtzeitig vor dem Regattastart zu einem abschließenden Urteil zu gelangen. Um 7.30 Uhr bekam er noch ein Problem: Der Fotokopierer des Wetteramtes gab seinen Geist auf, was ihn dazu zwang, das Kopieren der einzelnen Blätter für die Informationspakete des CYC abzubrechen.

Kenn Batt, der beim Zusammenstellen der Pakete half und vorhatte, im CYC einige Briefings durchzuführen, blieb im Wetteramt, in der Hoffnung, aktuelle Informationen zu bekommen. Der 48-jährige Batt arbeitete seit 25 Jahren als Meteorologe, hatte jedoch schon lange vor dieser Zeit Wettervorhersagen erstellt. Er war in Hobart aufgewachsen und fertigte bereits als Jugendlicher Wettervorhersagen für den Königlichen Yacht Club von Tasmanien an, die er jedes Wochenende an ein schwarzes Brett pinnte. Mit dem Wetter und dem Segeln kannte er sich aus: Er stammte aus einer Familie, deren Mitglieder bereits in der vierten Generation an Segelrennen teilnahmen, und hatte selbst sieben Hobarts gesegelt.

Kurz vor 9.00 Uhr erhielt er die neuesten Daten des kontinentaleuropäischen und des britischen Modells. Sie prognostizierten nun einen niedrigeren Luftdruck als vorher, lagen allerdings immer noch über der Vorhersage des amerikanischen Modells. Er rief Gage an und sagte: »Gib die Infopakete noch nicht raus. Wir stufen die Vorhersage zu einer Starkwindwarnung hoch.« Dies bedeutete, dass mit Windgeschwindigkeiten zwischen 34 und 47 Knoten zu rechnen war. »In ein paar Minuten faxen wir dir die Warnung rüber, damit du sie noch in die Infopakete einfügen kannst.«

Als Batt im CYC eintraf, hatte Gage bereits einen Tisch aufgestellt und Wetterkarten an die Wand gehängt. In den folgenden drei Stunden versorgten sich Vertreter von 68 Yachten mit Informationsmaterial über das Wetter. Manche Segler griffen sich wortlos die Broschüren und gingen wieder, andere dagegen stellten jede Menge Fragen. »Heute Nachmittag dürftet ihr einen schönen Törn haben«, sagte Batt einem von ihnen, »doch weiter im Süden baut sich eine Front auf. Wir sind nicht sicher, wohin sie zieht. Sie könnte sich aber entwickeln und richtig unangenehm werden. Nicht ausgeschlossen, dass eine Situation wie 1993 entsteht.«

3

Für Lachlan Murdoch und seine Verlobte Sarah O'Hare begann der Samstag in seinem Haus in der Nähe des Hafens, umgeben von üppigen Gärten und Palmen. Obwohl erst 27, leitete er bereits die ausgedehnten australischen Aktivitäten des Medienkonzerns News Corporation, dem fast zwei Drittel aller australischen Zeitungen – insgesamt mehr als 100 – sowie Zeitschriften und ein Filmstudio gehörten. Weil er über die Macht eines Pressezaren verfügte, reich war, auf robuste Weise gut aussah und auf seinem schnellen Ducati-Motorrad die Straßen Sydneys unsicher machte, gehörte er zu Australiens Prominenz. Als die australische Ausgabe der Zeitschrift *Vogue* einmal ein großes Porträt über ihn brachte, lautete die Schlagzeile auf dem Titelblatt: LACHLAN MURDOCH: DER MANN, MIT DEM GANZ AUSTRALIEN SCHLAFEN MÖCHTE. Auch Sarah besaß ihre Fangemeinde. Das Fotomodell hatte in Hochglanzmagazinen für Revlon und Wonderbra geworben und in Paris für viele der wichtigsten Modeschöpfer gearbeitet.

Lachlan hatte die meisten Crewmitglieder der *Sayonara* bereits auf den Trainingsfahrten kennen gelernt. Als Gast hätte er nicht daran teilnehmen müssen, doch er ließ keine aus. Und weil er schon früh eingetroffen war, konnte er dabei behilflich sein, Lebensmittel und Eis über den Bootsanleger zu schleppen und Sodadosen aus den Plastikverpackungen zu reißen. Die Leute neigten dazu, ihn an seinem Vater zu messen, doch das störte ihn nicht. Er versuchte oft, deutlich zu machen, dass er keine Sonderbehandlung erwartete. Sicherlich würde er der unerfahrenste Mitsegler auf der *Sayonara* sein, doch er wollte den anderen seine Bereitschaft zeigen, sich an Bord nützlich zu machen.

Die Murdochs waren auf der *Sayonara* keine Unbekannten. Rupert Murdoch hatte mit Ellison die 1995er Sydney-Hobart-Regatta gesegelt, und der Medientycoon war sogar zu den Trainingsfahrten aufgekreuzt. Auf einer Fahrt büßte er eine Fingerkuppe ein, als seine Hand von der Leine, die sie umklammerte, in einen Block gezogen wurde. »Ist weiter nichts passiert«, hatte er gesagt, während er den verstümmelten Finger über die Bordwand hielt, damit das Blut nicht aufs Deck tropfte. Das fehlende Stück wurde auf Eis gelegt und einige Stunden später im St.-Vincent's-Hospital wieder angenäht. Als er noch am selben Abend zu einem Essen der Crew eintraf, erklärte er: »Okay, jetzt bin ich bereit, nach Hobart zu fahren.«

Während des eigentlichen Rennens hatte Rupert die erste Nacht überwiegend auf der »hohen Kante« verbracht, dem äußeren Rand des Decks, und die Beine außenbords baumeln lassen. Als er aufstand und sich erbot, Kaffee und Tee zu servieren, nahmen mehrere Crewmitglieder ihn mit Sonderwünschen für Milch und Zucker auf den Arm. Rupert lief die Stufen hinauf und hinab, und während er die dampfenden Becher herumreichte, fuhr ihn ein Segler namens Kevin Shoebridge aus dem Team New Zealand an: »Rupert, verdammt noch mal, keinen Zucker, habe ich gesagt. Mach mir einen neuen.« Rupert lachte so laut wie alle anderen. In Hobart sammelte er dann weitere Pluspunkte, als er eine Kreditkarte auf den Bartresen legte und verkündete: »Euch werd ich's zeigen. Versuchen wir mal, ein Loch in meine Ersparnisse zu reißen.«

Lachlan wuchs zwar an der eleganten Fifth Avenue in Manhattan auf, aber in den Schulferien arbeitete er für die Zeitungen seines Vaters: zunächst als Reporter der *Express-News* in San Antonio, Texas, und später als Redakteur bei der *Sun* in London. Ein Jahr nach Abschluss seines Studiums an der Princeton University wurde er Verleger von *The Australian*, der einzigen überregionalen Tageszeitung Australiens. Er beabsichtigte, bald nach dem 1998er Hobart überwiegend in New York zu leben und die US-Geschäfte des Konzerns im Printbereich.

Aber er war kein Klon seines Vaters, und er versuchte auch nicht, es zu sein. Man wusste, dass er in seinen großen Büros in Sydney und New York Räucherstäbchen abbrannte, und die CDs, die sich neben dem in die Wand eingelassenen CD-Player stapelten, zeugten von einem ultramodernen, vielseitigen Musikgeschmack. Wenn er die Ärmel hochkrempelte, kam auf dem linken Unterarm eine auffällige polynesische Tätowierung zum Vorschein. Selbst wenn er in Besprechungen den Vorsitz führte, war er entspannt und offen. Dabei warf er die Beine über die Sofalehne und spickte, wie manche Jugendlichen, seine Sätze mit imaginären Fragezeichen. Er sprach leise, mit einem Akzent, der seine kosmopolitische Jugend widerspiegelte: Es gab da Anklänge an australische und englische Einflüsse, aber der vorherrschende Akzent war amerikanisch. Wie sein Vater bevorzugte er einen informellen Führungsstil. Doch während sich Rupert Murdoch bisweilen schroff und Furcht einflößend gebärdete, blieb Lachlan fast immer höflich und gentlemanlike. Freunde bedienten sich altmodischer Wörter wie »seriös« und »ritterlich«, wenn sie ihn beschreiben wollten.

Er war aber auch abenteuerhungrig. In dieser Hinsicht glich er Ellison, wenngleich sich ihre Vorlieben voneinander unterschieden. Ellison war ein Geschwindigkeitsfanatiker, Lachlan dagegen liebte die Gefahr, das Gefühl, bis ans Limit zu gehen. Während seines Philosophiestudiums in Princeton kletterte er mehrere Stunden täglich glatte Felswände hinauf. Letzthin hatte er herausgefunden, dass das Motorradfahren ihm den gleichen Nervenkitzel verschaffte, dafür aber weniger Zeit in Anspruch nahm: »Manche Leute müssen aufgrund ihrer Veranlagung eben Risiken eingehen«, sagte er seinen Freunden. »Hin und wieder drängt es mich einfach, etwas zu tun, bei dem ich entscheiden muss, wie weit ich gehen will. Wichtig ist dabei nicht die Gefahr, sondern dass alles ohne Netz geschieht, wenn ihr wisst, was ich meine.«

Seine Freunde suchte er sich aus, ohne sehr darauf zu achten, was sie beruflich machten. Allerdings war er auch oft mit Freunden seines Vaters zusammen, einem Who's Who der Titanen der globalen Geschäftswelt. Einer von Ruperts Freunden, Michael Milken, gab sogar den Anstoß für Lachlans Segeltörn nach Hobart auf der *Sayonara*. 1998 befanden sich Rupert und Lachlan unter den Gästen einer Party, die der ehemalige Junkbond-König anlässlich des 4. Juli, des amerikanischen Nationalfeiertags, gab. Während im Garten von Milkens Haus mit Blick auf den Lake Tahoe in Kalifornien das Mittagessen serviert wurde, richtete der ebenfalls geladene Ellison an Rupert die Frage, ob er noch ein Hobart auf der *Sayonara* segeln wolle. Als Rupert antwortete, ihm fehle die Zeit, bemerkte er zu Lachlan: »Irgendwie fehlt etwas, wenn wir keinen Murdoch an Bord haben. Möchtest du vielleicht mitfahren?«

Lachlan ergriff die Gelegenheit beim Schopfe. »Aber natürlich!«

Lachlan hatte das Segeln von seinem Vater gelernt, der in seinen Zwanzigern und Dreißigern mit kleinen Booten an Regatten teilgenommen hatte. (Rupert segelte immer noch, doch nun meist auf einer riesigen Yacht, die mehr im Hinblick auf Komfort als auf Schnelligkeit konstruiert war. »Sie ist so groß, dass sie im Grunde gar kein Segelboot mehr ist«, sagte Lachlan, der sich 1995 ein eigenes Boot kaufte und es auf den Namen *Karakoram* taufte, nach dem Bergmassiv, zu dem auch der K2 gehört.) Er segelte, sooft er konnte. »Wer einen Job hat, bei dem einem ständig etwas im Kopf herumgeht, für den bietet das Segeln eine prima Möglichkeit, sich zu zwingen, an etwas anderes zu denken als an die Arbeit.« Am 1997er Hobart hatte er mit seinem Boot teilgenommen und glaubte, als Crewmitglied der *Sayonara* eine Menge dazulernen zu können.

Am Samstagmorgen verließ Lachlan das Haus und traf rechtzeitig zur Mannschaftsbesprechung in einem Restaurant nahe dem CYC ein. Geleitet wurde sie von Chris Dickson, der einige Jahre zuvor Paul Cayard als Skipper der *Sayonara* ersetzt hatte. Die Wände und Tische des Raums waren mit maritimen Szenen ausgemalt, und alte Segel hingen an der Decke. Dickson las von zwei maschinengeschriebenen Seiten ab und leitete die Besprechung wie die Planungssitzung eines Industrieunternehmens.

»Mahlzeiten: Es gibt drei Abendessen, und wir sollten uns auf ein Dreitagerennen einstellen. Wenn wir es in zweieinhalb Tagen schaffen, wäre das klasse; aber wir sollten drei Tage einplanen.

Kojen: Larry und ich benutzen immer dieselben Kojen; wenn ihr uns dringend braucht, wisst ihr also, wo ihr uns findet.

Der Start: Es werden 115 Boote an den Start gehen. Wir sind doppelt so schnell wie die kleinen Boote, aber wir wollen keine Kollisionen riskieren. Wenn ihr nichts zu tun habt, haltet den Mund. Wir müssen den Lärmpegel niedrig halten. Das Vorbereitungssignal ertönt um zehn vor eins.

Brindabella: Die müssen wir genau im Auge behalten. Das Team ist sehr stark. Sie ist das Boot, das wir unbedingt schlagen müssen.«

Als er fertig war, stellte er Roger »Clouds« Badham vor, einen beratenden Meteorologen, der seinen Lebensunterhalt damit verdiente, Seglern Wetterberichte zu erstellen, und ein so hohes Ansehen genoss, dass die Teilnehmer am America's Cup sich regelrecht um seine Prognosen rissen. »Clouds«, wie ihn alle nannten, ging die Details seiner Vorhersage durch, die für den Samstag recht angenehmes Wetter und danach sich verschlechternde Bedingungen erwarten ließ. Dann sah er von seinen Notizen auf und sagte unumwunden: »Es wird unangenehm da draußen. Es besteht sogar eine ziemlich hohe Wahrscheinlichkeit, dass es sehr unangenehm wird – euch kann ein wahrer Albtraum von einem Rennen bevorstehen.«

Ellison, der dem Treffen fern geblieben war, um mit Melanie noch einen kleinen Spaziergang machen zu können, betrat die *Sayonara* um elf. Robbie Nasmith und Tony Rae, zwei der wichtigsten Mitglieder des Teams New Zealand, führten gerade eine letzte Bestandsaufnahme der Segel durch, die sie für das Rennen mitnehmen wollten. Andere verlegten die Bodenplatten, die man entfernt hatte, damit ein Entfeuchter die Feuchtigkeit aus der Bilge saugen konnte. Chris Dickson und Mark Rudiger hielten sich im Cockpit auf und besprachen taktische Fragen. Der Rest der Crew stand an Deck herum, plauderte mit Seglern auf den Nachbarbooten oder versuchte, sich zu entspannen. Wegen ihres berühmten Eigners und ihrer bisherigen Erfolge zog die *Sayonara* immer große Aufmerksamkeit auf sich, aber Lachlan mit seiner fotogenen Verlobten ließ die Zuschauermenge noch einmal anschwellen. Nachdem Ellison das Paar kurz begrüßt hatte, setzte er sich mit Dickson ins Cockpit.

Dickson spielte für den Erfolg der *Sayonara* eine entscheidende Rolle. Wie Ellison war er ernst und anspruchsvoll. »Wir sind kompromisslos auf Sieg eingestellt«, sagte der 37 Jahre alte Neuseeländer oft über seinen Führungsstil. »Ausreden werden nicht akzeptiert. Jeder muss absolut sein Bestes geben.«

Schon damals, als er in Auckland seine ersten Juniorenmeisterschaften gewann, sprachen Freunde von seinem Kampfgeist und Killerinstinkt. Dreimal wurde er neuseeländischer Meister in der Juniorenklasse. Mit ihm als Skipper nahm 1987 erstmals eine neuseeländische Yacht – die *Kiwi Magic* – an einem America's Cup teil, der damals in Fremantle, Australien, stattfand. Er verlor nur eines der ersten 34 Rennen, in denen der Herausforderer ermittelt wurde; doch in der letzten Runde der Qualifikationsrennen besiegte ihn Dennis Conner, der später dann den Cup holte.

Danach hat Dickson noch an zwei America's-Cup-Regatten und dem Whitbread Race 1993/94 teilgenommen. Diesem letzten Rennen prägte er seinen Stempel auf. In den Jahren zuvor waren auf den Booten Köche mitgefahren, die warme Mahlzeiten servierten, zu denen manchmal sogar Wein getrunken wurde. Er nahm ausschließlich gefriergetrocknete Lebensmittel an Bord sowie Getränke, die zwar Milkshakes genannt wurden, in Wirklichkeit aber aus einem chemischen Gebräu bestanden, das dem Körper auf wirkungsvolle Weise diverse Aufbaustoffe zuführte. »Er veränderte das Whitbread unwiderruflich, weil er die Disziplin, die beim America's Cup herrscht, auf diese Regatta übertrug«, sagte T. A. McCann, der zur Crew auf Dicksons Boot gehörte.

Dickson war bekannt dafür, die besten Segler der Welt einschüchtern und immer noch mehr aus ihnen herausholen zu können. So glaubte die Crew während des Trainings zum America's Cup im Jahr 1987 einmal, sie hätte nun Feierabend, als er sagte: »Machen wir noch zehn Schläge.« Daraus wurden dann zwanzig, und schließlich wurden noch einmal zehn gesegelt. Auf einem Boot im America's Cup ist jeder Schlag – also jedes Manöver, bei dem das Boot seine Position zum Wind ändert – harte Arbeit. Das wiederholte schnelle Trimmen der großen Segel gleicht einer ununterbrochenen Abfolge kurzer Sprints. Tony Rae, der das Großsegel trimmte und diese Aufgabe auch im Team New Zealand und auf der *Sayonara* wahrnahm, hat diesen Nachmittag noch gut in Erinnerung: »Wir alle wussten: Jede Andeutung, es sei nun genug, wäre mit noch mehr Arbeit belohnt worden. Am Ende segelten wir fünfzig Schläge.«

Bevor er Dickson anheuerte, hatte Ellison T. A. McCann, einem Veteranen des America's Cup, der sämtliche Regatten der *Sayonara* mitgefahren war, die Art von Fragen gestellt, die er immer stellte, wenn er etwas haben wollte. »Wer ist der beste Mann, mit dem du je gesegelt bist? Wer ist der beste Segler der Welt?«

»Chris Dickson – und zwar mit Abstand«, antwortete T. A. Wie alle, die unter Dickson gesegelt hatten, musste auch T. A. dessen

Zornesausbrüche erdulden, fand jedoch, dass es die Sache wert gewesen war. »Dickson ist ein fanatischer Perfektionist und dafür verrufen, seine Leute schlecht zu behandeln«, sagte er Ellison, »aber er ist der begabteste Segler, den es zurzeit gibt.«

Ellison verglich Dickson mit seinem besten Freund Steve Jobs, dem Gründer von Apple Computer. »Wie Jobs«, sagte er, »will Dickson alles immer ganz perfekt machen. Bei allem, was er tut, ist er derart brillant und sich selbst gegenüber derart unnachsichtig, dass er auch anderen gegenüber unnachsichtig wird.« Aber obwohl er versuchte, für Dicksons raue Schale eine Erklärung zu finden, wunderte er sich doch auch ein bisschen. »Dickson brüllt sogar Joey Allen an«, so Ellison und meinte damit den ersten Vorschiffsmann auf der *Sayonara* und im Team New Zealand. »Das ist unglaublich. Joey Allen ist der beste Bugmann der Welt.«

Während Dickson für das Segeln des Boots und die Führung der Crew verantwortlich war, traf Mark Rudiger, ein 44-jähriger Kalifornier, der nur selten lächelte, viele der strategischen Entscheidungen. Bei der Whitbread-Regatta 1993/94, die Dickson gewonnen hätte, wenn ihm nicht kurz vor dem Ziel der Mast gebrochen wäre, fuhr er als Navigator auf der siegreichen Yacht. Ellison hielt ihn für den besten der Welt.

Rudiger, der normalerweise gebückt ging, um mit seiner Körpergröße von einem Meter dreiundneunzig die anderen nicht zu überragen, begann in den sechziger Jahren, die Weltmeere zu besegeln, als seine Eltern ihn für eine Weltumsegelung aus der Schule nahmen. Mit zwanzig war er wieder in Kalifornien, wo er ein kaputtes Boot kaufte, mit dem er Einhandrennen segelte. Er besuchte eine Seefahrtschule und begann, sich mit Navigationsproblemen vertraut zu machen. Infolge des technologischen Fortschritts hat sich die Rolle des Navigators in den letzten Jahren grundlegend gewandelt. Seit Einführung des satellitengesteuerten Global-Positioning-

Systems, kurz GPS, das den Standort eines Schiffes durch die Triangulation von Satellitensignalen ermittelt, konnte der Navigator eine seiner wichtigsten Aufgaben – die Bestimmung der Schiffsposition – nun per Knopfdruck erledigen. Und so verbrachten Navigatoren jetzt die meiste Zeit damit, strategische Entscheidungen über die beste Route zu treffen. Das Wetter zu verstehen gehörte zu ihren wichtigsten Aufgaben.

Die Wetterlage war auch das Thema, über das Ellison am meisten wissen wollte. »Wann kriegen wir die Suppe? Wie lange wird es anhalten?«

»Beim Start haben wir leichten Wind aus Nord«, antwortete Rudiger, »aber bei Einbruch der Dunkelheit tritt eine Veränderung ein. Und zwar eine ziemlich aggressive. Wir könnten 60 Knoten bekommen.«

»Hört sich nach einem typischen Hobart an«, witzelte Ellison.

»Was die Strategie betrifft«, fuhr Rudiger fort, »müssen wir auf die Strömung aufpassen. In taktischer Hinsicht sollten wir die *Brindabella* im Auge behalten. Im direkten Vergleich von Boot zu Boot müssten wir sie eigentlich schlagen können, aber sie könnte uns durch Taktik besiegen, deshalb dürfen wir sie sich nicht zu weit entfernen lassen.«

»Wir müssen unbedingt als erstes Boot aus dem Hafen rauskommen«, fügte Dickson hinzu, »müssen aber nicht unbedingt als Erste über die Startlinie gehen. Wichtiger ist es, einen sauberen Start hinzulegen. Es darf keine Materialschäden geben, und wir dürfen uns keinen Protest einhandeln.«

Beim Start wollte Ellison am Ruder stehen. Die Crew wusste zwar, dass die *Sayonara* am besten gesegelt wurde, wenn Dickson sie steuerte, aber die Männer hatten auch Verständnis für Ellisons Wunsch und räumten ihm als Eigner gewisse Vorrechte ein. Im 1995er Hobart hatte Ellison beim Start nicht am Ruder gestanden, und er freute sich darauf, es diesmal zu tun. »Ellison ist der Boss, und mehr ist dazu nicht zu sagen«, hatte Dickson den anderen Rudergängern am Tag zuvor mitgeteilt. »Er steht beim Start am Ruder – und dort bleibt er auch, solange es ihm gefällt. Ich werde daneben stehen und ihn beraten.«

Ellison hatte sich im Übrigen zu einem ausgezeichneten Rudergänger entwickelt. Er war von den besten Segellehrern der Welt ausgebildet worden, und seiner Persönlichkeit entsprach diese Aufgabe gut. Ellison ließ sich kaum einschüchtern und bekam chaotische Situationen besser in den Griff als die meisten. Selbst Dickson vertraute dem Können seines Chefs – jedenfalls so weit, wie er überhaupt irgendjemandem außer sich selbst vertraute.

4

Am Samstagmorgen um 3.30 Uhr klingelte Rob Kothes Wecker. Der Eigner der *Sword of Orion* begann den Tag mit einem Becher seines Lieblingsgetränks Sustagen, einer mit Vitaminen angereicherten Kakaomischung, in die er einen Teelöffel gemahlener Kaffeebohnen streute. Er betrat sein Arbeitszimmer, schaltete den Computer an und rief die Daten der globalen Wettermodelle ab, die auch Kenn Batt und Brett Gage untersuchten. Das machte er nun schon seit mehreren Wochen täglich, und zwar aus gutem Grund: Beim Hochseesegeln ist die richtige Einschätzung der Wind- und Strömungsstärken von entscheidender Bedeutung.

Auf dem Kopf hatte Kothe – ein hoch gewachsener, schlaksiger 54-Jähriger – zwar kaum noch Haare, dafür aber trug er einen breiten, schneeweißen Schnauzer über einem Spitzbart, der über das lange, schmale Kinn hinabreichte. Er segelte noch nicht sehr lange. Sein erstes Boot kaufte er 1997, und im selben Jahr nahm er auch an seinem ersten Hobart teil. Kothe glaubte, seinen Mangel an Erfahrung durch den gleichen schonungslosen Einsatz wettmachen zu können, der ihn zum erfolgreichen Unternehmer gemacht hatte. Die Wetterbestimmung war seiner Meinung nach das Gebiet, auf dem er in der Crew den besten Beitrag zur Regatta leisten konnte. Und so verglich er in den nächsten Stunden Modelle, druckte Karten und Daten aus und sog die gemahlenen Kaffeebohnen in seinem Getränk durch die Zähne.

Dass er noch nicht lange segelte, war offensichtlich. Wenn er den alten Seebären spielte und seine Konversation mit seemännischen Ausdrücken spickte, wirkte er eher wie ein Anfänger, der zu dick auftrug. Der Gesamteindruck war der eines verrückten Professors. Aus diesem Grund nannten ihn viele Mitglieder des CYC Kooky Owner oder einfach K.O. Manche kannten nicht einmal seinen richtigen Namen. Eine Zeit lang bemühte er sich, die jungen Männer, die er für seine Crew anheuerte, davon abzubringen, diesen Namen zu benutzen; später versuchte er, gleichermaßen erfolglos, ihm eine andere Bedeutung zu geben, indem er seine E-Mails mit »Competitive Owner« unterschrieb. Das Team der *Sword* machte schließlich schlicht Kooky daraus.

Kooky wünschte sich sehnlichst jene Art von Ruhm, den ein Sieg beim Hobart mit sich brachte. »Bis zum neunten Lebensjahr war ich der Kleinste in der Klasse, und das gefiel mir überhaupt nicht«, sagte mehr als 40 Jahre später. »Deshalb muss ich mir heute etwas beweisen.« Aufgewachsen war er in Eden, einer Hafenstadt südlich von Sydney, wo sein Vater für viele der dort ansässigen Fischereiflotten als Wirtschaftsprüfer arbeitete. Obwohl Kooky als Kind nicht segelte, trieb er sich oft im Hafen herum und verfolgte damals schon die Sydney-Hobart-Regatten. Zwei Tage vor dem 1954er Rennen – er war acht – schenkten ihm seine Eltern ein neues Radio. »Ich habe mir jede Sendung angehört. Damals kannte ich die Namen aller Sieger auswendig.«

Seitdem bemühte er sich hartnäckig darum, auch zu ihnen zu gehören.

Er unterschied sich vollkommen von den anderen Skippern. Während die meisten schon seit Jahren segelten, hoffte er, beinahe auf Anhieb vom Neuling zum Hobart-Sieger aufzusteigen. Zwar ist Segeln ein Mannschaftssport, aber die dennoch benötigte Führungspersönlichkeit konnte er, der weniger vom Segeln verstand als alle anderen im Team, nicht sein. Wie bei jedem echten Unternehmer resultierten die meisten seiner Erfolge eher aus Eigeninitiativen als aus Teamarbeit, und sein Elan war weit größer als sein Talent im Umgang mit Menschen. Nachdem er beispielsweise Darren Senogles angeheuert hatte, einen 28 Jahre alten Segler mit Spitznamen Dags, der sich um die Wartung des Boots kümmern sollte, rief er ihn derart häufig an, dass Dags ihm schließlich sagte: »Wenn du mich weiterhin ständig anrufst, komme ich überhaupt nicht mehr zum Arbeiten.«

Als Kooky seine Crew rekrutierte, machte er ihr nichts vor hinsichtlich seines seglerischen Könnens. Stattdessen erzählte er von Paragliding-Wettkämpfen über der australischen Wüste, an denen er in den siebziger Jahren teilgenommen hatte, als er Apotheker in der Nähe von Canberra gewesen war. »Beim Paragliding erkennt man, wie sich der Wind verhält, und man gewinnt, genauso wie beim Segeln, indem man ihn sich zunutze macht«, sagte er. »Es ist also ein und dieselbe Sache.« Er schilderte das Paragliding auch als einen bis zum Äußersten gehenden Wettkampfsport und erinnerte daran, dass einer seiner Freunde bei einer Kollision ums Leben gekommen sei; bisweilen hinterließen Zusammenstöße in der Luft Reifenspuren auf den Flügeln von Flugzeugen, behauptete er.

Seit der Apothekerzeit nahm seine berufliche Karriere einen erstaunlich logischen Verlauf. Durch die Pharmakologie kam er mit Betäubungsmitteln für Tiere in Kontakt, was wiederum dazu führte, dass er sich mit Betäubungsgewehren befasste. Sein Verständnis der Schusskraft regte ihn dazu an, Gewehre für Rettungsleinen herzustellen, mit denen er Marine- und Handelsflotten rund um die Welt Gewinn bringend belieferte. Nach seiner Scheidung im Jahr 1992 fand er, dass seine Geschäfte gut genug liefen, um ihn endlich sein großes Projekt, das Hobart, in Angriff nehmen zu lassen. Ein paar Jahre lang fuhr er als Crewmitglied auf den Booten anderer; da er aber davon träumte, das Hobart mit einer eigenen Yacht zu gewinnen, kaufte er sich bald eine 13-Meter-Slup und trat in den CYC ein.

Vor dem 1997er Hobart sagte er seiner Crew – zu der auch Dags gehörte –, er werde ein besseres Boot kaufen, falls sie gut abschnitten. Sie schnitten gut ab, und so ging Kooky, der immer früh aufstand, einen Tag nach dem Rennen um fünf Uhr morgens im Hafen auf Einkaufstour. Noch am selben Morgen hatte er sich für den Kauf der *Brighton Star* entschieden, zum Preis von 220 000 Dollar. Die Yacht war unter dem Namen *Sword of the Orion* vom Stapel gelaufen, und er beschloss, ihr den alten Namen zurückzugeben.

In ihrer äußeren Form unterschied sich die *Sword* vollkommen von klassischen Segelyachten. Ihr Bug fiel vom Deck senkrecht ins Wasser ab. Die auffallend breite Heckpartie bot Platz für ein zwei Meter fünfzig breites Cockpit. Das Steuerrad reichte mit über zwei Metern Durchmesser von einer Seite zur anderen, was den Steuerleuten ein möglichst breites Sichtfeld bot. Wie bei der *Sayonara* und den meisten der schnellsten Rennyachten bestand der Rumpf aus widerstandsfähigen, aber leichten Innen- und Außenhäuten, die eine innere Schicht aus Schaum ummantelten. Die Häute der *Sword* waren aus Kevlar gefertigt, einer Chemiefaser, die so fest ist, dass man sie zur Herstellung kugelsicherer Westen verwendet.

Kooky ergriff ziemlich extreme Maßnahmen, um die Leistung des Bootes und der Crew zu steigern. Auf der *Sword* gab es ein hübsches Schiffsbarometer in einem Messinggehäuse; er ersetzte es durch ein Plastikbarometer, um ein paar Pfund Gewicht einzusparen. Er ließ Scharniere von einer Seite der Schranktüren auf die andere versetzen, weil er meinte, die Verlagerung des Scharniergewichts nach vorn könnte das Handicap-Rating der Yacht verbessern. Ging bei einem Rennen etwas zu Bruch, war ihm das nur recht: »Jetzt können wir uns etwas Besseres anschaffen«, lautete sein üblicher Kommentar.

Er verordnete der Crew nicht nur ein anstrengendes Segelprogramm – mindestens zwei Rennen und eine Trainingsfahrt pro Woche, manchmal mit einem Segellehrer an Bord –, sondern überschüttete sie auch mit E-Mails, in denen er sie aufforderte, pünktlich an Bord zu erscheinen, ja sogar, mehr Sport zu treiben und abzunehmen. »Ich hab mir einmal den Einsatzwillen des Teams genauer angesehen«, schrieb er einen Monat vor dem Hobart an alle Crewmitglieder. »Wer auf dem Hobart-Boot mitfahren will, für den ist Folgendes verpflichtend. 1) Ihr müsst für alle Rennen ab diesem Wochenende zur Verfügung stehen. Keine freien Wochenenden. Das steht nicht zur Diskussion. Innerhalb der Woche wird es jedoch maximal zwei Übungsfahrten geben, wahrscheinlich nur eine. 2) Fitness. Wenn ihr es nicht bereits tut, fangt an, zu joggen oder ins Fitnesszentrum zu gehen. Alkoholkonsum einschränken und gesünder essen. Fett ist verboten. 3) Rauchen. Letzte Woche habe ich gesehen, wie Zigarettenasche auf ein Segel flog, und ich habe von dem Zigarettenqualm einen Hustenanfall bekommen. In kürzeren Regatten darf ab dem Vorbereitungssignal nicht mehr geraucht werden. Vor und nach den Rennen nur dort, wo auch bei langen Rennen geraucht werden darf. Bei langen Rennen ist luvwärts das Rauchen vor dem Traveller verboten, leewärts hinter dem Cockpit. Wenn ihr nicht in der Lage seid, diese Anforderungen zu erfüllen, sagt es mir jetzt, damit ihr noch Zeit habt, einen Platz auf einem anderen Boot zu finden.«

Kooky wusste es nicht besser. »Ich bin eben ein enorm wettkampforientierter Mensch«, sagte er immer. »Bei mir gibt's keine halben Sachen.«

Das Hobart kennt zwei Arten von Siegern. Larry Ellison und George Snow hofften, als Erste in Hobart über die Ziellinie zu gehen und damit die »line honors« zu gewinnen. Andere, darunter auch Kooky, strebten danach, die Regatta auf Grundlage der berechneten Zeit zu gewinnen. Wie beim Golf erhält beim Sportsegeln jede Yacht ein Handicap, das ihre Größe, das Gewicht und die Besegelung berücksichtigt. Obwohl Kooky nur mit begrenztem seglerischem Können in die Schlacht zog, schätzte er seine Siegeschance, nach Abzug des Handicaps, auf eins zu sechs.

Nachdem er die Wetterinformationen auf seinem Computer überflogen hatte, nahm Kooky ein Taxi und traf eine Viertelstunde später um kurz nach acht Uhr im CYC ein. Das Clubhaus und die Bootsanleger wimmelten bereits von Seglern, Schaulustigen und Journalisten. Als Erstes wollte er Dags aufsuchen, der nicht nur das Boot vorbereitete, sondern auch zum Kern der Crew gehörte. Dags war ein völlig anderer Typ als sein Boss. Während dieser in körperlicher und sozialer Hinsicht etwas unbeholfen wirkte, besaß Dags den sehnigen Körper eines Langstreckenläufers und war ein begabter Sportler mit einer unverkrampften, warmherzigen Ausstrahlung. Mit seiner stahlgerahmten Brille sah er zwar wie ein aufstrebender Firmenanwalt aus, doch beim Bier mit Freunden konnte er höchst ausgelassen sein und wirkte dann noch jünger, als es sowieso schon der Fall war. Aber er führte die *Sword* wie ein erfahrener Manager und überprüfte anhand einer Liste systematisch die Ausrüstung. Zudem war er ungewöhnlich großzügig. Nach einem langen Segeltag während einer wochenlangen Regatta blieb er viel länger auf dem Boot als die anderen, räumte auf und bereitete alles für den nächsten Tag vor. Traf er schließlich im Quartier der Crew ein, hatte er das Abendessen verpasst. Keinem war eingefallen, ihm etwas von der Lasagne übrig zu lassen; anstatt sich darüber zu beklagen, fing er an abzuwaschen.

Wie Kooky hatte auch Dags ehrgeizige Pläne für die *Sword*, doch seine Ziele waren ganz andere. Dags reizte nicht der Ruhm; ihm ging es vielmehr darum, ein großer Segler zu werden. Als Vorschiffsmann war er verantwortlich für den Wechsel der Segel vor dem Mast. Und weil das Vorschiff den Wellenbewegungen stärker ausgesetzt ist als jeder andere Teil des Bootes, erfordert die Arbeit in dem komplizierten Gewirr von Leinen, Segeln und sonstigem Zubehör ein akrobatisches Gleichgewichtsgefühl und große Geschicklichkeit. Dags war eine Naturbegabung.

Er hoffte, die *Sword* würde ihm als Sprungbrett zu noch leistungsfähigeren Yachten dienen. Sie war nicht sein erstes Boot: An seiner ersten Sydney-Hobart-Regatta hatte er als 14-Jähriger teilgenommen und danach noch zehn weitere Hobarts mitgemacht. Jetzt wollte er herausfinden, ob er über das Können verfügte, um auf höchstem Niveau zu segeln – im Whitbread, beim America's Cup oder auf einem Boot wie der *Sayonara* –, und er war bereit, Opfer zu bringen, um dies zu erreichen. Einige Monate zuvor hatte er seine Stellung im väterlichen Bauunternehmen einfach gekündigt, weil sie ihm bei den Vorbereitungen für die Regatta hinderlich war.

Dags segelte auf der *Sword* nicht wegen, sondern eher trotz ihres Eigners. Oft besteht ein stillschweigendes Einverständnis zwischen dem Eigner und seiner Crew. Talentierte Segler wollen auf modernen High-Tech-Yachten fahren, die zwangsläufig teuer sind. Weil der Eigner ein erstklassiges Boot zur Verfügung stellt und die Kosten trägt, die durch den Kauf neuer Segel und der neuesten, leistungssteigernden Ausrüstung entstehen, zieht er Crewmitglieder an, die sich kein eigenes Boot leisten können. Dafür heimst dann der Eigner einen großen Teil der Anerkennung – und auch die Pokale – allein ein.

»Er ist scharf auf den Ruhm – das ist alles, was er will«, sagte Dags über Kooky. Ruhm erlangt der Sieger eines Rennens, aber davon konnte auch Dags profitieren. Einige Monate vor dem Hobart hatte die *Sword* bei einer größeren Wettfahrt einen Überraschungssieg errungen. Wenn sie weiterhin gut abschnitt, würde man ihm wohl das Angebot machen, sich einer noch erfolgreicheren Yacht anzuschließen.

Dennoch wusste niemand besser als Dags, dass Kooky kein idealer Skipper war und sein Mangel an Erfahrung und Konsequenz Probleme aufwerfen konnte. Einige Wochen zuvor hatte Dags alle Crewmitglieder gebeten, beim Beladen des Bootes mit Lebensmitteln, Getränken und diversen anderen Vorräten zu helfen. Kooky hatte die Aufgabe bekommen, die Propangasflasche aufzufüllen, die zum Kochen verwendet wurde. Als man sich am Morgen des Rennens traf, wunderte Dags sich überhaupt nicht, dass die – praktische leere – Flasche immer noch im Schrank stand. *Das ist typisch*, dachte er. *Da haben wir nur noch ein paar Stunden bis zum Start, und ich muss herumlaufen und versuchen, die Propangasflasche zu füllen, statt auf dem Boot alles noch ein letztes Mal zu checken.*

Larry Ellison zahlte so ziemlich jeden Preis, um die besten Segler der Welt auf die *Sayonara* zu holen. Kooky vermied es, die Leute direkt zu bezahlen: Dags wurde dafür entlohnt, dass er sich um das Boot kümmerte, nicht aber für die Zeit, in der er an Regatten teilnahm. Wie viele Eigner nutzte Kooky jedoch seine Kaufkraft Schiffsausrüstern gegenüber, um sein Team zu verstärken. So fuhr beispielsweise ein Segelmacher namens Andrew Parkes auf der *Sword*, nachdem Kooky ihm gesagt hatte: »Ich habe vor, viele Segel zu kaufen, und ich möchte, dass Sie zu meiner Besatzung gehören.«

Einen Monat vor dem Hobart hatte Kooky den britischen Olympia-Segler Glyn Charles kennen gelernt und ihn gebeten, sich der Crew anzuschließen. Glyn, ein jungenhafter, gut aussehender 33-Jähriger mit dunklem, lockigem Haarschopf, hielt sich seit mehreren Wochen in Australien auf und arbeitete dort als Segellehrer. Da er hoffte, Großbritannien bei den in Sydney stattfindenden Olympischen Spielen zu vertreten, segelte er auf kleinen Booten kreuz und quer durch den Hafen, um sich mit den örtlichen Windverhältnissen vertraut zu machen. Kleine Boote waren Glyns Leidenschaft. Ihretwegen fühlte er sich zum Segeln hingezogen. Anders als viele Segler, die auf größere Boote überwechseln, sobald sie besser segeln können, genoss er die vollkommene Kontrolle, die er über ein kleines Boot ausüben konnte. Damals stand er auf Platz vier der Weltrangliste in der Starboot-Klasse.

Eigentlich wollte er Australien am 22. Dezember verlassen und Weihnachten bei seiner Familie und seiner Freundin verbringen, doch zwei Wochen vor dem Rennen erklärte er sich bereit, Kooky in der Bar des CYC zu treffen. Kooky war ganz begeistert von der Vorstellung, seine Crew mit einem für Olympia qualifizierten Steuermann zu verstärken. Glyn mochte keine Hochseeregatten, nicht zuletzt deshalb, weil er leicht seekrank wurde, aber die Verlockung war groß: Er konnte das Hobart seinen Seglerreferenzen hinzufügen – und dazu noch etwas Geld verdienen. Er verlangte tausend Pfund. Zunächst sagte Kooky, er könne kein regelrechtes Honorar zahlen. Das sei in der Klasse, in der die *Sayonara* segelte, erlaubt, nicht aber in der Klasse der *Sword*. Wenig später bot er Glyn dann allerdings an, ihm verschiedene Kosten, darunter den Flug nach England, zu erstatten und etwa tausend Pfund für eine »Beratertätigkeit« zu zahlen.

Glyn war immer noch hin und her gerissen. Das Hobart kam ihm wie das Fastnet-Rennen vor, die bekannteste Hochseeregatta Großbritanniens, die vor der Isle of Wight startet und zur Südwestspitze Irlands und wieder zurück nach England führt. Er hatte am Fastnet teilgenommen und es gehasst. Da es ihm andererseits jedoch erhebliche Schwierigkeiten bereitete, das Segeln zu seinem Beruf zu machen, nahm er Kookys Angebot schließlich an.

Doch zwei Tage vor dem Rennen glaubte er, einen fürchterlichen Fehler gemacht zu haben. Als er eine heftige Magenverstimmung bekam, konnte er nur noch an eines denken – wie schlecht es ihm ging, wenn er seekrank war. Er hatte noch keinen Fuß an Bord gesetzt und fühlte sich schon krank. Als Kooky davon erfuhr, rief er ihn an und sagte: »Du musst zum Arzt gehen und dich behandeln lassen. Wenn es sich um ein Virus handelt, kann es die gesamte Mannschaft befallen.«

»Ich habe mir nur den Magen verdorben«, erwiderte Glyn.

»Hoffentlich hast du Recht. Wenn es ein verdorbener Magen ist, wird's dir wieder besser gehen – aber du musst einen Arzt aufsuchen.« Und da er fürchtete, Glyn könnte ihn nicht ernst nehmen, fügte Kooky hinzu: »Wenn dich bis heute Abend um acht Uhr kein Arzt gesundgeschrieben hat, gehörst du nicht mehr zur Crew. So einfach ist das. Ich kann das Risiko nicht tragen.«

Später am Tag rief Glyn ihn an und sagte, er sei beim Arzt gewesen und alles sei in Ordnung.

Am Morgen der Regatta wollte Kooky wissen, was der Arzt gesagt hatte. Glyn musste einräumen, dass er gar keinen Arzt aufgesucht hatte. Stattdessen habe er mit einem Freund telefoniert, der Arzt sei. Kooky war verärgert, aber Glyn konnte ihn – nicht zuletzt durch seinen großen Enthusiasmus – davon überzeugen, dass es ihm schon viel besser gehe.

Am späten Vormittag herrschte auf den Piers geschäftiges Treiben; die letzten Vorbereitungen waren zu treffen. Mehrere Segler saßen hoch über Deck in Bootsmannsstühlen – kleinen, schaukelähnlichen Sitzen, die von der Mastspitze herabhingen – und überprüften die Takelage. Andere Segler klemmten Elektrokabel ab, entfernten Flaggen von den Masttopps, falteten Segel und luden halb leere Weinflaschen aus. Manche Crews hockten in ihren Cockpits, studierten Karten und Regattaregeln. Andere, in Teamhemd und Teammütze, baten Passanten, sie zu fotografieren. Nicht wenige waren nervös, aber keiner von ihnen zeigte es.

Bevor die *Sword* von der Pier ablegte und an den Start ging, schloss sich Kooky dem Rest der zehnköpfigen Crew zu einer Runde Cola-Rum in der Hauptbar des CYC an. Segler sind für ihre Trinkfestigkeit bekannt, und vielleicht ist das Segeln sogar der einzige Sport, bei dem ein oder zwei Drinks vor dem Wettkampf nicht nur akzeptabel, sondern für manche auch *de rigueur* sind. Obgleich noch früh am Tag, wurde die Bar schon belagert, und die Stimmung war so ausgelassen wie am Samstagabend in einer Studentenkneipe. Da auch Freundinnen und Ehefrauen anwesend waren, unterhielt man sich kaum über den bedrohlichen Wetterbericht. Stattdessen drehten sich die Gespräche darum, wie man Weihnachten verlebt hatte und wie unglaublich schwierig es sei, sich auf die Regatta vorzubereiten und dabei noch Weihnachtsferien zu machen. Neben gut gelaunten Späßen und Frotzeleien hörte man immer wieder Sätze wie »Viel Glück« und »Bis dann in Hobart«. Kooky hatte, wie viele Skipper der leistungsstärksten Yachten, Alkohol von der *Sword* verbannt und rechtfertigte den Morgencocktail mit seinem Apothekerhumor: »Ein kleines Sedativum zur Beruhigung der Nerven kann nicht schaden.« Dags genehmigte sich zwei.

Auf den meisten Yachten feuert der Skipper die Crew vor dem Regattastart noch einmal an. Nachdem die Mannschaft der *Sword* sich wieder auf dem Boot versammelt hatte, fand nur Steve Kulmar, ein vergleichsweise neues Crewmitglied, ein paar aufmunternde Worte. Kulmar, der eine erfolgreiche Werbeagentur in Sydney leitete, war zwar als Hauptrudergänger ins Boot geholt geworden, sah sich selbst jedoch in einer sehr viel bedeutenderen Rolle. Weil er seiner Meinung nach von allen Crewmitgliedern der *Sword* über die größte Erfahrung verfügte, glaubte er sogar, die meisten wichtigen Entscheidungen treffen zu können. Dass Kooky der Skipper war, schien ihm eher nebensächlich.

Kulmar versetzte die Gemüter in Wallungen. Man musste ihn lieben oder ihn hassen; etwas anderes gestattete er einem nicht. Mit seinem kurz geschorenen, halb ergrauten Haar sah der kräftig gebaute 46-Jährige ein wenig wie eine strenge Kopie von Frank Sinatra aus. Kulmars Augen waren zwar nicht blau, aber ziemlich auffallend, und gewöhnlich so weit aufgerissen, als wollten sie im nächsten Moment aus ihren Höhlen springen. Im Büro, wo er Armani-Anzüge trug und seine Sekretärin ihm übergroße Tassen Cappuccino servierte, gab er sich mal hart, mal verletzlich. Er konnte charmant und aufmerksam sein, Eigenschaften, die dazu beitrugen, dass seine Agentur viele große Firmen als Kunden gewann. Seine Art, mitten in einem Gedankengang innezuhalten, ließ ihn wie einen Intellektuellen erscheinen, doch der Haarschnitt und seine Eindringlichkeit verliehen ihm das Aussehen eines Offiziers und eines Mannes, der sofort in Rage geriet, wenn etwas schief ging. Solche Wutanfälle waren gar nicht schön: Kulmar besaß ein gewaltiges Ego, und selbst engste Freunde klagten darüber, dass er jede Situation zu dominieren versuchte und mit dem Fuß aufstampfte, wenn er seinen Willen nicht durchsetzen konnte.

Bevor die *Sword* von der Pier ablegte, wandte er sich an die Mannschaft, als sei sie seine eigene. »Die Yacht befindet sich in großartigem Zustand. Wir haben eine exzellente Crew, und in meinen Augen steht einem Sieg überhaupt nichts im Wege, solange wir unser Letztes geben.« In der Ansprache erinnerte er auch an seine früheren Erfolge. Und die gab es tatsächlich. Als Jugendlicher hatte er auf 4- und 5-Meter-Booten mehrere Weltmeisterschaften und australische Meisterschaften gewonnen. Als Erwachsener hatte er sieben Fastnets und 17 Hobarts gesegelt, drei davon auf Booten, die nach berechneter Zeit gewonnen hatten. Allerdings vermutete Dags, dass Kulmar ihnen seine Erfolge nicht nur aus reinem Geltungsbedürfnis unter die Nase rieb, sondern weil er allmählich das Kommando auf dem Boot übernehmen wollte. Und das empfand er als zutiefst beunruhigend.

Eine Rennyacht-Crew zu führen kann kompliziert sein. Es muss eine klare Hierarchie geben, aber Entscheidungen müssen flexibel getroffen werden. Grundlegend ist ein gegenseitiges Verständnis für Stärken und Schwächen, für das, was machbar ist und was nicht; man muss eine gemeinsame Sprache sprechen und bei der Koordinierung komplizierter Abläufe in mitunter schwierigen Situationen unausgesprochene Konventionen berücksichtigen. In einem Rennen spielt sich zu viel ab, als dass der Skipper alle Entschlüsse allein fassen könnte, denn niemand ist auf allen Gebieten ein Experte. Hinzu kommt, dass einige der wichtigsten Entscheidungen – welcher Kurs eingeschlagen, welches Segel gesetzt werden soll – nicht mit wissenschaftlicher Genauigkeit getroffen werden können. Trotz zunehmender Unterstützung durch High Tech wird im Segelsport das meiste immer noch von Menschen entschieden. Der Schlüssel zum Erfolg eines Bootes liegt darin, dass jedes Crewmitglied seine Meinungen frei äußern kann, ohne sich den Kopf darüber zerbrechen zu müssen, wen er damit vielleicht beleidigen oder kränken könnte, und darin, dass man zu einer schnellen Einigung gelangt.

Als Kooky ziemlich spät die beiden Mitglieder Kulmar und Glyn verpflichtete, richtete er sein Augenmerk mehr auf die Fähigkeiten, die sie als Einzelne einbringen konnten, als auf die Wirkung, die ihre Verpflichtung auf die übrige Mannschaft haben würde. Nachdem die ursprüngliche Crew monatelang als Gruppe trainiert hatte, kannten die Mitglieder einander und arbeiteten gern zusammen. Durch die Hereinnahme von Kulmar und Glyn entstand eine neue Situation.

Dags kannte Kulmar schon aus früheren gemeinsamen Rennen und ließ nichts unversucht, um die Nachteile zu betonen, die ihnen aus dessen Gegenwart an Bord erwachsen konnten. »Er ist ein phantastischer Steuermann, aber er hält sich für mehr als das – für einen Gott«, sagte er zu Kooky. »Sobald er das Boot betritt, wird er sich aufführen, als gehöre es ihm.«

Für Kooky klang das durchaus plausibel. Zu einem Treffen in einem Pub, bei dem sie besprechen wollten, wie die *Sword* gesegelt werden müsse, war Kulmar eine halbe Stunde zu spät erschienen. Als er dann kam, verbreitete er sich so ausführlich über seine Segelerfolge, dass ihm kaum noch Zeit blieb, über die Crew der *Sword* zu reden. Und in der Tat hatte Kulmars Neigung, mit seinen Siegen aufzutrumpfen, ihn in vielen Seglerkreisen unbeliebt gemacht, denn dort wird Wert auf Understatement und Bescheidenheit gelegt; doch Kooky war der Meinung, seinem Team fehle noch ein Topsteuermann, und setzte sich über die Bedenken hinweg. Kulmar seinerseits verließ den Pub in der Überzeugung, dass Kooky zwar mit einem ernsthaften Siegeswillen in das Rennen ging, aber nicht über die nötige Erfahrung verfügte. Er empfand ihre Kombination nicht als Nachteil, sondern glaubte, auf diese Weise zum Bootsführer werden zu können, ohne die Kosten eines Eigners tragen zu müssen.

Spannungen zwischen Kulmar und dem übrigen Team zeigten sich schon, bevor die *Sword* ablegte. Seiner Meinung nach sollte die Crew ein Zwei-Wachen-System installieren, bei dem immer eine Hälfte der Mannschaft Wache geht. Die anderen hatten sich jedoch bereits auf ein Drei-Wachen-System geeinigt, bei dem ein Team das Boot segelt, das zweite auf Abruf bereitsteht und sich entweder auf oder unter Deck entspannt und das dritte in die Kojen steigen und sich schlafen legen kann. Bei einem Zwei-Wachen-System ist eine Hälfte der Crew ständig an Deck damit beschäftigt, die Segel zu trimmen und zu wechseln, während die anderen gar nichts zu tun haben. Mit einem Drei-Wachen-System konnte das Boot härter gesegelt werden, aber die Mannschaft hätte weniger Ruhephasen.

»Ich habe noch kein Hobart mit einem Drei-Wachen-System gesegelt«, sagte Kulmar. »Das ist einfach nicht erforderlich.«

»Doch«, erwiderte Carl Watson, ein 45-jähriger Berater der Yachtindustrie mit beginnender Glatze, der schon seit fast einem Jahr auf der *Sword* segelte. »Wir haben uns bereits auf drei Wachen geeinigt.«

Auch Watson hatte Kooky davor gewarnt, Kulmar und Glyn ins Team hineinzunehmen. Die *Sword* konnte zwei erstklassige Steuermänner mit Sicherheit gut gebrauchen, aber Watson hielt nichts davon, jemanden in letzter Minute – ob er nun Kulmar hieß oder Olympia-Teilnehmer war – in eine Mannschaft zu holen. »Mag ja sein, dass Glyn ein fabelhafter Steuermann ist«, sagte er Kooky einige Tage vor der Regatta, »aber er stößt zu spät zu uns. Das Boot kennt er überhaupt nicht – er ist noch nicht einmal an Bord gewesen –, und wir kennen ihn ebenso wenig.«

Wütend auf Kulmar, der seine Änderungswünsche durchzusetzen versuchte, stand Watson auf der Pier und weigerte sich nachzugeben. »Wir fahren mit drei Wachen. Möglicherweise geraten wir in schweres Wetter, dann müssen mehr Leute von der Crew Wache gehen.«

Kurz darauf kam es zwischen den beiden Männern wieder zu einer Meinungsverschiedenheit. »Was ist das?«, fragte Kulmar und zeigte auf einen großen Sack, der unübersehbar ein zusätzliches Großsegel enthielt. »Wir brauchen keine zwei Großsegel. Das bringt nichts als zusätzliches Gewicht.«

»Doch, wir nehmen es mit«, sagte Watson. »Die Entscheidung ist schon getroffen.«

»Quatsch«, polterte Kulmar los. »Es ist viel zu schwer. Das ist doch Schwachsinn. Ich habe mehr Hobarts gesegelt als irgendjemand sonst hier an Bord – und es ist vollkommen blödsinnig, dieses bescheuerte zweite Groß mitzunehmen.«

»Ich habe genauso viele Hobarts gesegelt wie du«, sagte Watson. »Siebzehn.«

»Aber ich habe mehr gewonnen.«

Watson dachte nicht daran, klein beizugeben. Wie Dags befürchtete er, dass Kulmar eine Machtübernahme plante; man konnte ihn nur stoppen, indem man ihm bei jeder Gelegenheit Kontra gab. »Deine Aufgabe ist es, das Boot zu steuern«, sagte Watson. »Sonst nichts. Du bist nicht der Skipper.«

Im Yachtsport gibt es viele kampfeslustige Männer, die es gewohnt sind, ihren Willen durchzusetzen. Auf den Booten brüllen die Crewmitglieder einander an, wobei es manchmal den Anschein hat, als würden die Spannungen zu hässlichen Auseinandersetzungen eskalieren. Meist aber täuschen die harschen Töne. In der Regel geht es bei dem Geschrei und den Flüchen um unwichtige Dinge – ein Segel soll schneller gesetzt oder die Pantry sauber gemacht werden –, und die Wutausbrüche sind rasch wieder vergessen. Watson, dessen wichtigste Aufgabe auf der *Sword* darin bestand, das Großsegel zu trimmen, wunderte sich also nicht über Kulmars aggressives Auftreten, aber er war trotzdem voller Zorn, als er die Pier hinunterging. Kulmars Versuch, die Macht an sich zu reißen, war eine ernste Angelegenheit, und der Einzige, der das Problem lösen konnte, war Kooky.

Nach einem Gespräch mit Watson war Kooky zwar dazu bereit, Kulmar zu erklären, dass zwei Großsegel mitgenommen würden, aber er konnte sich zu keinem Entschluss durchringen, als Watson hinzufügte: »Entweder du sagst Kulmar, dass er hier nicht der Skipper ist und die Entscheidungen trifft – oder wir kriegen echte Schwierigkeiten.«

5

Mit seiner zerschlissenen khakifarbenen Kleidung, dem grauen Vollbart und der Pfeife im Mundwinkel schien Richard Winning, Eigner der *Winston Churchill*, aus einer anderen Zeit zu stammen. Und tatsächlich fühlte er sich in der Welt von heute nicht ganz wohl. Anstatt eine schnittige, neue Rennyacht zu erwerben, hatte er lieber eine viertel Million Dollar für den Umbau der aus Huonkiefer gezimmerten *Churchill* ausgegeben, die im Jahr 1942 in Hobart gebaut worden war. Der 49-jährige Winning hatte das Boot zum ersten Mal in seiner Kindheit gesehen, und es war Liebe auf den ersten Blick gewesen. Als die Yacht zwei Jahre vor dem 1998er Hobart zum Verkauf stand, ergriff er die günstige Gelegenheit, ihr Eigner zu werden.

Die *Winston Churchill*, eine klassische Yacht mit Teakdeck, Messingbeschlägen und hellgrauem Rumpf, zählte zu den bekanntesten Yachten Australiens. Sie gehörte zu den neun Teilnehmern des ersten Hobart; danach hatte sie noch weitere 15 gesegelt, war zweimal um die Welt gefahren und zum Inbegriff der eleganten Holzrumpfyachten einer vergangenen Epoche geworden.

Das Leben hatte es gut gemeint mit ihrem Eigner. Winning leitete einen Geschäftsbereich eines Einzelhandelsunternehmens. Sein Urgroßvater hatte es im Jahr 1906 gegründet, und es hielt an heute geradezu antiquiert erscheinenden Prinzipien fest, wie denen, niemals Geld zu borgen oder große Summen für die Werbung auszugeben, doch das Geschäft florierte. Allerdings fand Winning keine dauerhafte Befriedigung im finanziellen Erfolg. Ihn quälte der Gedanke, einer Generation anzugehören, die sich nie den Herausforderungen zu stellen brauchte, denen Männer sich stellen müssen. »Jeder echte Kerl will wissen, was er taugt«, pflegte er zu sagen. »Uns hat man es zu leicht gemacht.«

Die berühmte alte Yacht mit einer Crew zu segeln, zu der mehrere seiner ältesten Freunde gehörten, stellte für ihn nicht nur ein sportliches Ereignis oder eine Flucht aus dem Alltag dar. Hier trat er wieder in die Natur ein, war Teil eines großartigen Unterfangens und rang mit einer Kraft, die größer war als der Mensch. Zudem handelte es sich um eine Prüfung, bei der seiner Meinung nach unverfälschte Qualitäten – seemännisches Können, althergebrachte Handwerkskunst und Kameradschaft – über den Erfolg entschieden. In einer Zeit, deren größte Erfolge immer mit Technologie und Aktienkursen zu tun haben, fühlte er sich mehr denn je zur See hingezogen, nicht zuletzt, weil sie den Menschen immer noch vor die gleiche Herausforderung stellt wie schon zu jener Zeit, als die *Churchill* vom Stapel lief. Winnings Crew teilte diese Einstellung. Ihr wichtigstes Mitglied hieß John Stanley. Stanley, 51 Jahre alt, hatte 15 Hobarts gesegelt und war, wie die *Churchill,* eine Art Legende. Seit ein Jugendfreund einmal gesagt hatte, er habe die Power eines dampfgetriebenen Stanley-Steamer-Automobils, nannte man ihn Steamer.

Mit elf Jahren begann er, Jollen zu segeln, und seither übte das Meer einen unwiderstehlichen Reiz auf ihn aus. Er hatte an vielen der großen internationalen Langstreckenregatten teilgenommen. Im Jahr 1980 gehörte er zum America's-Cup-Team um Alan Bond, dem unverwüstlichen Australier, der die Regatta drei Jahre später gewann und damit die 132-jährige Vorherrschaft des New York Yacht Club und die längste Erfolgsserie im Sport überhaupt beendete. 1998 arbeitete Steamer als Vorarbeiter einer Werft, die Winning gehörte, doch auf dem Wasser tauschten sie die Rollen: Dort war es oft Steamer, der die Entscheidungen traf.

Im Verlauf der letzten Jahre waren ihm zwei künstliche Hüftgelenke eingesetzt worden, sodass er jetzt wie eine Spielzeugente humpelte. In den Monaten vor dem Rennen entfernte man ihm wegen eines bösartigen Tumors eine Niere, aus dem rechten Unterarm war ihm ein großes Melanom herausgeschnitten worden, und er hatte eine Asbestlunge. Aber er dachte überhaupt nicht daran, sich dadurch vom Sportsegeln abhalten zu lassen. Er musste einfach segeln. Sogar seine äußere Erscheinung schien ihn für das Wasser zu bestimmen: Mit seinem breiten Schnauzbart, den stattlichen Hängebacken und der tonnenförmigen Brust sah er aus wie ein Walross.

Mehr als alles liebte Steamer die Geschichte und die Traditionen des Segelns. Nach einigen Bieren äußerte er Freunden gegenüber manchmal, die heutige Gesellschaft lege Wert auf die falschen Dinge und es gebe keine Leute mehr, die daran interessiert seien, zu lernen, wie man etwas herstellt oder wie man das für Hochseeregatten erforderliche seglerische Können erwirbt. »Die Regatten werden immer kürzer. Niemand hat mehr Zeit.« Am besten gefiel ihm am Langstreckensegeln, dass hier eine Menschengruppe unterschiedlichster sozialer Herkunft auf engstem Raum zusammenlebt und -arbeitet und sich auf eine Weise kennen lernt, wie das im normalen Alltag einfach nicht mehr möglich ist. »Ob man reich ist oder arm, spielt auf dem Wasser überhaupt keine Rolle«, sagte er immer.

Ein Crewmitglied der *Churchill* fuhr beruflich einen Müllwagen. Als Jugendlicher erzählte Michael Bannister seinen Freunden, er wolle nach dem Schulabschluss zur Wasserpolizei gehen oder auf einer Fähre arbeiten. Diese Ideen redete ihm ein High-School-Berater zwar aus, aber als er zum Vietnamkrieg eingezogen wurde und im Bewerbungsformular angeben sollte, in welchem Teil der Armee er gern dienen würde, schrieb er: »Kleine Schiffe, kleine Schiffe, kleine Schiffe.« Schließlich landete er auf einem Schiff der Munitionsversorgung und arbeitete nach seiner Heimkehr in Australien eine Weile als Warenhausverkäufer und danach als Kraftfahrer. War er nicht auf der Straße, war er auf dem Wasser.

Auf einer Party im CYC nach einer Regatta lernte er seine Ehefrau Shirley kennen. Sein eher glanzloser Beruf kümmerte sie nicht, und sie lernte auch, damit zu leben, dass ihr Mann an jedem Wochenende wenigstens einen Tag lang segelte. Als ihr einziges Kind, Stephen, noch klein war, nahm Michael ihn mit. Altersmäßig trennten Stephen nur drei Tage von Nathan, dem Sohn eines anderen Crewmitglieds, John Dean, und so verbrachten die beiden Jungen unzählige Wochenenden spielend am Strand, während ihre Väter Regatten fuhren. Bannister und sein Sohn standen sich sehr nahe; als Stephen älter war, segelten Vater und Sohn Rennen gemeinsam.

Bannister freute sich schon seit Monaten auf das Hobart und konnte es kaum erwarten, endlich loszulegen.

Kurz vor 9.00 Uhr am Samstagmorgen schwamm Geoffrey Bascombe um die *Winston Churchill* herum, die an einer Pier direkt vor dem Clubhaus des CYC festgemacht hatte. Wie ihr Eigner schien auch das Boot aus einer anderen Zeit und einer anderen Welt zu stammen.

Bascombe bot dagegen mit seiner enormen Leibesfülle, der Knollennase und dem 60 Zentimeter langen Vollbart einen ganz anderen Anblick. Obwohl er sich schon seit zehn Jahren auf keine Waage mehr stellte, wusste er, dass er um die drei Zentner wog, weswegen seine Freunde ihn Mega nannten. Früher Matrose auf Schiffen der Kriegsmarine, verdiente er heute seinen Lebensunterhalt mit der Wartung von Booten und hatte gerade bei vier Yachten den Belag vom Unterwasserschiff entfernt, der ihre Geschwindigkeit beeinträchtigte. Jetzt, nach getaner Arbeit, hörte er auf herumzupaddeln und bewunderte die *Churchill*, die er schon oft, aber immer nur aus großer Entfernung, gesehen hatte.

Sein Blick fiel an der Backbordseite nahe dem Bug auf einen dunklen, senkrechten Spalt. Er war etwa 30 Zentimeter lang und endete knapp über der Wasserlinie. Als er näher heranschwamm, stellte er mit Entsetzen einen gravierenden Mangel an dieser offensichtlich so sorgfältig instand gehaltenen Yacht fest. Anscheinend fehlte ein Stück aus der Kalfaterung, die den Raum zwischen den Planken ausfüllt und ein Holzboot erst wasserdicht macht. Der Spalt war ungefähr so breit wie ein Bleistift, und als er hineinblickte, erkannte er eine Art schwarzer Gummimasse.

Mega stieg eilig aus dem Wasser und ging zum Liegeplatz der *Churchill*, um der Crew mitzuteilen, was ihm aufgefallen war. Arbeitende Planken konnten den Verlust von Kalfaterung bewirken, das wusste er. Bei Holzbooten lässt sich ein geringes Spiel nicht immer vermeiden, aber zu viel Spiel kann katastrophale Folgen haben, weil sich dann eine Planke lösen könnte. Mega sprach mit zwei Männern, die, wie er meinte, zur Mannschaft gehörten. »Da fehlt Kalfaterung«, erklärte er. »Das solltet ihr dem Eigner sagen.«

Richard Winning traf als erstes Mitglied seiner Crew im CYC ein, doch von Mega Bascombes Entdeckung erfuhr er nichts.

6

Zwanzig Minuten vor dem Start übernahm Larry Ellison das Steuer der *Sayonara* – und fast augenblicklich kam es zu einer Katastrophe. Zuerst bemerkten sie die vier Grinder, jene muskulösen Crewmitglieder, die per Armkraft zwei Fahrradpedalen ähnliche Vorrichtungen (die so genannten Kaffeemühlen) betätigten und so die Kraft zum Einholen der riesigen Segel lieferten. Tony Rae, zuständig für das Trimmen des Großsegels, lockerte die über eine Winschtrommel laufende Schot, um das Segel zu fieren. Wollte er das Segel einholen, benötigte er die Mithilfe der jeweils zu zweit auf einem Posten arbeitenden Grinder. Manchmal glichen Männer und Pedale einer auf Hochtouren laufenden Maschine. Als sich jedoch die Grinder an den Pedalen jetzt ins Zeug legten, hörten sie ein Geräusch, das sie lieber nicht gehört hätten: ein grässliches Knirschen. Plötzlich drehten die Pedale, die die Winschtrommel mittels einer Kurbelwelle bewegten, im Leerlauf. Bei einer Windgeschwindigkeit von zwölf Knoten war die Welle aus Kohlefaser gebrochen.

Ellison wusste nicht, was passiert war, musste sich jedoch auf das Steuern konzentrieren, zumal Dickson ihn nun allein ließ, um das Problem zu begutachten. Ellison verzog keine Miene, aber er machte sich Sorgen. *Jetzt geht schon etwas kaputt, bevor wir überhaupt gestartet sind*, dachte er. *Kein gutes Omen.*

Sobald Dickson den Fehler gefunden hatte, reagierte er mit jener scharfen, wütenden Kritik, für die er berüchtigt war. »Das ist unglaublich und nicht zu entschuldigen!«, brüllte er. »So etwas darf einfach nicht passieren! Unser System hat versagt!« Zwar geht auf den meisten Booten immer mal wieder etwas zu Bruch, aber bei der *Sayonara* fand er einen Materialfehler unverzeihlich. Ob alt oder neu, alles war wiederholt geprüft und inspiziert worden. Wenn etwas bei relativ leichtem Wind kaputtging, hatte jemand gepfuscht.

Als die *Sayonara* nach Sydney verschifft worden war, begleiteten sie zwei zwölf Meter lange Frachtcontainer. Einer diente zugleich als Büro und als randvoll mit Werkzeug und Ersatzteilen voll gestopfte Werkstatt. Der andere enthielt das schnelle, sieben Meter lange Beiboot und diverse Ausrüstungsgegenstände. Dickson brüllte jetzt in sein Handy und wies den Fahrer des Bootes an, zur Basisstation an Land zu fahren, um eine Ersatzwelle zu holen. Angetrieben von zwei 90 PS starken Außenbordmotoren, lief der Rennflitzer 45 Knoten; doch auch das hätte nicht gereicht, wie Dickson zu spät erkannte, um noch vor dem Vorbereitungsschuss um 12.50 Uhr – nach dem jede Unterstützung von außen verboten ist – zur Werkstatt und wieder zurück zur *Sayonara* zu rasen. Ohne die Welle war eine der drei Hauptwinschen der *Sayonara* unbrauchbar. Die Crew musste sich nun auf eine weniger stabile und ungünstig gelegene Winsch unten im Cockpit verlassen, die Tony Raes Sicht auf das Segel beim Trimmen behinderte.

Als Dickson wieder auf seinem Posten neben Ellison stand, sagte er: »Wir müssen das Großsegel mit der Mittelwinsch fahren. Du musst etwas langsamer kreuzen, um der Crew mehr Zeit zu geben.«

»Dadurch wird es schwerer, sich vor den Pulk zu setzen«, erwiderte Ellison. »Vielleicht sollte ich am Start aggressiver fahren, damit wir uns gleich zu Anfang an die Spitze setzen können.«

Dickson, immer noch wütend, nickte.

Oft ist der Start der aufregendste Teil einer Regatta – und er kann entscheidend sein. Mehrere hundert Seemeilen lange Rennen werden manchmal mit einer Differenz von wenigen Minuten gewonnen. Die Boote an der Spitze sind im Vorteil, weil sie durch noch nicht von anderen Fahrzeugen aufgewühltes Wasser segeln und ihr Wind nicht von anderen Booten blockiert wird. Je weiter hinten eine Yacht im Feld liegt, desto mehr muss sie hin und her kreuzen, um

Kollisionen zu vermeiden. Jeder Kreuzschlag hat seinen Preis: Es dauert Minuten oder länger, bis die Crew die Segel wieder so getrimmt hat, dass die Yacht erneut ihre optimale Geschwindigkeit erreicht.

Ein guter Start verleiht zudem wichtigen emotionalen Auftrieb. Das Beste aus einer Rennyacht herauszuholen erfordert ständige Aufmerksamkeit sowie eine nicht erlahmende Bereitschaft, Segel zu setzen oder herunterzunehmen und an Dutzenden von Leinen zu ziehen, um die Stellung der Segel zu korrigieren. Oft sind die Vorteile, die sich aus diesem ständigen Justieren ergeben, so gering, dass sie praktisch kaum wahrnehmbar sind. Ist die Stimmung in der Crew gut, ist auch die Motivation groß. Keiner beschwert sich, wenn er noch ein Segel an Deck schleppen oder das heruntergenommene zusammenrollen muss. Aber wenn nichts richtig klappt, wird die Laune schlechter, und keiner arbeitet mehr mit ganzer Kraft. Der Spaß ist weg – und damit das, worum es eigentlich geht.

Der Start der Sydney-Hobart-Regatta erfordert besonderes Können. Bei den meisten Regatten mit einem großen Teilnehmerfeld gibt es mehrere gestaffelte Startzeiten, für jede Bootsklasse eine. Beim Hobart gibt es nur eine Startzeit, obwohl es in der Flotte eine Fülle unterschiedlicher Boote gibt, angefangen von Maxi-Yachten wie etwa die *Sayonara* und *Brindabella*, die so schnell beschleunigen, dass sie über ein unsichtbares Antriebssystem zu verfügen scheinen, bis hin zu behäbigen 11-Meter-Slups, die nur etwa halb so schnell sind. Auch verfügen die Steuerleute über ganz unterschiedliche Erfahrung; es gibt alte Hasen aus dem America's Cup und Wochenendsegler, die sich vor dem Start zu ihrem ersten Hobart fürchten.

Die Startlinie wurde an einem Ende durch ein Boot (von dem aus der Startschuss abgefeuert wurde) und am anderen durch eine Boje markiert. Diese etwa 900 Meter lange imaginäre Linie erstreckte sich fast über die ganze Breite des Hafens an einer seiner schmalsten Stellen. Während Ellison mit der *Sayonara* hinter der Linie auf und ab segelte, blies ein Wind von gut zehn Knoten aus Nordost. Und bei seiner Suche nach einer Lücke kam er sich vor, als steuere er einen Indianapolis-500-Rennwagen über die Rennstrecke und versuche gleichzeitig, Dutzenden von umherkurvenden Taxis auszuweichen.

Nur noch zehn Minuten bis zum Start. Dickson deutete auf ein anderes Boot und sagte: »Ich glaube, du solltest dich mindestens zwanzig Fuß vor diese Yacht setzen«, was hieß, dass Ellison härter an den Wind gehen musste, damit die *Sayonara* das andere Boot in Luv passieren konnte.

»Kann ich machen, aber klappt das? Vielleicht sollten wir hinter ihm durchgehen.«

»Nein, da ist das Gedrängel zu groß. Deine Lücke ist davor.«

An Land ordnete sich Ellison nur selten jemandem unter, aber auf der *Sayonara* ließ er Dickson viele der wichtigsten Entscheidungen treffen. Er konnte auch kaum sehen, was sich vor seinem Boot abspielte, da ihm die Segel die Sicht nahmen. Er musste sich auf Joey Allen verlassen, der auf dem Vorschiff kauerte und per Handsignal Informationen über die anderen Boote übermittelte.

Nachdem die Startkanone die letzten fünf Minuten vor dem Start signalisiert hatte, versuchte jede Yacht, an die Startlinie vorzurücken. Es war, als ob hundert auf und ab pirschende Panther in einen immer kleiner werdenden Käfig gesperrt würden. Sie wandten sich dahin und dorthin, provozierten einander, suchten nach einem Vorteil, wobei jeder sein Revier verteidigte. Nur noch eine Minute. Brad Butterworth, der Taktiker der *Sayonara* und einer der wichtigsten Steuermänner, zählte die Sekunden – so laut, dass Ellison und alle im Cockpit ihn hörten. Ellisons Blick flitzte in alle Richtungen, während er das unglaublich dichte Teilnehmerfeld nach Hindernissen oder Lücken absuchte und dabei die Windrichtung und den Stand der Segel im Auge behielt.

Die *Sayonara* war der Startlinie nahe. Ein bisschen zu nahe. Als Tony Rae das Großsegel fierte, um Wind aus dem Segel zu nehmen, verlor die *Sayonara* etwas Fahrt. So würde ihr zwar kein fliegender Start gelingen, doch sie wurde wenigstens nicht von anderen Booten behindert. Noch fünf Sekunden. Die Grinder holten die Segel dicht, und das Boot schoss nach vorn.

Ein Schuss aus einer Kanone – Nachbau einer der Bordkanonen der *Endeavour*, mit der Kapitän Cook in Australien gelandet war – verkündete den Start. Die Segel der *Sayonara* wurden dicht geholt, Sekunden später überfuhr sie die Startlinie. Auf vielen Booten wurde geschrien, doch in Ellisons Crew blieb es still, als er einen fast perfekten Start hinlegte.

Viele Yachtsegler nahmen an, dass der Schlüssel zum Erfolg der *Sayonara* in Ellisons Reichtum lag – und Geld spielte durchaus eine Rolle. Ellison gab bedenkenlos sechsstellige Summen für eine einzige Regatta aus und ersetzte 50 000 Dollar teure Segel, so wie Tennisspieler eine neue Dose mit Bällen kaufen. Die *Sayonara* segelte nur fünf oder sechs größere Regatten pro Jahr, da diese aber auf der ganzen Welt verstreut stattfanden, musste die Yacht auf Frachter verladen und zwischen den Kontinenten verschifft werden. Auf jeder Fahrt wurde alles, was am Rumpf befestigt war – Mast, Rigg, Winschen, Steuerräder –, abgenommen und verpackt, sodass eine Art riesige Socke um das Boot herumgezogen werden konnte. Dann wurde der Rumpf auf das Schiff gehoben, wo man ihn in ein maßgefertigtes Stahlgestell legte. Das Verschiffen beschäftigte sechs Leute eine Woche lang – ebenso lange wie der anschließende Zusammenbau im Zielhafen. Beaufsichtigt wurde der Transport von Bill Erkelens, einem Mitglied der *Sayonara*-Crew, und seiner Ehefrau

Melinda, die gemeinsam hauptberuflich für das Bootsmanagement verantwortlich waren. Außerdem hielten die beiden sich auf dem Laufenden über Wettkampfbestimmungen, arrangierten die Beförderung der Crew und kümmerten sich um die Wartung des Bootes. Und weil das alles Geld kostete, schickten sie einem von Ellisons Assistenten jeden Monat eine Aufstellung ihrer Ausgaben, um sie genehmigen zu lassen.

Aber Geld spielt insgesamt nur eine untergeordnete Rolle. Alle Eigner von Maxi-Yachten sind reich. Was die *Sayonara* von anderen Booten ihrer Klasse unterschied, war die Qualität ihrer Crew, die Tatsache, dass die Mitglieder gelernt hatten zusammenzuarbeiten, sowie Ellisons Talent, die Männer Rennen für Rennen bei der Stange zu halten. Bis zu einem gewissen Grad ergab sich das von ganz allein: Jeder kämpft gern in einer Siegermannschaft. Der wahre Schlüssel zum Erfolg der *Sayonara* lag aber darin, dass die Crewmitglieder in hohem Maße auf ihre Aufgaben spezialisiert waren. Auf vielen Booten ist die anschließende Manöverkritik an taktischen und seglerischen Entscheidungen eine Selbstverständlichkeit. Auf der *Sayonara* wurde im Nachhinein kaum Kritik geübt. Ellison hatte das Können seiner Crew schätzen gelernt.

Dickson ermunterte die Crewmitglieder dazu, sich scharf umrissene Aufgabenbereiche zu schaffen und dafür die volle Verantwortung zu übernehmen. Joey Allen, der Vorschiffsmann, suchte auch die Schiffsausrüstung aus, mit der er arbeitete. Bei jeder Veränderung des Riggs wurde er zurate gezogen. Wollte er einen Beschlag verlegen oder einmal einen anderen Block ausprobieren, kümmerte sich Bill Erkelens darum. Zog Allen es dann später vor, doch lieber wieder den alten zu benutzen, war das auch in Ordnung.

Sofort nach dem Start begann T. A. McCann, der für das Setzen und Bergen der Segel vor dem Mast verantwortlich war, die Windverhältnisse zu kommentieren. Er suchte das Wasser nach Kräuselungen ab und versuchte, Geschwindigkeit und Richtung des Windes zu erahnen, der das Boot in den nächsten sechzig Sekunden treffen würde. Zu sehen, wo eine Brise oder eine Böe die Wasseroberfläche kräuselt, ist einfach. Aber Stärke und Richtung des Windes einzuschätzen, das, was viele Segler seinen Druck nennen, lernt man nur mit viel Feingefühl.

»Steter Druck die nächsten zwanzig Sekunden, und dann kriegen wir einen dicken Windstoß«, rief T. A. »Noch zehn Sekunden. Zehn, neun, acht ...«

Ziel war es, Ellison und die Segeltrimmer auf die nächsten Ereignisse so vorzubereiten, dass nahtlose Manöver gelangen, mit denen man auf jede Veränderung schnell und optimal reagieren konnte. Alles war bis ins Kleinste durchdacht. Die Grinder der *Sayonara* besaßen überwiegend die Statur von Football-Spielern, und es mochte scheinen, als seien sie nur wegen ihrer Muskelkraft ausgewählt worden, doch alle waren begabte Segler. Während sie die Kommentare McCanns und der Segeltrimmer verfolgten, behielten sie auch selbst den Wind und die Segel im Auge, um für die nächste Aktion gewappnet zu sein.

Die Verständigung auf einer Maxi-Yacht ist schwierig, und deswegen bestand Dickson darauf, dass jeder, der nichts Wesentliches zu sagen hatte, den Mund hielt. Nur von T. A. wurden ständig Kommentare erwartet, aber selbst er versuchte, sie nicht ausufern zu lassen, und fragte gelegentlich: »Rede ich zu viel?« Als kurz nach dem Start jemand auf der Kante laut eine sich nähernde Böe ankündigte, brachte er ihn schnell zum Schweigen. »Hey, ich mache die Ansage. Entspann dich. Wir haben das hier zigmal durchexerziert. Lass uns bei unserem System bleiben.«

7

Auf der *Sword of Orion* stand am Start Steve Kulmar hinter dem Steuer; Glyn Charles war an seiner Seite und schlug taktische Manöver vor. Kulmar hatte sich schon entschlossen, ans Südende der Startlinie zu fahren, und nahm Kurs dorthin.

Dags war auf dem Vorschiff und warnte Kulmar lautstark vor Yachten, die der nicht sehen konnte. »Aufpassen!«, brüllte er. »*Nokia* kommt wieder auf uns zu.«

Die Wettsegelbestimmungen des Weltseglerverbandes (ISAF) legen fest, wer auf einem Regattakurs die Vorfahrt hat. Ein Boot, das mit Wind von Backbord segelt – der vom Heck aus betrachtet linken Seite –, muss den Kurs wechseln, wenn es sich mit einem Boot, das mit Wind von Steuerbord segelt, auf Kollisionskurs befindet. Diese Regelung leitet sich von der archaischen Vorstellung her, dass die Steuerbordseite an sich die bessere sei. In früheren Jahrhunderten baute der Schiffszimmermeister diese Seite selbst und überließ die Backbordseite seinen Gehilfen. Kapitäne legten großen Wert darauf, ihre Schiffe von Steuerbord zu betreten. Ein Salut der Marineartillerie bestand in der Regel aus einer ungeraden Anzahl von Schüssen, die abwechselnd von beiden Seiten des Schiffes abgefeuert wurden, wobei der erste und der letzte Schuss von der Steuerbordseite erfolgten. Manche dieser Traditionen sind zwar in Vergessenheit geraten, dennoch gilt bis heute: Vorfahrt hat das Boot, das mit Wind von Steuerbord segelt.

Komplizierter werden die Regeln, wenn zwei Yachten auf gleichem Kurs segeln. Dann muss das Boot in Luv – dasjenige, das der Windquelle näher ist – dem Boot in Lee Vorfahrt gewähren. Die Regeln sind eindeutig.

Wohin die *Sword* auch fuhr, die *Nokia*, eine 25-Meter-Maxi-Yacht und das größte Schiff im Rennen, schien ihr überallhin zu folgen.

Kulmar glaubte, sie bleibe ihm ganz bewusst auf den Fersen, in der Hoffnung, einen besseren Start hinzulegen, wenn sie seinem Beispiel folgte. Vielleicht spielte bei ihm auch die Eitelkeit eine gewisse Rolle, aber eines war plötzlich ganz klar: Weniger als eine Minute vor dem Start segelten die *Nokia* und die *Sword* auf Kollisionskurs. Beide Yachten hatten den Wind steuerbord. *Nokia* war die Yacht in Luv – aber sie änderte ihren Kurs nicht. »Fallt ab! Fallt ab!«, schrie Dags hinüber, um die große Yacht dazu zu bringen, in den Wind zu schießen. Doch die *Nokia* blieb auf ihrem Kurs. Ihre Crewmitglieder schrien ebenfalls, aber niemand auf der *Sword* verstand ein Wort. Als die *Nokia* schließlich nur noch wenige Meter von der *Sword* entfernt in den Wind drehte, war es zu spät. Ihre Segel, nun nicht mehr mit Wind gefüllt, fingen an zu killen, und die Yacht trieb seitwärts auf die *Sword* zu. Nur 25 Sekunden vor dem Start rammte der Bug der *Nokia* knirschend die *Sword*. Der erste Stoß traf die Steuerbordseite der *Sword* nahe dem Heck. Da die größere *Nokia* mehr Wucht entwickelte als die *Sword*, schrammte das Boot mit einem grellen Quietschen die ganze Bordwand der *Sword* entlang, was wie das Bremsen eines Eisenbahnzugs klang.

Kooky platzte förmlich vor Wut. Er wollte die *Nokia* wegstoßen, aber inzwischen drehte sie sich und hatte nun den Wind im Rücken. Ihre wieder gefüllten Segel drückten sie gegen die *Sword*.

»Nehmt eure Segel runter«, schrie Nigel Russell, ein Crewmitglied der *Sword*, zur *Nokia* hinüber. Weil von dort keine Reaktion erfolgte, griff er in die Tasche und zückte ein Messer. »Holt eure Scheißsegel runter – oder ich kappe sie euch!«

Als die beiden Boote sich schließlich voneinander gelöst hatten, setzte Kooky die rote Protestflagge, während Dags davoneilte, um den Schaden zu inspizieren. Zwei Jahre zuvor war er auf einem Boot gewesen, das das Hobart abbrechen musste, weil es nahe der Startlinie beschädigt wurde, und er befürchtete, das Gleiche könnte sich jetzt wiederholen. Zunächst beugte er sich über die Steuerbordseite, um nachzusehen, ob der Rumpf ein Loch hatte. Nein – zumindest nicht über der Wasserlinie. Aber auf einem fünf Meter langen Abschnitt des Rumpfs, kurz unter dem Deck, waren Schrammen und blaue Farbspuren der *Nokia* zu erkennen. Am deutlichsten zeigte sich der Schaden an zwei Relingsstützen, jenen am Rand des Decks angebrachten Metallpfosten. Über sie läuft der Relingsdraht, der die Crewmitglieder davor schützen soll, über Bord zu gehen. Beide Stützen waren nach innen verbogen; der Fuß der hinteren Strebe hatte das Deck durchstoßen und ein zehn Zentimeter breites Loch hineingerissen.

Dags ging nach unten und untersuchte den Rumpf von innen. Der Schaden im Deck nahe den beiden Relingsstützen war nicht zu übersehen, denn durch das Loch drang Tageslicht, aber anscheinend handelte es sich um kein gravierendes Problem. Trotzdem musste der Schaden repariert werden. Die Relingsstützen wirkten sich zwar weder auf die Seetüchtigkeit der Yacht noch auf ihr Segelverhalten aus, dennoch war der Relingsdraht, der über sie lief, eine für die Crew lebenswichtige Sicherheitsvorkehrung. Und weil Relingsfüße und Beschläge in ihrer Nähe manchmal zum Belegen von Ausrüstungsgegenständen und Sicherheitsgurten benutzt wurden, war auch die Stabilität des Decks wichtig, auf dem sie verschraubt waren.

Während die übrigen Crewmitglieder sich auf das Rennen konzentrierten, löste Dags die Schrauben, mit denen die Stützen im Deck befestigt waren, stellte sich auf die Stützen und versuchte, sie durch sein Gewicht wieder in Form zu biegen. Diejenige, die das Loch ins Deck gerissen hatte, versetzte er um einige Zentimeter. Dabei versuchte er, den am stärksten beschädigten Decksabschnitt zu meiden. Zur Verstärkung des Decks unterlegte er es mit einer kleinen Sperrholzplatte. Wenn er die Schrauben durch das Deck und das Holz trieb, würde die Relingsstütze hoffentlich genauso fest sitzen wie vor dem Unfall. Nach vier Stunden Arbeit war er mit der Reparatur zufrieden, aber er ärgerte sich, weil er in dieser Zeit nicht auf der hohen Kante sitzen konnte, wo sein Körpergewicht dem Boot geholfen hätte, optimale Geschwindigkeit zu erreichen.

Kooky seinerseits saß am Bordcomputer und tippte eine E-Mail an die Regattaleitung, in der er den Schaden beschrieb und der nur leicht beschädigten *Nokia* dafür die Schuld gab. In der Hoffnung, die Verantwortlichen würden der *Nokia* eine Strafe aufbrummen, schrieb er: »Der Schaden an den Steuerbord-Relingsstützen ist behoben. Gleichwohl ist eine meterlange Schramme steuerbords im Heckbereich entstanden.«

Nachdem Dags seine Arbeit beendet hatte, untersuchte er den Mast auf mögliche Schäden. Während der Kollision war das Rigg der *Sword* mit der Takelage der *Nokia* in Berührung gekommen und hatte dadurch möglicherweise eine Schwachstelle geschaffen, die den Mast umknicken lassen konnte. Auf der Backbordseite, knapp zwei Meter oberhalb des Decks, entdeckte er eine kleine Beule. »Verdammt, sieh dir das mal an«, sagte er zu Andrew Parkes. Die hervortretende Stelle maß im Durchmesser nur ein paar Zentimeter, doch sie deutete eventuell auf einen Schaden am Mast hin. Ein instabiler Mast ist eine Katastrophe, die – wahrscheinlich eher früher als später – auch eintritt. Die mit Wind gefüllten Segel setzen ihn einer enormen Belastung aus. Beim Hobart knicken selbst scheinbar einwandfreie Masten um. Dags kletterte hinauf und fuhr mit dem Finger über die Beule, konnte aber nicht feststellen, wodurch sie verursacht worden war. »Das müssen wir im Auge behalten«, sagte er. »Viel mehr kann man da nicht machen.«

Schon jetzt kam sie die Kollision teuer zu stehen. Erst eine Minute nach dem Startschuss überquerte die *Sword* die Startlinie. Anstatt den Hafen als eines der ersten Boote ungehindert durchqueren zu können, musste sie zwischen viel langsameren Yachten lavieren.

8

Kenn Batt und Brett Gage trafen rechtzeitig wieder im Amt für Wetterkunde ein, um den Start der Regatta am Fernsehschirm verfolgen zu können. Ein paar Minuten später analysierten sie die allerneuesten, soeben hereingekommenen Computerdaten des australischen meteorologischen Modells. Zum ersten Mal prognostizierte es den schlimmsten aller möglichen Fälle, den das US-amerikanische Modell schon die ganze Zeit vorausgesagt hatte. Dass beide Modelle zu demselben Ergebnis kamen, beeindruckte die Meteorologen. Wenn sich die Berechnungen als korrekt erwiesen, würde das Tiefdruckgebiet in seinem Zentrum erheblich stärker ausfallen als im offiziellen Wetterbericht der Regattaleitung angekündigt. Je länger Batt das Datenmaterial sichtete, desto mehr kam er zu der Überzeugung, dass hier alle Bedingungen zur Entstehung einer orkanartigen Gewalt – eines Sturms, der alles in den Schatten stellen würde, was die meisten Segler je zu Gesicht bekommen hatten – vereint waren.

Eine Kaltfront zog ostwärts zur Bass Strait, während Warmluft aus dem Norden heranströmte. Beide Luftmassen wurden von einem Tiefdruckgebiet angezogen, das sich ebenfalls nach Osten bewegte und vermutlich zu einer Position über der östlichen Bass Strait weiterzog, und zwar genau dann, wenn das Gros der Sydney-Hobart-Flotte dort eintraf. Die schwere Kaltluft würde sich wie ein Keil unter die feuchte Warmluft schieben, sie emporheben und Niederschläge und Gewitter hervorrufen. Und falls Batt noch einen Beleg dafür benötigte, dass es sich um eine Kaltfront von erheblichem Ausmaß handelte, bekam er ihn in Form eines Wetterberichts über einen Schneesturm in Südaustralien. Schneefall im Winter ist dort nichts Ungewöhnliches, doch es war Dezember, und mithin herrschte auf der Südhalbkugel Hochsommer. Allmählich bekamen Kenn Batt und Brett Gage ein sehr mulmiges Gefühl.

Die Sydney-Hobart-Regatta gliedert sich in drei Abschnitte. Im ersten segeln die Boote, vom Festland geschützt, den südlichsten Streifen der Ostküste Australiens hinab. Auf dem letzten, dritten Teilstück fahren sie die Ostküste Tasmaniens entlang; dort bietet ihnen die Insel einen gewissen Schutz. Auf dem mittleren Streckenabschnitt – bei dem sie die Bass Strait durchqueren – sind sie sehr viel wetterabhängiger. Keine Landmasse blockiert den Wind und die Wellen aus Ost oder West. Im Gegenteil, der Wind bläst wie durch eine Röhre in die Meerenge, deren geringe Wassertiefe zu einem höheren Wellengang führt.

Wenn die Vorhersagen der Modelle sich als richtig erwiesen, müsste der erste Teilabschnitt des Rennens nach Batts Meinung eine reine Spritztour werden. Der Luftstrom würde, wie die Strömung, aus Nord kommen und für einen zwar kräftigen, aber beherrschbaren Rückenwind sorgen. Allerdings sah es ganz danach aus, als ob der zunehmende Sturm über die Flotte hereinbrechen würde, wenn die meisten Yachten schon die Bass Strait durchquerten, die denkbar ungünstigste Gegend, um in schweres Wetter zu geraten. Zu dem Zeitpunkt, an dem die Flotte auf den Sturm stoßen musste, würde der seine Richtung um etwa 180 Grad ändern, schätzte Batt. Dann würden sich Strömung und Wellen in die entgegengesetzte Richtung bewegen, ein Phänomen, das einen gefährlichen Verstärkungseffekt auf die Wellen hat. Eine Gegenströmung von einem Knoten kann die durchschnittliche Wellenhöhe um zwanzig Prozent steigern, zwei Knoten steigern sie manchmal um fünfzig Prozent. Außerdem produzieren entgegengesetzte Strömungen jene steil aufsteigenden Seen mit hohen, gewölbten Rücken, die selbst das stabilste Schiff beschädigen können.

Die große Unbekannte war dabei der Kurs der polaren Strahlströme bzw. Jetstreams. Es ist schwer, den genauen Kurs dieser Hochgeschwindigkeitsluftströme, die in 10000 Meter Höhe über die Erdoberfläche ziehen und ihre Richtung ändern, wenn sie aufeinander prallen, vorherzusagen. Doch während sich polare Jetstreams im Sommer normalerweise nicht so weit nach Norden erstrecken, dass sie die Bass Strait erreichen, deuteten Satellitenfotos von Wolkenformationen in großer Höhe sowie Wetterballondaten darauf hin, dass einem Luftstrom dies während des Rennens gelingen könnte. Ein Jetstream, der das Tief überlagert, würde es noch verstärken und eine gefährliche Kettenreaktion in Gang setzen: Der Höhenwind würde die Warmluft aus dem Zentrum des Tiefs absaugen, den Druck im Kern des Sturms weiter reduzieren und die Windgewalt im Tief steigern, sodass ein sich immer schneller im Uhrzeigersinn drehender Ablauf entstand.

Hätte nicht gerade das Sydney-Hobart-Rennen stattgefunden, wäre es den Meteorologen vermutlich nicht eingefallen, eine Vorhersage in einer so frühen Phase der Wettfahrt zu machen. Da sie sich aber der Probleme bewusst waren, die entstehen konnten, wenn ein weltweit beachtetes Sportereignis in nicht vorausgesagte extreme Wetterverhältnisse geriet, tendierten sie dazu, die Starkwindwarnung auf eine »Sturmwarnung« hochzustufen – wodurch klar war, dass sie mit Windgeschwindigkeiten von über 48 Knoten rechneten. Nach einem weiteren kurzen Blick auf die Daten des australischen Computermodells sagte Gage: »Wenn das Modell Recht behält und wir ihm widersprechen, stehen wir sehr schlecht da.«

Alle waren derselben Ansicht. Und so setzte sich Peter Dundar, ein Meteorologe des Wetteramts, etwas mehr als eine Stunde nach Regattabeginn um 14.14 Uhr an sein Computerterminal, klickte mit dem Cursor auf ein Icon namens WARNUNG und holte sich die Standardseite für solche Fälle auf den Bildschirm. Nachdem er spezielle Details über die Wetterbedingungen eingetragen hatte, faxte er den Alarm sowohl an den australischen Seewetterdienst als auch, unter anderem, an private Rundfunk- und Fernsehsender, Eigner von Fischerbooten, die Royal Australian Navy, die Rettungsdienste und den CYC.

Niemand machte sich größere Sorgen als Kenn Batt. Über ein Dutzend seiner Freunde nahm an der Regatta teil, und die Angst um sie verursachte ihm buchstäblich Übelkeit. Er war sicher, dass die meisten Segler nicht im Geringsten ahnten, was ihnen bevorstand, und musste immer daran denken, wie elend er sich beim 1993er Hobart gefühlt hatte, als nur 38 Boote ins Ziel kamen. Und das jetzige Rennen würde seiner Meinung nach noch sehr viel härter werden – so hart, dass einige seiner Freunde möglicherweise dabei umkamen. Mit Tränen in den Augen sagte er zu Gage: »Das wird ein Massaker.«

Gage und Batt hatten inzwischen dienstfrei, doch sie blieben im Büro, um möglichst überall die Alarmglocken schrillen zu lassen. Gage rief den australischen Rettungsdienst (SAR) an, die bei Seenot für die Koordinierung von Schiffen und Flugzeugen zuständige Behörde. »Wir haben eine dringende Sturmwarnung«, sagte Gage einem der Beamten der Behörde namens Andrew Burden. »Wenn's nicht so schlimm wird, richtet sie wahrscheinlich keinen Schaden an, außer dass ein paar Leute um ihre Freizeit gebracht werden, aber wenn wir sie nicht durchgeben, wird man anschließend über uns herfallen.«

Eine Sturmwarnung war die Meldung, die das Wetteramt für die Gewässer vor der Küste Südostaustraliens bei höchster Gefahr ausgab, was viele Hobart-Teilnehmer nicht wussten. Vielmehr glaubten sie, höchste Gefahr drohe erst bei einer Warnung vor einem Hurrikan bzw. Wirbelsturm. Doch tropische Wirbelstürme, die in anderen Teilen des Südpazifiks üblich sind, gibt es vor Südostaustralien nicht, da sie sich nur in Gegenden entwickeln, in denen die Wassertemperatur bei 27 Grad Celsius oder höher liegt. Die unterschiedliche Terminologie bedeutete jedoch keineswegs, dass bei einem

Sturm Windgeschwindigkeiten ausgeschlossen waren, wie sie für tropische Wirbelstürme oder Hurrikane charakteristisch sind.

Außerdem grenzte das Wetteramt seine Warnung ein. Theoretisch ist eine Sturmwarnung nach oben hin offen. Sie sagt Windgeschwindigkeiten von mehr als 48 Knoten voraus, aber in diesem Fall setzte das Wetteramt eine Obergrenze bei Geschwindigkeiten zwischen 45 bis 55 Knoten. Später erklärten die Meteorologen des Wetteramtes, ihre Vorhersage habe sich auf stetige Windgeschwindigkeiten bezogen und die Segler hätten wissen müssen, dass Böen die vorausgesagte Windgeschwindigkeit manchmal um bis zu vierzig Prozent überschreiten. Aber obwohl jedem Sydney-Hobart-Segler klar war, dass Böen regelmäßig die konstante Windgeschwindigkeit überschreiten, hatte kaum einer jemals von einer Steigerung um bis zu vierzig Prozent gehört. Andere zuckten die Achsel und beschlossen, sich erst dann Sorgen zu machen, wenn der Wetterbericht einen Wirbelsturm oder Hurrikan ankündigte.

Natürlich wissen Segler, dass im Wind ihre Kraft liegt, aber wenige haben eine mehr als nur oberflächliche Vorstellung von dem komplizierten Zusammenspiel der Faktoren oder kennen die Terminologie der Meteorologen im Detail. Und in der Tat glaubten viele Teilnehmer, die vom Wetteramt vor dem Rennen herausgegebene Starkwindwarnung *(gale warning)* sei gefährlicher als die spätere Sturmwarnung *(storm warning)*, obwohl das Gegenteil zutrifft.

Das wirklich Gefährliche an starken Winden sind die durch sie ausgelösten Wellen. Selbst nach jahrhundertelangen Forschungen verstehen die Wissenschaftler das Phänomen der Meereswellen noch immer nicht vollständig, sie haben jedoch Formeln entwickelt, um die Höhe der Seen zu schätzen. Im Normalfall bewirkt ein Wind, der mit einer Geschwindigkeit von 50 Knoten neun Stunden lang über offenem Meer weht, eine durchschnittliche Wellenhöhe (der Mittelwert des oberen Drittels aller Wellen) von ungefähr zehn Metern. Doch die Wissenschaftler stellen regelmäßig Abweichungen von diesem Muster fest, besonders dann, wenn starke Strömungen und erhebliche Unterschiede hinsichtlich der Meerestiefe bestehen. Manchmal treffen zwei oder drei Wellenkämme in noch nicht geklärter Weise so aufeinander, dass sie Wellenungetüme erzeugen, die im typischen Fall fast doppelt so hoch sind.

Patrick Sullivan, ein Meteorologe mit vier Jahrzehnten Erfahrung und Einsatzleiter des Wetteramtes in New South Wales, war von der Sturmwarnung außerordentlich beunruhigt. Er brach seine Weihnachtsferien ab und fuhr ins Büro. Nachdem er eine Reihe von Satellitenaufnahmen aus den letzten 24 Stunden durchgesehen hatte, hielt er die Sturmwarnung für eine zwar kühne, aber durchaus vertretbare Prognose. Zweifellos zog ein Tiefdrucksystem die Küste herauf, aber man würde erst in ungefähr zwölf Stunden wissen, ob sich das System zu jener Art starkem Tief entwickelte, das sich zur Stärke eines Wirbelsturms verdichten konnte. Doch im Hinblick auf die Regatta fand er es völlig richtig, die Warnung herauszugeben.

Er glaubte, sie würde viele Teilnehmer zum Abbruch des Rennens bewegen. Das war ein Irrtum.

9

Bevor der Startschuss fiel, stand Richard Winning am Ruder der *Winston Churchill* und rauchte seine Pfeife. Während die meisten Yachten nahe der Startlinie um die beste Position fochten, beobachtete er die Szenerie fast vom Ende des Feldes aus. Deshalb überfuhr die *Churchill* die Startlinie auch erst mehr als eine Minute nach dem Kanonenschuss. Winning zerbrach sich weniger als Larry Ellison oder Kooky den Kopf über die Schnelligkeit seines Bootes und dessen Platzierung in der Gesamtwertung. »Das wird ein Gentlemen-Rennen«, hatte er seiner Mannschaft gesagt.

Der 19 Jahre alte Matthew Rynan – eine Generation jünger als fast alle anderen Crewmitglieder, schon erwachsen und doch noch ein Kind – war enttäuscht. Dieses kleine muskulöse Energiebündel mit dem Goldring im rechten Ohrläppchen und dem Haifischzahn um den Hals schien stets wie ein Kobold zu grinsen. Vor dem Rennen beunruhigte ihn als Einziges das hohe Alter seiner Mitsegler. Winnings wenig aggressiver Start machte ihm noch deutlicher bewusst, dass er sich vom Rest der Crew unterschied. *Komm schon, Alter, geh da vorne rein*, dachte er im Stillen. *Wenn wir so vorsichtig sind, macht das Ganze doch keinen Spaß.*

Dennoch fand Beaver – so lautete sein Spitzname –, dass er sich unerhört glücklich schätzen konnte, hier an Bord zu sein. Freunde, von denen die meisten sein Interesse an Booten nicht teilten, hatten ihn immer wieder gefragt, wann er denn endlich einmal am Hobart Race teilnehmen werde. Und während die *Churchill* durch den Hafen segelte, ließ er einen nach dem anderen Revue passieren und fragte sich bei jedem, ob er wohl zuschaute.

Bald nachdem die *Churchill* das Meer erreicht hatte, schwenkte sie nach Süden. Dank ihres riesigen rot-weiß-blauen Spinnakers, einer stetigen Brise aus Nordost und zusätzlicher Hilfe durch eine günstige Strömung machte die schöne Yacht zehn Knoten Fahrt. Auf Winnings Gesicht trat ein breites, kindliches Grinsen – ungewöhnlich bei einem Mann, der selten lächelte. Solange er zurückdenken konnte, war das Segeln seine einzige Leidenschaft gewesen. »Es ist das Einzige, was ich gut kann«, sagte er oft. »Ich kann keine Bälle schlagen. Ich war schon immer eine Wasserratte, und praktisch alle meine Freunde haben sich durch das Segeln kennen gelernt.« Und in der Tat segelten John Dean und Mike Bannister schon mit Winning, seit sie Ende der fünfziger Jahre als Jugendliche im Vaucluse Amateur Twelve Foot Sailing Club auf Jollen an Regatten teilgenommen hatten. Die drei gewannen Dutzende Trophäen, hatten gemeinsam und gegeneinander gesegelt – und waren Freunde geblieben.

Steamer ging auf dem Boot herum und überprüfte einige jener Gerätschaften, die er eingebaut hatte. Wie viele Segler hatte er in jüngeren Jahren auf dem Vorschiff begonnen. Er lernte dazu, aber als seine Beweglichkeit nachließ, zog er sich in Richtung Heck zurück: zuerst an den Mast, wo er für die Fallen zuständig war, mit denen die Segel gesetzt und eingeholt werden, und schließlich ins Cockpit, wo er viele der Entscheidungen hinsichtlich Kurs und Segelwechsel traf. Er war bescheiden und hatte nie viel Geld in seinem Leben verdient, doch er besaß ein ruhiges Selbstvertrauen bei allem, was er tat, und war enorm stolz auf die Rolle, die er beim Umbau der *Churchill* gespielt hatte. Als sie in Winnings Werft eintraf, hatte sie einen schweren Holzmast und quietschende Winschen, von denen sich einige kaum drehten. Unterdecks fehlten Bodenbretter, und die Pantry und die Toilette waren unbenutzbar. Unter seiner Anleitung hatte man neue Treibstoff- und Wassertanks, einen neuen Mast und einen neuen Baum eingebaut und das Schiffsinnere herausgerissen und umgebaut. Aus der Hauptkajüte wurde eine schöne Kabine mit

Wänden aus lackiertem Mahagoni und schokoladenfarbenen Kissen. Mehr als dreißig Plaketten aus diversen Regatten schmückten sie sowie zwei Fotografien: Die eine zeigte Percy Coverdale, den Erbauer und ersten Eigner der Yacht; die andere die Besatzung, die damals im Jahr 1945 mit ihm das erste Hobart segelte, bei dem die *Churchill* als drittes von neun Booten ins Ziel ging.

Steamer hatte für das Hobart mehrere Crewmitglieder rekrutiert, darunter Beaver, der im Middle Harbor Yacht Club, dem sie beide angehörten, gelegentlich das Übersetzboot fuhr. Trotz des Altersunterschiedes gab es zwischen beiden viele Gemeinsamkeiten. Beaver war sich nicht ganz sicher, wo seine Zukunft lag – wie Steamer wusste er nur, dass ihm seine Freunde am wichtigsten waren und er sich auf dem Wasser am wohlsten fühlte. Obwohl er bislang weder auf hoher See gesegelt war noch je auf einer Yacht übernachtet hatte, verbrachte Beaver vermutlich mehr Zeit auf Booten als an Land. Zwischen den Rennen segelte er Jollen, gab Jugendlichen Segelunterricht oder steuerte das Übersetzboot. Steamer erkannte manche Ähnlichkeit zwischen sich und Beaver, und er hoffte, Beaver würde Selbstvertrauen und Zielstrebigkeit gewinnen, wenn er als Mitglied der Crew sah, was Männer mit vereinten Kräften zu leisten imstande waren.

Steamer hatte auch John Gibson, einen langjährigen Freund, rekrutiert. Gibbo, ein untersetzter 65 Jahre alter Rechtsanwalt mit einer großen Nase, die nach einer alten Rugbyverletzung einen Linksdrall hatte, war mit schrulligem Humor begabt und ein begnadeter Anekdotenerzähler. Von Natur aus so gutmütig wie gesellig, verlieh er seinen Gefühlen immer spontan Ausdruck. Gibbo hatte fast sein ganzes Leben lang gesegelt, aber noch nie an einem Hobart teilgenommen, und so freute er sich sehr, als Steamer bei ihm anfragte. »Das ist eine große Herausforderung«, sagte er seiner Frau Jane. »Meine größte Hoffnung ist, dass Steamer nach dem Rennen zu mir kommt und mich fragt: ›Willst du nächstes Jahr wieder mitmachen?‹«

Während sie Richtung Süden segelten, versuchte Gibbo, sich ein Urteil über die übrigen Crewmitglieder zu bilden, vor allem über Winning. Gibbo hielt sich für einen kontaktfreudigen Menschen, doch schon während der Trainingsfahrten vor dem Hobart hatte er sich schwer getan, mit Winning auch nur ein unverbindliches Gespräch zu führen. Dabei hielt er Winning nicht für abweisend, sondern eher für schüchtern. Mit Sicherheit war er kein Snob oder unfähig, neue Freundschaften zu schließen – Paul Lumtin, auch ein Crewmitglied, war der Gegenbeweis. Lumpy, wie ihn alle nannten, war ein übergewichtiger 31-jähriger Wirtschaftsprüfer, der Winning in Steuerfragen beriet. Als Jugendlicher hatte er Rugby gespielt, in einem nicht sehr feinen Vorort, wo kaum jemand segelte. Trotz ihrer Unterschiede hinsichtlich Herkunft und Alter hatte sich Winning darum bemüht, Lumpy zum Freund zu gewinnen, besonders nachdem dessen Vater einige Jahre zuvor gestorben war. Winning versuchte Lumpy oft verständlich zu machen, warum er so gern segelte, und fragte ihn schließlich, ob er Lust habe, sich der Crew bei den späten Freitagabendregatten anzuschließen. Lumpy machte mit und war schier überwältigt davon, wie bereitwillig man ihm die Grundkenntnisse beibrachte und mit welcher Begeisterung ihm alle ihre Abenteuer aus früheren Wettfahrten erzählten. In Gesellschaft von Winnings langjährigen Freunden übernahm er oft die Rolle des Hofnarren, riss Witze über seine Leibesfülle und seinen wenig feinen Akzent. Doch Lumpy hatte auch ein starkes Ego. Er war stolz und hocherfreut, als Winning bei ihm vorfühlte, ob er beim Hobart als Navigator mitsegeln wolle.

Weil es ein langes Rennen war und irgendwann jeder einmal steuern musste, wollte Winning allen eine Chance am Ruder geben.

Beaver lag untätig an Deck herum, als Winning ihn fragte, ob er es einmal probieren wolle. Der Junge stimmte sichtlich begeistert zu. Verglichen mit den leichten Jollen, die er normalerweise segelte, fühlte sich das Boot etwas behäbig an, doch die Prinzipien waren die gleichen, und außerdem liebte er das Gefühl der Macht, das sich beim Lenken der großen Yacht einstellte.

Als Winning in die Kabine hinunterging, warf er einen Blick auf ein Blatt mit Wetterinformationen, das gerade aus dem Faxgerät rollte. Es enthielt unter anderem die Sturmwarnung und eine Vorhersage über das sich nähernde Tiefdrucksystem: Wenn es in 24 Stunden den Ostteil der Bass Strait erreichte, würde es vermutlich an Stärke zugenommen haben. Winning zeigte das Fax dem Investmentbanker Bruce Gould: »Oje, was hältst du davon?«

Der 56 Jahre alte Gould war ein hoch gewachsener, schlanker Mann, dessen Energie und starke Persönlichkeit in maschinengewehrschnellen, knappen, abgehackten Sätzen und einem hohen Tonfall zum Ausdruck kamen. Seine Sätze würzte er gern mit Kraftausdrücken. Sein Lieblingsfluch war »Scheißverdammt!«, und oft gelang es ihm, ihn zwei- oder dreimal in einem Satz unterzubringen. Gould stammte aus Hobart und erinnerte sich noch daran, wie er einmal als Kind die *Churchill* am Ende einer der frühen Regatten lange betrachtet hatte. Für ihn stellte die Ankunft der Yachten aus Sydney das größte Ereignis des Jahres dar, und daraus entwickelte sich schließlich eine lebenslange Leidenschaft. Er war 1967 mit 24 Jahren auf der ersten australischen Yacht gesegelt, die den Admiral's Cup gewann, und hatte an 31 Hobarts teilgenommen.

Nach einem Blick auf die Vorhersage rief er: »Verdammte Scheiße! Sieht ganz so aus, als würden wir einige Dresche beziehen.«

Wenig später sprang der Spinnakerbaum plötzlich mit lautem Knall aus dem Segel. Wie andere Segel war der ballonförmige Spinnaker am oberen Mastende durch ein Fall befestigt. Eine zweite

Ecke des Segels wurde von einer Schot gehalten, die vom Cockpit aus kontrolliert wurde. Die dritte Ecke sicherte eine Leine, die über das Ende eines waagerecht vom Mast wegführenden Baums lief. Unter dem Druck des Windes hatte sich der Beschlag, der die Leine am Baum festhielt, geöffnet. Jetzt musste sich jemand im Bootsmannsstuhl bis zu dieser Ecke des Segels, die über dem Wasser hing, am Baum entlanghangeln, um dort die Leine wieder durch den Beschlag zu ziehen. Steamer wusste, dass Beaver der richtige Mann für diese Aufgabe war, und erklärte ihm, was er zu tun hatte. Beaver fand die ganze Sache höchst beängstigend und fürchtete, aus dem Bootsmannsstuhl ins Wasser zu fallen. Doch es kam für ihn nicht infrage, seine Angst zu zeigen oder die Aufgabe abzulehnen.

An Bord kann man der Verantwortung nur schwer ausweichen. Vor allem kann man sich nicht verstecken, weil alle auf engem Raum untergebracht sind und jedes Crewmitglied sieht, welchen Beitrag der andere leistet. In unterschiedlichem Maße neigen Yachtsegler dazu, sich auf ein bestimmtes Aufgabengebiet zu spezialisieren. Doch auf Booten, die kleiner sind als die *Sayonara*, ergibt sich aus der Tatsache, dass man rund um die Uhr am Ruder stehen, die Segel nachstellen und navigieren muss, für jedes Crewmitglied die Notwendigkeit, die Aufgaben der anderen zu kennen, um jederzeit für sie einspringen zu können. Außerdem sind viele einfache Arbeiten, wie zum Beispiel das Kochen oder Abwaschen, zu erledigen. Am besten sei es, hatte Steamer Beaver geraten, gar nicht lange darüber nachzudenken, ob man sein Soll erfüllt habe. Versuche, mehr als das zu tun, hatte er gesagt, und wenn alle genauso denken, wird auch nichts liegen bleiben. Trotz seiner Furcht brannte Beaver darauf, sein Können unter Beweis zu stellen. Er zog sich am Baum entlang vom Boot weg, wobei er den Blick hinunter aufs Wasser vermied. Es dauerte nicht lange, und er hatte die Leine wieder dort angebracht, wo sie hingehörte.

Teil 2: Jenseits von Eden

10

Die *Sayonara* passierte als erstes Boot die kilometerbreite Öffnung zwischen North und South Head, jenen steilen Basaltklippen, die den Hafen von Sydney vom offenen Meer trennen. Die *Brindabella* lag nicht weit dahinter. Als sie das offene Meer erreicht hatten, herrschte eine sanfte Dünung mit anderthalb Meter hohen Wellen und einem 15 Knoten starken Wind aus Nordost. Die Maxis setzten ihre Spinnaker, um möglichst viel von der Brise einzufangen. Ellison stand nach wie vor am Ruder. Das Rennen befand sich in der Anfangsphase, doch er dachte schon an Plattners Rekord. Sobald der Spinnaker gesetzt war, blickte er auf das »Jumbo«, ein am Mast angebrachtes digitales Messgerät, das vorübergehend eine Geschwindigkeit von 14 Knoten für das Boot anzeigte. Das Messgerät bezog die südwärts fließende Strömung nicht mit ein, weshalb die Fahrt über Grund noch um ein paar Knoten höher lag. Wenn der Wind während eines Großteils der Regatta anhielt, wäre ihm der Streckenrekord sicher.

Dem oberflächlichen Betrachter mochte es leicht erscheinen, die *Sayonara* zu steuern. In Wirklichkeit erfordert ein gekonntes Steuern die geradezu instinktive Fähigkeit, aus jeder kleinen Welle, jedem kleinen Windhauch das meiste herauszuholen. Außerdem konnte die Crew der *Sayonara* immer sehen, ob der Rudergänger seiner Aufgabe gewachsen war. Anhand der Daten aus früheren Rennen hatte Mark Rudiger eine Tabelle zusammengestellt, die die optimalen Geschwindigkeiten für unterschiedliche äußere Bedingungen auflistete; mehrere Kopien waren mit Klebeband im Cockpit angebracht. Zwei Faktoren sind wesentlich für den Topspeed – das Trimmen der Segel und das Steuern. Da die Segeltrimmer aber fast nie einen Fehler machten, konnte jeder sich ein objektives Urteil über die Fähigkeit des Steuermanns bilden, indem er Rudigers Zielgeschwindigkeit mit der tatsächlichen Geschwindigkeit verglich.

Ellison hielt sich für einen ziemlich guten Flugzeugpiloten, und so hatte er zunächst geglaubt, schnell ein Könner am Ruder zu werden. Doch er musste wider Erwarten feststellen, dass ein Boot in einer Wettfahrt sehr schwer zu steuern ist, weil es höchste Konzentration, blitzschnelle Reaktionen und die Fähigkeit erforderte, gleichzeitig sowohl den Einfluss des Windes und der Wellen als auch den Stand der Segel zu beurteilen. »Man muss da enorm viele Informationen und Erfahrungen zugleich verarbeiten, und zwar so, dass alles automatisch abläuft«, sagte er. »Der Verstand allein zieht seine Schlüsse nicht so schnell.«

Ein paar Minuten nachdem der Spinnaker gesetzt war, schien irgendetwas nicht in Ordnung zu sein. Als der Wind auf 18 Knoten auffrischte, kam ihm die Luft seltsam unbewegt vor. Sekunden später platzte der Spinnaker, und das 25 000 Dollar teure Segel war nur noch ein Fetzen. Sofort wurde das Boot langsamer, als wäre dem Motor der Sprit ausgegangen, was in gewisser Hinsicht auch zutraf. Das konnte sein Fehler gewesen sein, ahnte Ellison. Vermutlich hatte er das Segel überlastet, weil er zu dicht am Wind gesegelt war. Seine Frustration stieg, als er sich eingestand, dass Dickson sicherlich gemerkt hätte, dass zu viel Druck auf dem Segel lag, und den Kurs gewechselt hätte, um es zu entlasten, oder nach einem schwereren Spinnaker verlangt hätte.

Für Ellison gehörte dies zu dem Preis, den man für das Spielen in der höchsten Klasse entrichten musste: Er hatte eine Yacht und eine Crew zusammengeführt, die eine makellose Leistung brachten. Es war schwierig, da mitzuhalten. Aber zum Glück hielt T. A. McCann schon einen Ersatzspinnaker bereit. »Erst geh ich aufs Vordeck, dann Lachlan«, schrie er. Normalerweise wäre es der Crew überhaupt nicht in den Sinn gekommen, einen von Ellisons Gästen aufzufordern, bei einem Segelwechsel am Bug mitzuhelfen. Aber T. A., dem Lachlans Geschicklichkeit während der Trainingsfahrten imponiert hatte, benötigte jede Hilfe, die er kriegen konnte, um die Reste des zerfetzten Spinnakers schnell herunterzunehmen und den neuen aufzuziehen, bevor die *Brindabella* zu viel Boden gutmachte.

Lachlan gefiel es, einbezogen zu werden. Er fühlte sich als Mitglied der Crew anerkannt, doch er vergaß nicht, dass ein übereifriger Helfer manchmal mehr schadet als nützt. Daher machte er es wie T. A., griff, so hoch er konnte, ins Segel, bekam es zu fassen und zog es unter Einsatz seines Körpergewichts ein Stück aufs Deck herab. Den gleichen Handgriff wiederholte er mehrfach, bis er den richtigen Rhythmus gefunden hatte. Bald lag das zerfetzte Segel an Deck, und Lachlan gehörte nun zur Mannschaft.

Der neue Spinnaker der *Sayonara* stand, wenige Minuten nachdem der alte geborgen war. Doch die *Brindabella* hatte von der Verzögerung bestens profitiert und die Führung der *Sayonara* von 200 auf nur noch 50 Meter reduziert. Ellison war sauer auf sich selbst. »Hier, Chris, übernimm du das Ruder. Ich bin zu unkonzentriert.«

Er setzte sich neben Lachlan auf die Kante und brachte das Gespräch auf Geschäftliches. Oracle und die News Corporation operierten in verschiedenen Wirtschaftszweigen, doch über das Internet rückten die Branchen der Computer-Software und der Medien enger zusammen. Ellison interessierte sich dafür, wie viele Einnahmen aus Kleinanzeigen Murdochs Zeitungen an Internet-Wettbewerber verloren. »Online-Anzeigen stellen eine Riesenbedrohung dar«, räumte Lachlan ein. »In fünf Jahren wird es in den Zeitungen keine Kleinanzeigen mehr geben. Und wenn das Anzeigenaufkommen zurückgeht, sind die meisten Zeitungen nicht mehr profitabel. Alle unsere Zeitungsunternehmen gehen online.«

»Hast du schon mal daran gedacht, in das Geschäft mit Online-Auktionen einzusteigen? Mit diesen Websites lässt sich viel Geld machen.«

»Das würden wir gern, aber es ist nicht leicht. Es ist genauso wie im Zeitungsgeschäft. Wenn man die Website Nummer eins auf dem Markt ist, wie eBay, kann man viel Geld verdienen. Ist man nicht die Nummer eins, ist es schon schwer zu überleben.«

Während Lachlan und Ellison sich unterhielten, machte die *Brindabella* weiter Boden gut. Windstärke und Wellengang nahmen zu, was für sie von Vorteil war. Mit ihrem 22-Meter-Rumpf war sie fast so lang wie die *Sayonara*, aber da sie einen breiteren und flacheren Rumpf besaß, konnte sie die Wellenfronten besser hinuntersurfen.

Als der Wind 24 Knoten erreichte, wurden beide Maxi-Yachten von schnell ziehenden Wellen getragen. Während eines Wellenritts erreichte die *Sayonara* 26 Knoten, die schnellste Fahrt, die sie je gemacht hatte. Im Durchschnitt erzielte die *Brindabella* noch bessere Ergebnisse. Als sie kurz vor 15.00 Uhr die *Sayonara* einholte, trennten beide Maxis nur noch sieben Meter. Eine halbe Stunde später frischte der Wind auf 28 Knoten auf, und die *Brindabella* setzte einen neuen, asymmetrischen Spinnaker. George Snow schätzte, dass er über fünf Prozent mehr Segelfläche verfügte als der Spinnaker der *Sayonara*, ein entscheidender Vorteil. Bald darauf lief die *Brindabella* vorübergehend 30 Knoten, den höchsten Speed, den sie je erreicht hatte. Minuten später zog sie am Bug der *Sayonara* vorbei.

»Das scheint ja ein richtiges Wettrennen zu werden«, sagte Dickson zu Ellison. »Die *Brindabella* kommt sehr gut zurecht.«

»Sie ist einfach stärker als letztes Mal«, sagte Ellison. »Die haben sich mehr verbessert als wir.« Doch es waren noch mehrere hundert Seemeilen zu fahren, und er dachte nicht daran, schon aufzugeben.

Auf der *Brindabella* bemerkte George Snow: »Aufregender als jetzt kann es kaum noch werden.«

Snow war ein kräftig gebauter und wortgewandter Mann. Seine unter buschigen Augenbrauen liegenden Augen weiteten sich beim Reden, verengten sich aber zu Schlitzen und schlossen sich manchmal ganz, wenn er anderen zuhörte. Mit 26 Jahren hatte er in seiner Heimatstadt Canberra zum ersten Mal gesegelt, auf einem künstlichen See namens Burley Griffin. Danach war er dem Segeln verfallen. Ende der siebziger Jahre gründeten er und einige andere den Canberra Ocean Racing Club, was Segler aus Sydney zunächst für einen Witz hielten, schließlich lag Canberra im Landesinneren. Doch die Gründer meinten es völlig ernst. Der Club kaufte ein Boot, ließ es in Sydney liegen, und nun flogen die Mitglieder am Wochenende zum Segeln hin und zurück. Seine Immobilienfirma mit Sitz in Canberra hatte Snow wohlhabend gemacht. Bald darauf verkaufte er seine Anteile und zog nach Sydney, hauptsächlich, um dem Wasser näher zu sein. »Segeln«, sagte Snow oft, »ist wichtiger als das Geschäft.« Er genoss die Kameradschaft, aber wonach es ihn, ebenso wie Ellison, wirklich drängte, war die kämpferische Herausforderung. »Heutzutage«, meinte er nachdenklich, »hat man kaum noch Gelegenheit, seine Nervenstärke, seinen Mut und die Fähigkeit zur Teamarbeit wirklich auf die Probe zu stellen.« Die Hobbys anderer gut verdienender Manager befriedigten ihn nicht. »Golf«, meinte er abfällig, »kann man vergessen.«

Wenn er während einer Regatta nicht am Steuer stand oder über taktische Fragen redete, ging er auf dem Boot umher und trieb mit den anderen seine Späße. Vieles war reiner Jux, doch dahinter verbarg sich auch eine ernsthafte Absicht. Snow sah seine Hauptaufgabe darin, die Crew im Auge zu behalten und herauszufinden, ob es jemandem nicht gut ging oder er mit etwas unzufrieden war. Während Ellison und Kooky selten aufmunternde Worte fanden, ließ Snow vor und nach dem Rennen andere an seinen Überlegungen und seiner Begeisterung teilhaben. Unmittelbar vor dem Start zur diesjährigen Sydney-Hobart-Regatta hatte er die 22-köpfige Crew zusammengerufen und gesagt: »Es wird ein langes Rennen. Es wird Zeiten geben, in denen es euch gut geht, und Momente, in denen ihr niedergeschlagen seid. Dann müsst ihr die Kraft finden, euch umeinander zu kümmern. Wenn jemand Schwierigkeiten hat, schaut nicht einfach nur zu. Helft ihm. Unser Boot ist voller Champions. Der *Sayonara* fällt es leicht, Rennen vor der Küste zu gewinnen – aber für Hochseeregatten haben wir das absolut beste Team. Nichts hindert uns daran, sie alle zu schlagen.«

Die *Brindabella* nahm fast jedes Wochenende an Wettfahrten teil, doch alles lief auf das Hobart zu. Wie Ellison hatte Snow vor allem den Ehrgeiz, Plattners Streckenrekord zu brechen, der bei 2 Tagen, 14 Stunden, 7 Minuten und 10 Sekunden stand. Abgesehen von diesem gemeinsamen Ziel, gab es zwischen Snow und Ellison allerdings kaum Gemeinsamkeiten. Nach Snows Ansicht sollte das Segeln ein Amateursport bleiben. Obwohl drei Crewmitglieder der *Brindabella* dafür bezahlt wurden, das Boot zwischen den Rennen zu warten – eine Notwendigkeit angesichts seiner Größe –, kritisierte er Ellison, weil dieser eine »voll bezahlte« Segelcrew hatte: »Ein bisschen ist es so, als hätte er sein Team gekauft.« Grundlegender aber war: Eigentlich hielt er Ellison, der an nur wenigen Regatten teilnahm und üblicherweise erst kurz vor dem Start zu einer Wettfahrt eintraf, nicht für einen richtigen Segler. »Mich stört an solchen Leuten, dass sie nicht mit Leib und Seele bei der Sache sind«, sagte er einmal.

Snow hielt seinem Sport die Treue, auch wenn er während seiner Seglerlaufbahn immer wieder herbe Enttäuschungen einstecken musste. Beim Hobart von 1993, dem Jahr, als die *Brindabella* vom Stapel gelaufen war, hatte er in der Mitte der Bass Strait einen

60-Seemeilen-Vorsprung herausgefahren; um zwei Uhr morgens stieß das Boot jedoch auf ein Hindernis, vermutlich einen Wal. Mit beschädigtem Rumpf musste er ein Rennen abbrechen, das zu gewinnen er sicher gewesen war. 1994, als die *Brindabella* den Derwent River nach Hobart hinaufsegelte, lag sie rund 100 Meter hinter der führenden Yacht *Tasmania*. Die *Brindabella* machte Boden gut, bis das Fockfall riss. Selbst ohne das Vorsegel kam die *Brindabella* nur sieben Minuten nach der *Tasmania* ins Ziel, doch für Snow war ein zweiter Platz fast genauso enttäuschend, wie es der letzte gewesen wäre. Er verlor die Hoffnung und teilte einigen Crewmitgliedern mit, das 1995er Hobart werde sein »letzter Versuch« sein. Leider war es aber auch das erste Jahr, in dem Ellison an der Regatta teilnahm. Die *Sayonara* überquerte als Erste die Ziellinie, zwei Stunden vor der *Brindabella*, die damit zweimal in Folge auf Rang zwei landete. Als Snow und seine Crew tags darauf im Maloney saßen, einem beliebten Pub in Hobart, war Snow längst nicht mehr so jovial wie sonst: »Falls ihr euch fragt, ob ihr nächstes Jahr eine Koje bekommt«, kündigte er an, »sage ich euch jetzt schon, dass die Tage der *Brindabella* gezählt sind. Ich verkaufe sie. Im letzten Jahr haben wir mit sieben Minuten Abstand verloren. Dieses Jahr lagen wir zwei Stunden zurück. Wir machen Rückschritte, und deswegen gebe ich auf.«

Am Ende besann er sich eines Besseren, doch er konnte seine Pechsträhne einfach nicht abschütteln. Drei Stunden nach Beginn der 1996er Regatta lag die *Brindabella* eine Seemeile vor der *Morning Glory*, der Maxi von Hasso Plattner. Angetrieben von einem starken Rückenwind, flog *Brindabella* mit einer solchen Geschwindigkeit nach Süden, dass es schien, als würde ihr der absolute Hattrick gelingen: Erster im Ziel, Sieger nach berechneter Zeit und Einstellung des Streckenrekords. Seit John Illingworths Sieg bei der Jungfernregatta hatte keine Yacht mehr in allen drei Kategorien gewonnen. Aber dann erneut ein Desaster: Der Mast brach, knickte nur wenige

Zentimeter über dem Deck ein. Plattner übernahm die Führung, ging als Erster durchs Ziel und stellte den Streckenrekord ein (obgleich er nicht Sieger nach berechneter Zeit wurde). Während die *Brindabella* unter Motorkraft langsam zurück nach Sydney schipperte, dachte Lindsay May, der Navigator der *Brindabella*, dem gesamten Team täte psychologischer Beistand gut.

Die Ehefrauen und Freundinnen der Crewmitglieder waren immer eine Art Großfamilie gewesen. Man traf sich vor und nach den Wettfahrten und feierte zusammen Partys. Sabrina Snow, Georges Ehefrau, eine große, dunkelhaarige asiatische Kunstwissenschaftlerin, war die »Seele des Ganzen«. Wegen ihrer Eleganz und Anmut hieß die Tochter eines australischen Diplomaten bei der Crew Lady Sabrina. Als die *Brindabella* nach Sydney zurückkehrte, begrüßte sie die Männer mit einem Lächeln und nahm niedergeschlagene Crewmitglieder in den Arm. »Ihr müsst eben wieder rausfahren und es noch einmal versuchen. Da ist noch eine Rechnung offen.«

1997, als weder Ellison noch Plattner am Rennen teilnahmen, ging dann endlich nichts mehr schief; die *Brindabella* erreichte Hobart als erstes Boot. In den Tagen danach feierte die Crew nonstop, Snow allen voran. Später sagte er: »Die Kneipentour war so grausam, dass ich fast zum Antialkoholiker geworden wäre.«

Während die *Brindabella* an der *Sayonara* vorbeizog, drängten sich Gedanken an den damaligen Sieg wie von selbst auf. »Kann sein, dass diese Zirkuspferde das beste Boot der Welt haben, aber wir wollen doch mal sehen, was sie bei rauem Wetter draufhaben«, rief ein hochgestimmter Erik Adriaanse, Rechtsanwalt aus Canberra, der mit Snow schon ein Dutzend Hobarts gesegelt hatte. Ein Sieg beim Hobart wäre wunderbar, aber die *Sayonara* vernichtend zu schlagen – das wäre der Ruhm.

Am Steuer stand Bob Fraser, Australiens führender Segelmacher. Mehrere der höchstgesetzten Yachten im Rennen führten seine

Segel. Doch Fraser, einer der angesehensten Steuermänner in Sydney, segelte stets auf der *Brindabella*. Jetzt konzentrierte er sich darauf, die Wellen richtig zu erwischen, was bei einer Geschwindigkeit von über 20 Knoten gar nicht leicht war. Als eine Welle die Yacht emporhob, schrie er: »Speed!«, und signalisierte damit, dass er den Kurs ändern wolle, um Schwung zu nehmen, etwa wie ein Surfer, der die letzten Kraulzüge macht, bevor er sich auf eine Welle setzt. Als er glaubte, die Höchstgeschwindigkeit erreicht zu haben, rief Fraser: »Ich habe den Speed – es geht abwärts!«, und steuerte geradewegs die Welle hinunter. Während das Boot in den Sog der Welle hineingezogen wurde, ließ der Druck auf die Segel etwas nach, und er versuchte, möglichst lange auf der Welle zu bleiben. Dann begann das Ganze wieder von vorn, wieder und wieder.

Auf der *Sayonara* hatte Dickson das Steuer an Brad Butterworth übergeben. Der lakonische, grauhaarige Vierziger war im Team New Zealand der Taktiker gewesen, als es im Jahr 1995 den America's Cup gewann, und die gleiche Rolle wollte er auch 2000 spielen. Die Neuseeländer hoben immer besonders hervor, dass sie eine Mannschaftsleistung erbracht hatten; die wichtigsten Crewmitglieder waren aber dennoch Butterworth und Russell Coutts. Butterworth war genial, wenn es galt, blitzschnelle Entscheidungen über das beste Segelmanöver zu treffen. Seine Genialität beruhte teilweise auf solidem seglerischem Können, aber ebenso wichtig war sein Gespür für die richtige Strategie, um gegnerische Boote zu überlisten. Was er machte, hatte zudem einen psychologischen Aspekt: Er versuchte, die anderen Skipper richtig einzuschätzen, und er nahm sich jugendliche Frechheiten heraus. Bei einer Gelegenheit war er Taktiker auf einer Yacht, die sich nach einer heiß umkämpften Wochenendregatta anschickte, ins Ziel zu gehen. Er machte es sich im Cockpit bequem und schlug die Sonntagszeitung so breit wie möglich auf, um allen zu demonstrieren, wie mühelos das Boot den Sieg errang.

Er hatte an zwei Whitbread-Regatten teilgenommen, aber so aufregend wie in diesem Hobart war das Segeln für ihn noch nie gewesen. Eine Maxi-Yacht vor dem Wind zu steuern, die Wellen zu erwischen und einen Speed von über 20 Knoten zu erreichen war immer aufregend. Ein Kopf-an-Kopf-Rennen mit der *Brindabella* jedoch steigerte den Nervenkitzel ins Unermessliche.

Weil der Spinnaker dazu neigt, den Bug ins Wasser zu drücken, waren die meisten Crewmitglieder der *Sayonara* im Heck postiert. Bei diesem starken Wind stand alles unter großer Belastung, das wusste die Crew. Noch ein Spinnaker konnte reißen. Das Tauwerk konnte versagen. Der Mast konnte sich verbiegen. Alle Mann strengten die Augen an und horchten auf verräterische Anzeichen, die Spannung war förmlich mit Händen zu greifen.

Vierzig Minuten nachdem Dickson das Steuer an Butterworth übergeben hatte, übernahm er es wieder selbst. Mit einem kurzen Blick auf die Wellen in seinem Rücken sagte er, er wolle versuchen, sie in einem anderen Winkel zu nehmen. »Ich falle um zehn Grad ab. Dadurch kommen wir etwas vom Kurs ab, aber so müsste ich mehr Wellen erwischen.« Tony Rae, der das Großsegel trimmte, richtete den neuen Kurs ein, indem er das Segel ein wenig fierte. Auch er war 1995 im Team New Zealand gewesen und hatte an zwei Regatten um den America's Cup und an zwei Whitbreads teilgenommen, bei einem auf der Siegeryacht. Damit gehörten er und Robbie Naismith, der den Spinnaker trimmte, zu den wenigen Seglern, die sowohl beim Whitbread als auch beim America's Cup auf siegreichen Booten gefahren waren. Im Team der *Sayonara* nahmen sie die gleichen Aufgaben wahr wie im Team New Zealand: Rae trimmte das Großsegel, während Naismith für Vorsegel und Spinnaker zuständig war. Mike Howard, ein Kalifornier, der früher als

Frank Sinatras Bodyguard gearbeitet hatte, stand an der Kaffeemühle des Großsegels. Auf den meisten Maxis bedienen zwei Männer die Kaffeemühle, aber auf der *Sayonara* erledigte Howard, der mit den Armen auf der Bank 450 Pfund und mit den Beinen fast doppelt so viel stemmte, diesen Job oft allein. Tony Rae und Howard arbeiteten schon so lange auf der *Sayonara* zusammen, dass sie ihre Arbeit beinahe wortlos koordinierten.

Die *Brindabella* lag nach wie vor vorn, aber als Butterworth wieder ans Ruder ging, rauschte der Bug der *Sayonara* aufs Heck der *Brindabella* zu. Es gibt Regeln für das Überholen anderer Boote. Während die *Sayonara* sich langsam vorschob, stand Dickson im Heck und schätzte die Positionen der Boote zueinander ab. Als er meinte, dass sie nicht mehr überlappten – dass die *Brindabella* Kurs auf die *Sayonara* nehmen konnte, ohne eine Kollision zu verursachen –, hob er den rechten Arm hoch über den Kopf und ließ ihn senkrecht niedersausen, etwa so, als führte er einen Hieb mit einem Schlachtermesser.

Doch Butterworth war noch nicht sehr weit gekommen, da begann die *Brindabella* die Lücke bereits wieder zu schließen. Jetzt stand David Adams am Ruder. Bei der Einhand-Weltumsegelungsregatta BOC Challenge im Jahr 1994/95 hatte Adams eine 15-Meter-Yacht gesegelt, in seiner Klasse gesiegt und den alten Streckenrekord glatt um mehr als zehn Tage unterboten. Er war eine Kämpfernatur, versuchte aufzuholen und konzentrierte sich auf jede Welle und jede Böe.

»Segel dichter holen«, rief er, während die *Brindabella* mit der *Sayonara* gleichauf lag. Dann war er zufrieden: »Okay, wir haben den richtigen Rhythmus.«

Bob Fraser stand im Heck. Nachdem die *Brindabella* so weit in Führung lag, dass die Boote nicht mehr überlappten, ließ er den Arm ebenso theatralisch niedersausen wie zuvor Dickson. Dickson entlockte diese Geste ein amüsiertes Schmunzeln.

11

Glyn Charles hielt den Großteil des Samstagnachmittags das Steuer der *Sword of Orion*, die jetzt mehrere Seemeilen hinter der *Sayonara* und der *Brindabella* an der Küste entlang gen Süden flog. Als der Wind auffrischte – um 16.00 Uhr erreichte er 20 Knoten –, fand Glyn, dass die Teilnahme an der Regatta eigentlich doch keine so schlechte Idee gewesen war. Der Spinnaker stand, der Himmel leuchtete immer noch blau, und das Boot schnitt mit einer Durchschnittsgeschwindigkeit von 13 Knoten durchs Wasser.

Die Wellen waren zwei Meter fünfzig bis drei Meter hoch, hoch genug, um die *Sword* surfen zu lassen. Wegen des breiten Hecks und des langen Ruders verhielt sie sich beinahe wie ein hochseetaugliches Surfbrett. Als er sah, dass sie einen Speed von 20 Knoten erreichte, zeichnete sich ein selbstgefälliges, breites Grinsen auf seinem Gesicht ab.

Schon im Alter von sechs Jahren faszinierten Glyn Segelboote. Sein Großvater war bei der Marine gewesen, sein Vater hatte ein Speedboot besessen, aber zum Segeln kam er aus eigenem Antrieb. Als Halbwüchsiger hatte er Modelle klassischer Segelyachten gebaut und Schiffsposter gesammelt, Hobbys, die sein Zimmer in ein eigenes kleines Clubhaus verwandelten, eine Art maritimen Schrein. Mit zehn Jahren wünschte er sich nichts sehnlicher als ein echtes Boot und begann, Zeitungsannoncen gebrauchter Segeljollen auszuschneiden. Schließlich überredete er seinen Vater, den Inhaber eines Fahrrad- und Spielzeugladens, ihm ein 4-Meter-Boot namens *Jinx* zu kaufen. Glyns Schwester Merrion weiß noch, wie er sich das Segeln beibrachte. »Er kaufte ein Lehrbuch übers Segeln. Als wir dann die ersten Male mit dem Boot hinausfuhren, musste ich die Seiten umblättern. Es dauerte nicht lange, bis er mich nicht mehr brauchte, und dann wollte er immer nur noch von morgens bis abends auf dem Boot sein.«

Von da an konnte Glyn nichts mehr vom Segeln abbringen. Er radelte zwischen seinem Elternhaus in Winchester und dem Bosham Sailing Club an der Südküste Englands hin und her, wo seine *Jinx* lag. Es war eine lange Fahrt, doch er wurde ihrer nie überdrüssig. Mit dreizehn fuhr er – ohne jemandem etwas davon zu erzählen – ganz allein zur Isle of Wight, wobei er den Solent, eine der meistbefahrenen Meeresstraßen der Welt, durchqueren musste. Seine Eltern waren entsetzt, aber klug genug, sich nicht zwischen ihren Sohn und die Segelei zu stellen. Denn schon damals redete er ständig von den Olympischen Spielen – und natürlich davon, dass er ein schnelleres Boot benötigte. Als er wieder einmal auf eine Zeitungsannonce geantwortet hatte, fand er sich im Haus des Goldmedaillengewinners Rodney Pattison wieder. Er kaufte dessen Laser, ein beliebtes 4-Meter-Boot, und gewann im Alter von 19 Jahren die britische Meisterschaft in der Laser-Klasse.

Unterdessen hatten sich die Eltern scheiden lassen, und sein Vater war gestorben. Glyn, der immer sehr unabhängig und zielstrebig war, wurde noch ehrgeiziger. Als er meinte, an Gewicht zunehmen zu müssen, erfand er eine grauenhafte flüssige Kalorienbombe aus Milch, Eiern und Milchpulver und trank unglaubliche Mengen davon. Nach dem Studium probierte er ein paar konventionelle Jobs aus, arbeitete in einer Computerfirma und in einer Bank. Doch seine seglerischen Ambitionen, die sich mittlerweile ganz auf den Gewinn einer olympischen Medaille konzentrierten, waren so groß, dass er weder die Zeit noch die Geduld hatte, einer regelmäßigen Beschäftigung nachzugehen. Weil er seine Leidenschaft unbedingt zum Beruf machen wollte, schrieb er ein Buch über Segeltaktik, *Keelboat & Sportsboat Racing,* versuchte, Sponsoren aufzutreiben, und segelte gelegentlich auch gegen Bezahlung. 1988 und 1992 verpasste er knapp die Aufnahme ins britische Olympia-Team, doch 1996 wurde er für die Spiele in Atlanta nominiert, bei denen er in der Star-Klasse Zehnter wurde. Er rechnete fest damit, bei den Spielen in Sydney im Jahr 2000 eine Medaille zu gewinnen.

Auf der *Sword* beobachtete Dags Glyns Technik und versuchte, sich ein Urteil über sein Können zu bilden. Er hatte sich gegen Glyns Aufnahme in die Mannschaft ausgesprochen, aber jetzt, da er nun einmal an Bord war, wollte er ihn kennen lernen. Oberflächlich betrachtet, waren sich die beiden Männer recht ähnlich. Dass sie kleiner waren als die meisten Gleichaltrigen, versuchten beide durch Behändigkeit und Elan wettzumachen; zudem hatte sich der eine wie der andere total dem Rennsegeln verschrieben. Aber Dags kannte die egozentrische Überheblichkeit vieler so genannter »Rockstars« des Segelsports, die lieber die Arme verschränkten, anstatt bei stumpfsinnigen Arbeiten mit anzupacken. Und Glyn wirkte tatsächlich etwas distanziert, was allerdings auch daran liegen mochte, dass er bis auf Steve Kulmar niemanden richtig kannte. Und während er Glyn dabei zusah, wie er die *Sword* über die Wellen gleiten ließ, wusste Dags immer noch nicht so recht, was er von ihm halten sollte, auch wenn es ihm schwer fiel, jemanden unsympathisch zu finden, der mit so viel Begeisterung bei der Sache war und ein so phantastisches Tempo vorlegte. Und da auch auf ihn ein wenig Ruhm abfärbte, wenn er hier mit einem Olympia-Teilnehmer segelte, hatte er schon jetzt einen wichtigen Erfolg zu verbuchen: Er fuhr auf einem Spitzenboot mit einer talentierten Crew und jagte bei einer der bedeutendsten Hochseeregatten der Welt die Küste Australiens hinunter.

Adam Brown war nach wie vor skeptisch, was Glyn betraf. Brownie, ein grobknochiger 29-Jähriger mit strahlend blauen Augen und widerspenstigem Blondschopf, wirkte wie ein übergewichtiger

Rugbyspieler. Doch in diesem bulligen Körper steckte ein so sanftes Wesen, dass er eher einem gemütlichen Teddybär als einem Grizzly glich. Er beklagte sich kaum, und seine Freunde lobten immer wieder seine unerschütterliche Zuverlässigkeit. Brownie nahm das Segeln ernst. Er war bei neun Hobarts dabei gewesen, hatte an der Kaffeemühle begonnen, sich dann hochgearbeitet und war schließlich zu einem der Hauptrudergänger der *Sword* aufgestiegen. Über die Fähigkeiten seines Skippers machte er sich keine Illusionen. »Kooky spielt ein riskantes Spiel, das er nicht richtig beherrscht«, äußerte er gegenüber anderen Seglern. »Sein Drang zu siegen ist ungeheuer, größer als sein Respekt vor der See.« Trotzdem zögerte er nicht, sich in diesem Hobart der *Sword* anzuschließen, vor allem aufgrund seiner Hochachtung für die übrige Crew, insbesondere für Dags, den er für den besten Vorschiffsmann Australiens hielt. »Der Rest der Mannschaft ist so gut«, erklärte er, »dass Kooky nicht ins Gewicht fällt.«

Brownie war dagegen gewesen, Kulmar und Glyn mitzunehmen, nicht zuletzt deshalb, weil ihretwegen zwei Crewmitglieder die Mannschaft verlassen mussten, die schon viele Monate auf der *Sword* gesegelt hatten. Die Neuankömmlinge übernahmen wichtige Funktionen, ohne das monatelange Training der anderen, und das ärgerte ihn. Jetzt war er davon überzeugt, dass das Boot schneller vorankäme, wenn Glyn ein wenig härter an den Wind ginge, und fragte sich, ob er tatsächlich so gut war wie sein Ruf.

»Geh ein bisschen dichter ran«, schlug er vor.

Glyn ignorierte ihn.

Brownie schloss gern neue Freundschaften, er begegnete anderen normalerweise offen und ohne Vorurteile. Allerdings hatte er für Überheblichkeit und Arroganz absolut kein Verständnis. Deswegen hatte er Kulmar nie gemocht, und auch Glyn schien in diese Kategorie zu fallen.

Kooky sah, dass die *Sword* gut im Rennen lag, ließ sich seine Begeisterung jedoch nicht anmerken. Meist saß er unter Deck in seiner Navigationsecke nahe der Pantry, stellte Wetterinformationen aus Faxen und kommerziellen Radiosendern zusammen und notierte sich Angaben über Windgeschwindigkeit und Luftdruck, die aus verschiedenen auf dem Festland gelegenen Stationen eingingen. Sehr oft will der Eigner selbst am Ruder seines Boots stehen. Auch wenn er dafür nicht so gut qualifiziert ist wie andere Crewmitglieder, hält er an diesem Privileg des Eigentümers fest. Kooky jedoch fand, er könne seinen Beitrag sinnvoller auf andere Weise leisten. Für ihn rangierte die bestmögliche Kenntnis der Wetterbedingungen an oberster Stelle.

Von der Sturmwarnung erfuhr er unmittelbar nachdem ein staatlicher Rundfunksender sie durchgegeben hatte. Im Gegensatz zu vielen anderen Teilnehmern war ihm ihre Bedeutung völlig klar, auch wenn ihn die Aussicht auf Windgeschwindigkeiten von 40 bis 50 Knoten nicht wirklich beunruhigte. Das wäre zwar mehr als beim durchschnittlichen Hobart, dachte er, jedoch nicht sehr viel mehr. Sorge dagegen bereitete ihm, dass es keine genauen Informationen darüber gab, welchen Weg der Sturm nehmen würde. So blieb ihm im Augenblick nichts anderes übrig, als einfach weiterzusegeln.

Am späten Nachmittag hatte sich dann der Wind zu einem Heulen gesteigert, und die immer noch unter Spinnaker segelnde *Sword* flog weiterhin mit hohem Tempo gen Süden. Das war sehr erfreulich. Weniger erfreulich war die Steigerung der Windgeschwindigkeit auf bis zu 30 Knoten, die das Boot ungeheurem Druck aussetzte. Alles war daraufhin konstruiert, schweren Belastungen unterschiedlichster Art standzuhalten. Allerdings ist das Zusammenspiel von Wind, Wellen und Material so komplex, dass auch die ausgefeilteste Computeranalyse nicht vorhersagen kann, an welchen Stellen ein

Schaden entstehen wird. Dags hielt es nur noch für eine Frage der Zeit, bis etwas unter der Beanspruchung zu Bruch ging.

Die Probleme ließen denn auch nicht lange auf sich warten. Segelboote neigen dazu, bei einer steifen Brise in den Wind zu drehen. Manchmal ist der Wind auch so stark, dass er das Boot auf die Seite drückt. Wenn er es sehr weit hinüberdrückt, befindet sich das Ruder nicht mehr im Wasser, und das Boot läuft aus dem Ruder. Am frühen Abend legte eine Böe die *Sword* allzu weit auf die Seite. Egal, wie hart Glyn das Steuerrad einschlug, um das Boot auf Gegenkurs zu zwingen – es zeigte keine Wirkung. Ohne Steuerkraft konnten Wind und Wellen die Yacht zum Kentern bringen. Und während das Deck sich neigte, griffen die Crewmitglieder nach allem, was sie zu fassen bekamen, um nicht über Bord zu gehen.

Die *Sword* kehrte in eine etwas aufrechtere Position zurück, bevor sie in echte Schwierigkeiten geriet, doch selbst jetzt konnte Glyn das Boot nicht mehr steuern. »Das Ruder greift immer noch nicht!«, rief er, nachdem die *Sword* sich aufgerichtet hatte. Die Yacht war völlig außer Kontrolle.

Dags wusste genau, was geschehen war. Durch die extreme Belastung des Ruders war das Steuerseil aus Stahl, das Steuerrad und Ruderblatt miteinander verbindet, gerissen. Da dies vor einigen Monaten schon einmal passiert war, hielt er in einem Spind nahe dem Steuermechanismus ein Ersatzseil bereit. Während einige Crewmitglieder rasch den Spinnaker herunterholten, in dem fieberhaften Versuch, das Boot langsamer zu machen, kletterte er unter Deck und ersetzte das gerissene Seil. Als die Reparatur nach weniger als zehn Minuten beendet war, kehrte wieder Ruhe auf der *Sword* ein.

Der erste, im Voraus geplante Funkruf, bei dem alle Yachten aktuelle Wettervorhersagen erhielten und ihren jeweiligen Standort durchgeben mussten, begann kurz nach der Reparatur, um 20.05 Uhr. Im weiteren Verlauf der Regatta sollten diese Positionsberichte um 3.05 Uhr und 14.05 Uhr erfolgen. Diese ungeraden Zeiten wurden gewählt, um einen kurzen Zeitraum der Funkstille zu schaffen, die zur vollen Stunde einsetzte und in Not geratenen Yachten die Möglichkeit gab, auf sich aufmerksam zu machen. Der erste Funkruf begann mit einer Wettervorhersage. Zum ersten Mal wurde die Flotte offiziell von der Sturmwarnung informiert. Wie Kooky hatten einige Skipper die Warnung schon im Radio gehört; andere hingegen vernahmen sie zum ersten Mal. Viele glaubten, es handele sich nur um eine Routinedurchsage, und so blieb sie auf den meisten Yachten weitgehend unbeachtet. Wie Kooky hielten auch andere Teilnehmer Windstärken von 40 bis 50 Knoten für nur geringfügig höher als die normalen.

Beeindruckt hatte Kooky dagegen, welche Strecke die *Sword* seit dem Start zurückgelegt hatte: Nur 20 Boote lagen vor ihm. Und ihn beflügelte auch, dass mehrere Yachten von gerissenen Steuerseilen berichteten und eine deshalb sogar das Rennen abbrechen musste. »Na bitte, wir sind für alles gerüstet«, triumphierte er.

Nach dem Funkruf mischte er sich ein Glas mit Sustagen und gemahlenen Kaffeebohnen und gesellte sich zur Crew im Cockpit, die dort ihr Hühnerfrikassee aus Plastiktellern aß. Während der Mahlzeit zuckten in mehreren dunklen Wolken, die sich vor ihnen gebildet hatten, Blitze auf. Die Blitze waren nur teilweise sichtbar und reichten auch nicht bis auf das Meer hinunter, aber Kooky sorgte sich, weil er wusste, dass die Elektrizität die Heftigkeit der heraufziehenden Wetterfront widerspiegelte.

Auch Dags beunruhigte das Wetter, aber jetzt, wo die *Sword* den Ritt die Küste hinunter überstanden hatte, bereitete ihm der Mast viel weniger Kopfzerbrechen. Hätte er Schaden genommen, wäre er mit Sicherheit schon gebrochen. Das allein war Grund genug zum Feiern, fand er. Trotz Kookys Alkoholverbot hatte er unten in seinem Seesack eine Flasche Rum verstaut. Brownie hatte zwei große

Flaschen Coca-Cola mitgebracht und wusste ganz genau, was Dags meinte, als er ihn fragte: »Wollen wir die Bordapotheke vorbereiten?« Sobald sie ihre Flaschen herausgezogen hatten, trank Brownie einen Schluck Cola und füllte die Plastikflasche mit Rum auf. Der Tag war bisher im Großen und Ganzen zu ihrer Zufriedenheit verlaufen, wenn man von der Kollision mit der *Nokia* einmal absah. Sie hatten das Boot mit äußerster Härte gesegelt und gegenüber ihren Gegnern viel Boden gutgemacht. Doch war ihnen auch bewusst, dass ein drastischer Wetterumschwung alles ändern konnte.

12

Kurz vor Einbruch der Dunkelheit reichte T. A. McCann auf der *Sayonara* Plastiktabletts mit Sushi und Mineralwasserflaschen herum, gefolgt von Snickers-Riegeln. Sushi war Ellisons Leibgericht, und deshalb bestand er darauf, es bei jeder Langstreckenregatta als erste Mahlzeit serviert zu bekommen.

Beim 1995er Hobart hatte sich T. A., der sich seit seinem Studium an der Purdue University für Ernährungsfragen interessierte, bereit erklärt, für den Proviant des Schiffs zu sorgen. Das meiste kaufte er in einem Laden für Campingzubehör. Zunächst glaubte er, er habe seine Sache prima gemacht. Als er sich am ersten Abend des Rennens um Mitternacht ein Fertiggericht mit Nudeln gönnte, stieg Ellison aus seiner Koje und fragte, ob er etwas abbekommen könne. »Die Nudeln schmecken fabelhaft«, schwärmte er. Rupert Murdoch probierte sie ebenfalls und hielt sie für »die besten Nudeln, die ich je gegessen habe«. Dass ein Nudel-Fertiggericht, die Portion zu 1,29 Dollar, zwei Milliardären derart mundeten, fand T. A. unheimlich gut. Doch als er am nächsten Tag Beutel mit gefriergetrockneter Truthahnsalami herumreichte, waren die Flitterwochen vorbei.

»Ich kann den Fraß nicht essen!«, rief Ellison. »Das soll wohl ein Witz sein: Das Zeug ist nichts weiter als Hundefutter.«

Für das 1998er Hobart hatte Ellison 10 000 Dollar für bessere Verpflegung ausgegeben. Sechs Tage vor dem Rennen bezog Kerry Stanfield, die einen Partyservice besaß und mit Justin Clougher, einem Crewmitglied der *Sayonara,* verheiratet war, eine Wohnung in Sydney und bereitete aus frischen Gemüsen Mahlzeiten vor, die portioniert in unterteilte Behälter eingeschweißt und schockgefroren wurden. Als Hauptmahlzeit gab es unter anderem: Riesengarnelen in Wein, Rindfleisch auf Burgunder Art mit Red-Bliss-Bratkartoffeln sowie – für T. A. – vegetarische Lasagne. Zum Frühstück hatte sie Frittatas mit Pilzen und Schalotten sowie Schinken-und-Ei-Sandwiches vorbereitet. Mit Ausnahme seiner heiß geliebten Snickers-Riegel mochte Ellison keine Lebensmittel, die viel Fett oder Zucker enthielten, und deshalb verwendete Kerry viel Gemüse und andere gesunde Zutaten. Vor dem Regattabeginn hatte T. A. die Lebensmittel in zwei Spinde in der Mitte der Kajüte verstaut, die mit Trockeneis gekühlt wurden, wobei er darauf achtete, dass die Mahlzeiten, die zuerst gegessen werden sollten, obenauf lagen. Elegante Mahlzeiten ergab das Ganze trotzdem nicht. Man legte die Behälter in heißes Wasser und aß direkt aus ihnen – aber Ellison hielt das für die beste Lösung.

Die Pantry der *Sayonara* war schließlich nur ein winziger Abschnitt im vorderen Bereich der Kajüte, ungefähr drei Meter von Ellisons Koje entfernt. Der Herd hatte vier kleine Kochplatten und hing in einem zierlichen Gestell, das aussah, als ob es aus Metallkleiderbügeln zusammengebaut war. An der Wand hingen Plastikbehälter mit Lipton-Teebeuteln, Instantkakao von Ghirardelli und Nescafé. In einem Schrank gegenüber dem Herd befanden sich ein Gefäß mit geschälten Pistazien, Pringles-Chips sowie eine Fertigmischung für ein Zitronen-Limetten-Getränk, das aus irgendeinem Supermarkt stammte, daneben lagen mehrere Rollen Isolierband und eine Plastikflasche mit Hydrauliköl. Auf dem Schrank standen ein Dutzend Kaffeebecher mit Deckel.

Mark Rudiger aß sein Sushi in der Navigationsecke im hinteren Bereich der Kajüte, dort, wo der größte Teil der elektronischen Ausrüstung untergebracht war. Er saß auf einer Bank vor einem Navigationstisch mit geneigter Platte, auf den er sein Essen stellte. Am oberen Ende hatte der Tisch Einbuchtungen, in denen zwei Laptops standen. Ein Teil der Tischplatte konnte angehoben werden, sodass man Zugang zu zwei Ringbüchern hatte. Sie enthielten maschinengeschriebene Einzelblätter, jeweils in Kunststoffhüllen abgeheftet, die die Performance-Daten enthielten, die Rudiger bei früheren Regatten gesammelt hatte, die Handicap-Einstufungen der anderen Boote im Regattafeld, das Wettfahrt-Reglement sowie eine Gebrauchsanweisung für das satellitengestützte E-Mail-System. An der Wand gegenüber von Rudiger befanden sich die Funkausrüstung, ein Radarschirm, eine Liste der Zeiten für die Funkpositionsberichte, ein kleines tragbares Telefon sowie ein Monitor, der dieselben Informationen lieferte wie das Jumbo an Deck. Direkt über Rudigers Kopf kam eine schwarze Röhre aus der Decke, die mit einem Knick weiter nach vorn führte und in einem Loch in der Wand verschwand, auf die er schaute. Durch diese Röhre lief die Antriebswelle der Winsch, die das Großsegel steuerte, doch sie erinnerte eher an ein Periskop und vervollständigte den Eindruck, dass Rudigers Reich sich auch auf einem U-Boot hätte befinden können. Da er das Team rund um die Uhr beraten musste, war es unwahrscheinlich, dass er mehr als eine halbe Stunde am Stück schlafen konnte. Außerdem lagen seine wenigen Pausen weit auseinander. Als er gegen 22.00 Uhr ins Cockpit hinaufging, um etwas frische Luft zu schnappen, sah er, wie in großer Höhe Blitze über den halben Horizont zuckten. Zunächst wollte er die Funkgeräte von der Antenne trennen, entschloss sich dann aber, lieber nicht das Risiko einzugehen, über Funk hereinkommende Wetterinformationen zu verpassen. Dann fing es an zu regnen, und er musste sich um ein vorrangiges Problem kümmern: Die Antriebswelle über seinem Schreibtisch fing an zu lecken. Das war zwar schon öfter passiert, aber so viel Wasser wie jetzt war noch nie heruntergetropft. Besorgt, die Leckage könnte die Elektronik beschädigen, versuchte Rudiger, sie mit ein paar Lappen abzudichten, was das Tröpfeln allerdings nur verzögerte. Beim Anheben der Schreibtischplatte sah er dann, dass das Fach, in dem seine Ringbücher lagen, voller Wasser war.

»Andauernd werde ich hier von oben bepisst«, beschwerte er sich bei Justin Clougher. »Kannst du nichts dagegen unternehmen?«

Clougher fabrizierte aus Tape einen provisorischen Trichter, der jedoch nicht das gesamte Wasser auffing. Das Einbandfunkgerät, mit dem Rudiger die Wetterfaxe empfangen hatte, war stark in Mitleidenschaft gezogen. Aber das digitale Barometer hatte den Wasserschaden überstanden, und jetzt beobachtete er den steil absinkenden barometrischen Druck. Kurz nach Einbruch der Dunkelheit sah er, dass der Luftdruck in weniger als vier Stunden von 1008 auf 930 Millibar gesunken war – das war ein derart steiler Abfall, dass die graphische Darstellung ihn an seinen Lieblingsskihang im Heavenly Valley in Kalifornien erinnerte.

Bis Mitternacht hatten die meisten der teilnehmenden Yachten wegen der Wetterverschlechterung ihre Spinnaker eingeholt. Aber der Spi der *Sayonara* war noch oben. Ihre Geschwindigkeit variierte je nach den Böen und Wellen, doch hin und wieder erreichte sie 25 Knoten, was zu jeder Zeit ein aufregendes Tempo ist, besonders aber nachts. Brad Butterworth und Graeme »Frizzle« Freeman, die sich am Steuer abwechselten, hatten beide das Gefühl, der Spinnaker könne jeden Moment zerreißen. Als eine Böe 40 Knoten erreichte, sagte Frizzle, der in 24 Hobarts gesegelt war: »Wir sind am Limit. Wir haben zu viel Segelfläche oben.«

Joey Allen und T. A. hatten bereits besprochen, auf welche Weise man den Spinnaker herunterholen konnte. Doch die *Brindabella* war noch immer dicht dran, ihr Spinnaker, erhellt von einem Licht oben am Mast, war offenbar nach wie vor oben.

Plötzlich hörten alle Mann vom Bug her einen Knall. Zunächst glaubte Ellison, der im Cockpit saß, der Spinnaker-Baum sei an der Stelle gebrochen, wo er mit dem Mast verbunden war, aber dann sah er, dass die Verbindung von Baum und Mast noch intakt war. Das Knacken reißender Kohlenstofffaser hörte sich ganz anders an, darum war er sicher, dass weder der Spi-Baum noch der Mast zu Bruch gegangen waren. Verwirrt schrie er: »Was zum Teufel ist da passiert?«

T. A., der sich im vorderen Bereich des Cockpits aufhielt, eilte zum Bug. Der knapp zehn Meter lange Baum aus Carbon war zwar nicht gebrochen, doch war der sechzig Zentimeter lange metallene Baumbeschlag am Ende durch den enormen Druck auf dem Segel abgerissen. Der Spinnaker war noch immer oben, aber jetzt, wo er nicht mehr mit dem Baum verbunden war, konnte die Crew ihn nicht mehr lenken. Sekunden später schnitt der Baum mitten durch das Segel, als sei es Seidenpapier. Wieder im Cockpit, sagte T. A.: »Unfassbar. Das Endstück ist einfach aus der Verankerung gerissen.«

»Macht den Spinnaker los – und holt den Baum runter«, brüllte Butterworth. Das zerfetzte Segel wurde aufs Deck heruntergezogen und durch eine Luke nahe am Bug in den Rumpf gestopft und gezogen, zugleich wurde der Baum des Ersatzspinnakers an Deck geholt und am Mast befestigt. Butterworth wollte trotz des Windes einen anderen Spinnaker setzen. Doch bei den böigen Wetterverhältnissen ließ er sich schwer regulieren, und als das Segel zusammengefallen war und ein besonders heftiger Windstoß plötzlich hineinfuhr, riss es in Stücke. Damit waren drei der vier Schwerwetter-Spinnaker der *Sayonara* hinüber. Robbie Naismith und Joey Allen wollten den letzten setzen. »Das können wir nicht machen«, meinte ein Crewmitglied namens Zan Drejes. »Der fliegt uns bloß um die Ohren, und dann haben wir die letzten 400 Meilen nichts mehr, was wir einsetzen können.« Drejes setzte sich durch, und Butterworth ging davon aus, dass nun die *Brindabella* die Führung übernehmen würde.

Doch bald spielte das sowieso keine Rolle mehr. Der Wind hatte fast den ganzen Tag aus Nordosten geweht. Im Laufe des Abends drehte er auf Nordwest, und am frühen Morgen drehte er so lange weiter nach Westen, bis man auf keinen Fall mehr einen Spinnaker setzen konnte.

Das Team der *Sayonara* machte sich Sorgen wegen der *Brindabella*, die in der Dunkelheit verschwunden war, aber Mark Rudiger war trotzdem begeistert, wie schnell die *Sayonara* vorankam. Kurz nach ein Uhr morgens kletterte er an Deck – mit einer unglaublichen Nachricht. »Während der ersten zwölf Stunden des Rennens betrug unsere Durchschnittsgeschwindigkeit über Grund fast 19 Knoten. Zurzeit liegen wir 13 Stunden vor der Position, auf der die *Morning Glory* in dem Jahr lag, als sie den Rekord brach.«

»Das ist irre – einfach phantastisch«, platzte Ellison heraus. *Aber irgendetwas stimmt hier nicht.* Die Art, wie der Spinnaker-Baum zu Bruch gegangen war, beunruhigte ihn zutiefst. Und das einsetzende schlechte Wetter hellte auch nicht gerade seine Stimmung auf. Als der Wind anfing sich zu drehen, hatte er erst geglaubt, sie würden eine Schlechtwetterfront durchqueren, aber stattdessen war alles nur noch schlimmer geworden.

Als die Windrichtung sich beständig weiter änderte, entschloss sich Butterworth zur Umkehr. Aber statt zu wenden, also mit dem Bug durch den Wind zu drehen, wollte er halsen, also so wenden, dass das Heck durch den Wind ging. Zu Beginn des Manövers holten die Jungs an den »Kaffeemühlen« das Großsegel ein, damit der mächtige Großbaum mitsamt dem Segel nicht mit zu viel Wucht von einer Bootsseite zur anderen schwenkte. Dann, tief in einem Tal zwischen zwei Wellen, wo der Wind am schwächsten war, drehte Butterworth das Ruder kräftig und brachte die *Sayonara* auf den neuen Kurs, sodass der Wind von der anderen Seite einfiel. Die Ausführung des Manövers schien perfekt. Doch dann rutschte eine der Segellatten, ein fünf Meter langer, schmaler Streifen aus Kohlefaser, der in einer horizontalen Tasche im Segel saß, damit dieses seine

Form behielt, heraus und verfing sich im Achterstag, das die Mastspitze mit dem Heck verband. Durch diesen Widerstand rissen die Tasche und das Segel ein. Weil der Riss aber nicht durch den mit Kevlar verstärkten Teil des Segels führte, war vermutlich kein gravierender Schaden entstanden. Aber das Achterliek (eine Leine, die die Ablasskante des Segels straff hielt) war durchtrennt worden, weshalb der hintere Teil des Segels nun hin und her schlug. Und dieses Schlagen würde sich mit Sicherheit schädlich auf das Segeltuch auswirken, etwa so, wie ein Draht an Festigkeit verliert, wenn man ihn wiederholt hin und her biegt.

Am frühen Sonntagmorgen saß Lachlan auf der Kante in der Nähe des Hecks. Jedes Mal, wenn der Bug in eine Welle tauchte, hob sich das Heck und riss ihn so heftig himmelwärts, dass er an einen Peitschenknall denken musste. Weil er keinen Sicherheitsgurt trug, musste er sich mit beiden Händen an der Reling festhalten. Als ihn eine besonders steile See emporhob, packte er so fest zu, dass er sich die Haut zwischen dem ersten und zweiten Knöchel an der Innenseite der rechten Hand abschürfte. Es sah aus, als hätte er sich verbrannt. Die Verletzung setzte ihn zwar nicht außer Gefecht, war aber sehr schmerzhaft, insbesondere wenn die Haut mit Salzwasser in Berührung kam. Obwohl er sich danach Segelhandschuhe anzog, spürte er jedes Mal einen stechenden Schmerz, wenn er fester zugriff.

Ellison lag in der Koje und erging sich in Selbstmitleid. *Die Crew wird dafür bezahlt, dass sie hier ist. Von meinem Geld. Bin ich denn blöde? Wenn es möglich wäre, das Boot per Knopfdruck zu verlassen – ich würde es tun.* Er ließ sich von seinen Gedanken in die Ferne entführen – vor allem träumte er sich nach Antigua, wo die *Katana* auf ihn wartete. Dort würde er sich die Zeit ganz anders vertreiben: sich köstliches Essen bestellen, an Deck (wo er den Hubschrauberlandeplatz durch einen Basketball-Court ersetzt hatte) ein paar Körbe werfen oder einfach nur in der Sonne sitzen und einen Roman lesen.

Alle machten sich Sorgen wegen der starken Beanspruchung der Yacht. T. A. untersuchte die Haarrisse, die sich unten an dem Carbonsockel gebildet hatten, der die mittlere Winsch hielt. Da die Steuerbordwinsch bereits unbrauchbar war, hatte man die Schot, mit der das Großsegel kontrolliert wurde, um die zentrale Winsch gelegt. Kohlefaser ist zwar enorm stabil, aber wenn sie bricht, dann ganz plötzlich. T. A., der die Risse mit einer Taschenlampe inspizierte, befürchtete, der Sockel könne vom Deck abreißen. »Haltet euch nicht im Lee von dem Ding auf«, sagte er zu Justin Clougher. »Wer dort steht, wenn es reißt, ist ein toter Mann.«

Als Clougher die Gesichter der Männer musterte, die da im Dunkeln standen, überlegte er, dass sicher alle dasselbe dachten: »Was geht als Erstes zu Bruch?« Dafür gab es, neben der Winsch und dem beschädigten Großsegel, noch viele Möglichkeiten. Ein Teil der Takelage oder der Mast selbst konnte kaputtgehen. Zwar war alles so konstruiert, dass das Boot stattlichen Spitzenlasten standhielt, aber noch nie war es über einen so langen Zeitraum einer so großen Belastung ausgesetzt gewesen. Die Winde, die die Yacht so schnell vorangetrieben hatten, dass sie 13 Stunden – *13 Stunden* – unter Rekordzeit lag, konnten sich durchaus als eine Art Midas-Fluch erweisen.

Frizzle wollte einige dieser Kräfte durch das Reffen des Großsegels verringern, eine Maßnahme, die man auf der *Sayonara* erst ein einziges Mal ergriffen hatte. Die Segelfläche betrug zirka 600 Quadratmeter. Das Großsegel herunterzunehmen und einen Teil davon am Baum zu befestigen war selbst bei ruhigen Wetterverhältnissen ein schwieriges Unterfangen. Jetzt aber, da der Wind enormen Druck auf das flatternde Segel ausübte, konnte es leicht passieren, dass es einen Mann ins Wasser stieß. Aber noch gefährlicher wäre es, da war sich die Crew einig, die Fläche des Großsegels nicht zu reduzieren. Vorsichtig steuerte Frizzle die *Sayonara* in den Wind. Als das Segel nicht mehr gefüllt war, nahm das Flappen zu. Als Ellison das Geräusch von unten hörte, dachte er, dass sich das nicht mehr wie Segeltuch anhörte. Vielmehr erzeugte das Segel ein Knacken, das ihn an berstendes Fiberglas erinnerte.

Vom Cockpit aus handhabte Robbie Naismith die Großschoten. Die übrigen Crewmitglieder hatten mit dem schaukelnden Deck und den Behinderungen durch ihre Sicherheitsleinen zu kämpfen, während sie das eingeholte Segeltuch mühsam auf den Baum herunterzogen und dort festbanden. Als es gesichert war, drehte Frizzle vom Wind weg, wodurch die schlimmsten Geräusche aufhörten. Das Großsegel war nun um zwanzig Prozent kleiner. Weil die Yacht nach Ansicht von Frizzle aber noch immer »übermotorisiert« war, bat er Joey Allen, das Vorsegel durch eine Sturmfock, ein winziges Dreieck von Segel, zu ersetzen.

Als Brad Butterworth wieder an der Reihe war, das Ruder zu übernehmen, sorgte er sich hauptsächlich um das Großsegel. Ein anderes hatten sie nicht. Die *Sayonara* hatte noch nie zwei Großsegel mitgeführt, doch vor der Regatta hatte Dickson mit der Crew erörtert, ob man ein zweites mitnehmen solle, und sich schließlich dagegen entschieden, weil es zu viel Gewicht brachte. Butterworth hatte gehofft, die Wetterlage würde sich entspannen, wodurch die Belastung des beschädigten Großsegels geringer werden würde. Doch wie ihm Rudiger nach dem 3.05-Uhr-Positionsreport mitteilte, würde der Wind wahrscheinlich auffrischen, außerdem seien schon mehr als 20 Yachten aus dem Rennen ausgeschieden. Aus Angst, das Segel könnte irreparabel beschädigt werden, ordnete Butterworth an, es zu bergen, das heißt, komplett herunterzunehmen und am Baum festzubinden. Normalerweise dauerte das nur wenige Minuten, jetzt aber nahm es eine halbe Stunde in Anspruch.

Wie groß der Schaden war, konnte im Dunkeln niemand sagen.

Nachdem man das Segel gesichert hatte, sagte Joey Allen: »So ein Mist. Jetzt wird die *Brindabella* an uns vorbeiziehen.«

Steve Wilson, ein anderes Mitglied des Teams New Zealand, meinte: »Ja, schon, aber hoffentlich haben wir morgen überhaupt noch ein intaktes Großsegel, das wir setzen können.«

Auch George Snow sorgte sich um sein Großsegel. Wie auf der *Sayonara* hatte man es auch auf der *Brindabella* gerefft. Weil die Crew aber den niedergeholten Teil nicht am Baum festbinden konnte, blieben etwa drei Meter Segel übrig, die schlugen. Als Snow feststellte, dass sich im achterlichen Teil des Großsegels ein Riss gebildet hatte, sagte er: »Damit kriegen wir sicher noch Ärger.« Dann sah er, dass die *Sayonara*, die sich mehrere Meilen weiter südlich befand, wegen eines Lichts am Masttopp aber noch zu sehen war, ohne Großsegel fuhr, und meinte: »Wer sein Groß zuerst repariert hat, gewinnt das Rennen.«

13

Am frühen Sonntagmorgen wurden am Leuchtturm auf Wilson's Promontory, einer Landspitze, die weit in die Bass Strait hineinragt und den südlichsten Punkt des australischen Festlands markiert, Winde mit Durchschnittsgeschwindigkeiten von 79 Knoten, in Böen bis zu 92 Knoten gemessen. Das Anemometer des Leuchtturms, hoch über dem Wasser gelegen und von einem Terrain beeinflusst, das dazu neigt, den Wind wie durch einen Trichter zu leiten, liefert stets Messergebnisse, die über den Werten liegen, die an der Wasseroberfläche existieren, aber die Landspitze ist eine der wenigen Wetterbeobachtungsposten in dieser Gegend. Als Clouds Badham von den dort gemessenen Windgeschwindigkeiten erfuhr, kramte er in seinen Aufzeichnungen, die sich schon erheblich angehäuft hatten, seit er vor 20 Jahren damit begonnen hatte, den Teilnehmern am Hobart Wetterberichte zur Verfügung zu stellen. Der Wind erreichte an der Landspitze nur ein- oder zweimal pro Jahr 79 Knoten, und zwar immer im Winter. Laut seinen Unterlagen hatten die Böen noch nie 90 Knoten überschritten.

In weiten Gebieten Südostaustraliens herrschten außergewöhnliche Witterungsbedingungen. Es schneite an Orten, die noch zwei Tage vorher unter einer Hitzewelle gestöhnt hatten. Die extreme Temperaturänderung war auch deshalb ein schlechtes Zeichen, weil sie darauf hindeutete, dass sich oberhalb des Sturms ein polarer Jetstream erstreckte.

Während Clouds in seinem Haus im Süden Sydneys – es lag so nah am Strand, dass man die donnernde Brandung hören konnte – eine Wetterkarte zeichnete, kam er zu der Überzeugung, dass die Flotte Winden ausgesetzt sein würde, deren Geschwindigkeit erheblich über den vom Wetteramt vorhergesagten 40 bis 45 Knoten liegen würde. Angesichts der Messergebnisse von Wilson's Promontory war er sogar der Meinung, dass der Wind bereits jetzt mit mindestens 55 Knoten wehte, der Luftdruck im Zentrum des Sturms weiter fiel und der Wind nur stärker werden konnte. Einige Meteorologen des Wetteramts begriffen wohl einfach nicht, wie wichtig diese scheinbar kleinen Unterschiede für Schiffe auf See sind. Geschwindigkeiten bis zu 50 Knoten bereiteten zwar Schwierigkeiten, waren aber zu bewältigen; 60 Knoten waren ein ganz anderes Kaliber. Die Kraft des Windes steigert sich disproportional zu seiner Geschwindigkeit. In mathematischen Begriffen ausgedrückt, gleicht die Kraft des Windes dem Quadrat seiner Geschwindigkeit. Daher führt ein Anstieg von 50 auf 60 Knoten, also eine Steigerung der Geschwindigkeit um zwanzig Prozent, zu einer Steigerung der Windkraft um mehr als vierzig Prozent.

Clouds' Auffassung nach würde des Zentrum des Tiefdruckgebiets, das in östlicher Richtung über die Bass Strait zog, am frühen Sonntagnachmittag eine Linie von Sydney nach Hobart kreuzen und dieses Gebiet für die folgenden 24 Stunden beeinflussen. Als er damit angefangen hatte, seine Wetterkarte zu zeichnen, war er davon ausgegangen, dass die Windgeschwindigkeit in der Gegend variieren würde und die übelsten Verhältnisse sich in einem schmalen Abschnitt an der Westseite des Wettersystems konzentrieren würden. Genau das war beim 1993er Fastnet-Rennen passiert, bei dem 15 Segler ums Leben kamen. Im Anschluss an die Regatta gelangten etliche Meteorologen zu dem Schluss, dass sie es verabsäumt hatten, die maximalen Windgeschwindigkeiten vorherzusagen, weil ihre Computermodelle mit Durchschnittswerten operierten, und dass die tatsächlichen Geschwindigkeiten in verschiedenen Bändern des Sturms erheblich variierten. Clouds zeichnete auf seiner Karte ein Oval um jene Gebiete, in denen seiner Ansicht nach die Winde am stärksten sein würden. Dieses Oval war ungefähr 50 Meilen lang und 30 Meilen breit. Seiner Ansicht nach würden die Yachten in der Mitte und am Ende der Flotte in dieses Oval hineingeraten und von einer tödlichen Kombination aus extrem starkem Wind und rumpfbrechenden Wellen betroffen sein. Das Schlimmste würde sich am Sonntag nach seiner Schätzung in dem zwölfstündigen Zeitraum ab 15.00 Uhr abspielen und über die Hälfte der teilnehmenden Boote aus dem Rennen werfen.

Der letzte Positionsbericht stammte von 3.05 Uhr am Sonntagmorgen, doch die Wettervorhersage, die zu dem Zeitpunkt übermittelt wurde, beruhte auf Beobachtungen, die mehrere Stunden zuvor gemacht worden waren, *bevor* das Tief stärker geworden war. Der nächste Positionsreport würde erst um 14.05 Uhr erfolgen. Weil er sich sorgte, dass die Skipper ihre Entscheidungen möglicherweise auf der Grundlage sehr unzulänglicher Wetterberichte trafen, versuchte er per Handy zwei von den Yachten zu erreichen, denen er vor dem Rennen Wetterberichte zur Verfügung gestellt hatte. Auf beiden Schiffen waren die Crews relativ neu und unerfahren, deshalb befürchtete er, sie wüssten nicht, wie viel ihr Boot aushalten konnte. Natürlich verstieß es gegen das Reglement, während der Regatta von außen Hilfe zu leisten, aber er tat es trotzdem, weil sich seiner Meinung nach die meisten Segler bald mehr auf ihr Überleben als auf das Renngeschehen konzentrieren würden.

Keine der beiden Yachten, die er anrief, antwortete.

14

Die *Sword* hielt ihr hohes Tempo von Samstagnacht bis zum Sonntagmorgen. Zur Zeit des Positionsberichts um 3.05 Uhr lag sie rund 30 Seemeilen hinter der *Sayonara* und der *Brindabella*, aber vor allen anderen Booten, bis auf sieben oder acht. Am Steuer stand Glyn, der mittlerweile auch fand, dass der Wind, der in Böen bis zu 38 Knoten erreicht hatte, zu viel des Guten war. »Reffen wir das Groß. Wir können es später immer noch wieder aufziehen.« Eine gute Entscheidung: Kurz darauf nahm der Wind auf stetige 45 Knoten zu.

Um 4.30 Uhr fiel die Windgeschwindigkeit plötzlich auf unter 20 Knoten. Kulmar glaubte, sie hätten nun das Schlimmste überstanden. »Nehmen wir die Reffs aus dem Groß.«

Brownie war dagegen. »Es ist nur eine Flaute. Die hält nicht an.«

»Ach was. Das ist schließlich eine Scheißregatta. Wir wollen hier nicht bloß rumgondeln.«

Kooky kam an Deck. Er pflichtete Brownie bei und sah in der Meinungsverschiedenheit eine günstige Gelegenheit, Kulmar in die Schranken zu weisen. »Nein! Wir setzen das Scheißgroß nicht. Das ist mein Scheißboot – und deshalb setzen wir das Groß nicht.«

Eine Viertelstunde später fegte eine Regenfront an der *Sword* vorbei. Die Windgeschwindigkeit nahm schnell wieder auf fast 50 Knoten zu. Gleichzeitig drehte der Wind und kam nun aus einer westlicheren Richtung. Das Boot schnitt noch immer mit 13 Knoten durchs Wasser, doch es war ein viel ungemütlicherer Ritt geworden. Die Wellen waren höher, sodass es den Männern in dem überfüllten Salon vorkam, als machten sie eine holprige Achterbahnfahrt. Übelkeit und Erschöpfung waren die unvermeidlichen Nebenwirkungen. Nur Sam Hunt war nicht davon betroffen. Statt in einer der Kojen zu liegen, rutschte er auf den Knien herum und räumte nasse Segel und andere Ausrüstungsgegenstände um, weil er etwas Ordnung in das allgemeine Chaos bringen wollte. Und weil ihm, anders als den anderen, der Appetit noch immer nicht vergangen war, suchte er gleich nach 5.00 Uhr in einem der Essensschränke nach Lebensmitteln – bis er auf etwas stieß, das ihm gar nicht schmeckte.

»Wir haben Bananen an Bord? Was machen die denn hier?«

Trotz seiner 24 Jahre hatte Hunt schon an sechs Hobarts erfolgreich teilgenommen. Er war das jüngste Crewmitglied, doch sein Gefühlsausbruch entsprang einer alten Seemannstradition in Bezug auf die Dinge, die man auf Schiffen nicht tun beziehungsweise nicht an Bord nehmen durfte. Dieser Aberglaube wurzelt in echten Tragödien und Legenden ungewisser Herkunft und ist noch immer von Bedeutung, und zwar wegen einer großen, unveränderlichen Realität: Selbst die erfahrensten Seeleute sind nicht immer die Herren ihres Schicksals, und somit ist ihr Überleben mitunter von Kräften abhängig, die sich ihrer Beherrschung oder gar ihrem Verständnis entziehen. Wer sich damit brüstet, an Land kühl und rational zu sein, dem widerstrebt es auf See, das Schicksal herauszufordern. So ist es etwa auf manchen Schiffen verboten zu pfeifen. Wer pfeift, arbeitet nicht, lautet eine Theorie, wonach die Windsbräute ihre Verachtung für Faulenzer zeigen, indem sie diese mit schlechtem Wetter strafen. Manche Segler glauben auch, dass man Yachten keine Namen geben dürfe, die der mächtigen See den Respekt verweigern. Ein Boot *Ocean Conqueror* oder *Wave Walker* zu taufen bedeute, das Unglück heraufzubeschwören, heißt es. Der Grund für die Furcht vor Bananen ist dennoch nicht ganz deutlich. Manche behaupten, ein sinkendes Fischerboot habe große Mengen davon an Bord gehabt. Aber was auch immer dahinter stehen mag – Hunt beharrte lauthals darauf, dass die Bananen von Bord verschwinden müssten, und zwar schnell. Er meinte das ganz ernst.

»Könnte man sie nicht wenigstens essen?«, fragte Kooky mit einem Sarkasmus, der Hunt entging.

Hunt warf die Früchte des Anstoßes über Bord und setzte seine Suche nach Essbarem fort. Doch schon bald darauf sah er sich einem weiteren potenziellen Horror gegenüber – einem Kuchen von verdächtig braunem Aussehen. »Was ist das für ein Kuchen?«, fragte er. Kooky, dessen Freundin den Kuchen gebacken hatte, wusste es genau. Dass Hunt ihn entdecken würde, hatte er befürchtet. Er selbst war überhaupt nicht abergläubisch, vielmehr fand er Hunts Ängste absurd und überlegte, ob er ihn anlügen sollte. Aber es lohnte nicht, sich deswegen in die Haare zu kriegen, und so musste er mit ansehen, wie sein Bananenkuchen im Dunkel verschwand.

In der Morgendämmerung am Sonntag lag die *Sword* östlich von Eden, der Küstenstadt, in der Kooky aufgewachsen war. Eden liegt knapp 40 Kilometer nördlich der Südostspitze des australischen Festlandes und verfügt über den letzten geschützten Hafen in der Nähe des Regattakurses vor Tasmanien. So wie viele teilnehmende Boote segelte auch die *Sword* noch immer mit einem Tempo, mit dem man, wenn man es aufrecht hielt, den Streckenrekord haushoch schlagen würde. Doch Kooky sorgte sich, dass der Wind so lange weiterdrehen könnte, bis die *Sword* in einen Gegenwind hineinsegelte. Am Himmel waren ein paar blaue Flecken, die jedoch wegen einer Dunstschicht, die alles in kalte Grautöne tauchte, nur teilweise sichtbar waren. Der einzige starke Kontrast lag vor dem Boot, dort war der Himmel schwarz.

15

Als Lumpy kurz nach Tagesanbruch am Sonntag den Kopf aus dem Luk der *Winston Churchill* steckte, war er überwältigt von dem Anblick, der sich ihm bot. Er konnte es überhaupt nicht fassen: Die Wellen waren buchstäblich haushoch, fast zehn Meter! Er hatte so etwas nie auch nur im Entferntesten erlebt und war nicht erfahren genug, um zu wissen, wie extrem die Wetterbedingungen tatsächlich waren, oder um einschätzen zu können, wie sehr man sich angemessenerweise davor fürchten musste. Deshalb versuchte er herauszubekommen, wie viel Angst die erprobtesten Segler der *Churchill* zeigten. Als er sah, dass Steamer vollkommen ruhig war, hielt er sich einen stummen Vortrag: *Wenn Steamer keine Angst hat, musst du dir offensichtlich auch keine Sorgen machen. Das Ganze gleicht einer Achterbahnfahrt: Es jagt einem zwar Angst ein, und das soll es ja auch, aber es kann nicht richtig gefährlich sein, weil beim Hobart kaum Menschen ums Leben gekommen sind.*

Andererseits waren etliche Crewmitglieder seekrank, und niemandem ging es so gut, dass er richtig aß oder trank. Einer der wichtigsten Steuerleute der *Churchill* war Bruce Gould. Er sorgte sich dermaßen wegen seiner nachlassenden Kräfte, dass er sogar einen der Kleie-Muffins probierte, die seine Frau ihm eingepackt hatte, brachte dann aber doch kaum einen Bissen herunter. Als Gibbo in einen Apfel biss, erbrach er sich beinahe umgehend – und noch einmal, nachdem er einen Schluck Wasser getrunken hatte.

Weil das Boot in der Nacht kräftig übergeholt hatte, war das Großsegel gerefft worden, damit sie es »gemütlicher« hätten, wie Steamer sich ausdrückte. Was er »gemütlich« nannte, unterschied sich allerdings deutlich von der gängigen Definition. Für ihn wie für andere Hochseeregatta-Segler, die über extreme Wetterbedingungen gewohnheitsmäßig mit einem geradezu absurden Understatement sprechen, bedeutete der Ausdruck lediglich, dass sich das Boot über Wasser hielt und sich nicht von Wind oder Wellen überwältigen ließ. Es hieß nicht, dass das Leben an Bord schön war.

Am späten Vormittag hatte der Wind eine gleich bleibende Geschwindigkeit von 45 Knoten erreicht und wehte aus Südwesten. Die sich auftürmenden Wellen, die aus fast der gleichen Richtung kamen, ähnelten einer Armee des Bösen. Als der Wind weiter zunahm beziehungsweise »auffrischte«, wie Steamer sagte, entsprach das nicht einmal mehr seiner eigenen Definition von »gemütlich«. Nach seiner Meinung waren sie in einen Wirbelsturm hineingefahren, bei dem man überhaupt nicht erkennen konnte, aus welcher Richtung der Wind als Nächstes kommen würde. Weil er sich wegen plötzlicher Änderungen der Windrichtung Sorgen machte, bat er Michael Bannister und John Dean, die reguläre Fock zu bergen und durch die Sturmfock zu ersetzen, das kleinste Segel im Pool der *Churchill*. Ein wenig später wurde auch das Großsegel geborgen. So kam, neben dem Druck des Windes auf Rumpf und Takelage, zwar nur ein kleines Vorsegel für die Fortbewegung der *Churchill* zum Tragen, dennoch verfügte sie noch immer über genügend Speed, um die Wellen zu meistern. Obwohl sie quasi die Bremse angezogen hatte, kam es der Crew so vor, als hätten sie überhaupt nichts getan, denn der Wind wurde immer stürmischer.

Am Sonntag feierte John Dean seinen 47. Geburtstag. Und allmählich dämmerte ihm, dass es kein schöner Tag werden würde.

Dean war in Watson's Bay, einem idyllischen Dorf an der Südseite des Hafens von Sydney nahe dem South Head, zur Welt gekommen. Es lag auf einer Halbinsel, hatte einen Hafen auf der einen und das Meer auf der anderen Seite und war somit der ideale Ort für jeden, der gern schwamm, surfte oder segelte. Dean liebte das seit seiner Kindheit alles und hatte nie anderswo wohnen wollen. Obwohl seine Eltern kein Boot besaßen, sprang er im Alter von sechs Jahren von einem Steg in der Nähe seines Elternhauses und schwamm zu einer 2,5-Meter-Jolle, mit der ein Nachbar gerade einen Segelausflug unternehmen wollte. Dean war noch nie gesegelt, doch von nun an fuhr er bei jeder sich bietenden Gelegenheit mit hinaus.

Er wuchs zu einem attraktiven Mann mit einem verwegenen Schnurrbart heran. Als ihn seine spätere Ehefrau auf einer Cocktailparty kennen lernte, fand sie, er sehe aus wie Steve McQueen. Allerdings war ihr bereits nach dem ersten Rendezvous klar, dass das Segeln für ihn immer Vorrang haben würde. Das wurde schon wenige Monate nach ihrer Hochzeit 1978 sehr deutlich. Am zweiten Weihnachtstag klingelte um vier Uhr morgens das Telefon. Nachdem Dean aufgelegt hatte, sagte er, er wolle einem Freund helfen, sein Boot für das noch am selben Tag beginnende Hobart vorzubereiten. Das Ehepaar hatte eigentlich zu einer Party in Watson's Bay gehen und sich den Start der Regatta ansehen wollen, und so sagte er zu Penny, er werde sie dort treffen. Als sie auf der Party eintraf, konnte sie ihren Mann jedoch nicht finden. Schließlich entdeckte sie seinen Bruder Warwick und fragte: »Wo ist John?«

»Siehst du das Boot dort?« Warwick zeigte auf die *Apollo*, eine schnittige 23-Meter-Yacht, die an der Spitze der Flotte gerade den Hafen verließ und später das Rennen gewann. »Da ist er.«

Später behauptete Dean, es habe sich um einen Entschluss in letzter Minute gehandelt, weil ein Crewmitglied der *Apollo* plötzlich ausgefallen sei. Penny nahm ihm das allerdings nicht ganz ab, vor allem, nachdem sie erfahren hatte, dass er mit gepackter Tasche aus dem Haus gegangen war. Dean zog diese Nummer zwar nie wieder ab, aber er ging fast jedes Wochenende zum Segeln und gab sich die größte Mühe sicherzustellen, dass seine heranwachsenden Söhne Nathan und Peter genauso viel Spaß an diesem Sport hatten wie er. Aber jetzt war er nass und müde und machte sich Sorgen.

16

Als Brownie um 8.00 Uhr das Steuer der *Sword of Orion* übernahm, erstreckte sich über den ganzen Horizont vor der Yacht eine schwarze Wolke – wie eine Wand zwischen zwei Welten. Eine Stunde später, als sich die *Sword* der Wolkenbank näherte, wollte er das bereits gereffte Großsegel bergen lassen. Dags, der in seiner Nähe saß, stimmte zu, aber es gab eine Komplikation. Irgendwann in der Nacht war die Gaffelgeer, eine Metallverbindung zwischen dem Ende des Baums und dem Mastfuß, gebrochen. Wenn man das Großsegel herunternahm, wurde der Baum normalerweise von der Geer gestützt. Ohne diese musste man den Baum entweder vom Mast abschlagen und unter Deck verstauen oder das hintere Ende des Baums an Deck festbinden, damit er nicht ungehindert quer über das Cockpit schwang. Unter den gegebenen Umständen fand Dags es besser, den Baum festzubinden, und zurrte ihn deshalb an der Backbordseite des Decks fest.

Danach hielt er nach besonders mächtigen Wellen Ausschau. Wenn er eine sah, setzte er die Schulter beziehungsweise den gebeugten Arm ein, damit Brownie weiter seine Stellung hinter dem Steuer halten konnte. Brownie hatte sich mit zwei Rettungsleinen gesichert, von denen jede an einer anderen Stelle an Deck festgemacht war. Aber selbst so, und trotz Dags Hilfe, verlor er mitunter den Halt, wurde von einer Seite zur anderen geworfen und bisweilen fast über das Steuerrad hinweggeschleudert. Da er bei den größten Seen Mühe hatte, das Steuer zu drehen, unterstützte ihn Dags. Es war schwierig, sich bei dem brüllenden Sturm zu verständigen. Ihre geschrienen Mitteilungen drehten sich um zweierlei: das sich verschlechternde Wetter und die bedrohliche schwarze Wolkenwand.

»So was habe ich noch nie gesehen«, sagte Brownie. »Ist das eine Wetterfront? Wie das wohl sein wird, wenn wir da durchfahren?«

»Keine Ahnung«, antwortete Dags, »aber angenehm wird das sicherlich nicht.«

Auch die See hatte sich verändert. Die Wellen lagen nun weiter auseinander, waren aber viel größer, manche bis zu zehn Meter hoch. Das Gesamtbild wurde unregelmäßiger, denn etwa alle halbe Stunde bewegte sich eine besonders mächtige Woge in eine etwas andere Richtung als die anderen. Die große Wolke sah noch immer aus wie eine einzige undurchdringliche Masse, auch wenn sich mittlerweile dunkelgraue, senkrechte Rippen darin zeigten, die bis zum Meer hinabreichten. »Wenn wir unter die Wolke segeln, kriegen wir einen ordentlichen Guss ab«, sagte Brownie. Es fiel ihm schwer, sich noch Schlimmeres vorzustellen als die Umstände, mit denen sie jetzt schon fertig werden mussten. Es war schwierig, unter dem Ansturm der salzigen Gischt überhaupt etwas zu erkennen. Nur wenn man den Kopf zur Seite drehte und die Augen zusammenkniff, konnte man sich ein wenig vor dem salzigen Spritzwasser schützen. Das Brennen in den Augen ließ sich nur dadurch lindern, dass man sie weit aufriss und sich aus einer Flasche Süßwasser ins Gesicht kippte.

Lediglich von der Sturmfock und vom Wind gegen den Rumpf angetrieben, machte die *Sword* weiterhin schnelle Fahrt. Da aber die Gefahr bestand, über Bord zu fallen, saß niemand mehr auf der Kante. Man war übereingekommen, dass sich nur zwei Crewmitglieder an Deck aufhalten sollten, bis die schwarze Wolke vorbeigezogen war. Nicht, dass die Kajüte ein komfortables Refugium gewesen wäre. Alles war nass, und dazu war es derart laut darin, dass man sich nur mit erhobener Stimme unterhalten konnte, außerdem stank es nach Erbrochenem. Aufrecht zu stehen fiel schwer, nicht nur wegen der stürmischen See, sondern auch, weil die Übelkeit in der Senkrechten noch zunahm. Die meisten Crewmitglieder lagen in den Kojen oder auf dem Boden der Kajüte.

Kooky saß noch immer in der Navigationsecke, hörte private Rundfunksender ab und setzte seine Suche nach Wetterinformationen fort. Er wollte eine Wetterkarte zeichnen, hatte aber nach wie vor keine Ahnung, wo sich das Tief befand. Weil er seit mehreren Stunden nicht mehr an Deck gewesen war, hatte er die finstere Wolkenwand nicht gesehen; doch nach allem, was er gehört hatte, war er inzwischen fest überzeugt, dass sie zu einem mächtigen Wirbelsturm gehörte. Als Dags nach unten kam, erklärte Kooky: »Ich habe zwar keine Ahnung, in was für eine beschissene Sache wir reingeraten sind, aber eins steht fest – dies sind nicht die Verhältnisse, die das Wetteramt vorhergesagt hat.«

Steve Kulmar war so nervös wie noch nie in seiner gesamten Laufbahn als Hochseesegler und hatte seine aggressive Verwegenheit eingebüßt. Allmählich fragte er sich sogar, ob man nicht besser aus dem Rennen aussteigen sollte. Insbesondere die Tatsache, dass der Wind stufenweise immer noch stärker wurde, machte ihm Angst.

»In 17 Hobarts habe ich so etwas wie das hier noch nicht erlebt«, sagte er zu Kooky. »1993 hatten wir einen stetigen 40-Knoten-Wind mit Böen zwischen 75 und 80, aber die Böen waren kurz, und damals gab es auch nicht solche hohen Seen.«

Etwas später fügte er hinzu: »Wir sollten in Erwägung ziehen umzukehren.«

»Wir können erst handeln, wenn wir wissen, wo das Tief liegt«, erwiderte Kooky.

Allein schon die Vorstellung, aufzugeben, war ihm ein Gräuel. Außerdem war es womöglich gefährlicher, aus dem Rennen auszuscheiden, als es fortzusetzen. Die *Sword* befand sich bereits südlich von Eden, dem nächstgelegenen Hafen. Zu diesem Zeitpunkt hätte ein Umkehren erfordert, dass die Yacht vor Wind segelte und die Wellen von achtern kamen, und das barg, seitdem sie derart hoch waren, enorme Risiken. An der Ostküste Tasmaniens Schutz zu suchen bedeutete andererseits, dass man die Bass Strait überqueren musste. Da er aber weder die Lage des Sturmzentrums noch dessen Marschrichtung kannte, konnte er sich nicht zwischen den verschiedenen Möglichkeiten entscheiden.

Kulmar hatte dem Eigner der *Sword* noch nie viel Respekt gezollt; deswegen erschien es ihm absurd, dass Kooky die wichtigen Entscheidungen traf. Er ging an Deck, um die Wetterlage noch einmal mit eigenen Augen zu begutachten, und setzte sich neben das Crewmitglied Simon Reffold, der Brownie beim Steuern unterstützte. Die dunkle Wolke hatte angefangen, die *Sword* einzuhüllen.

»Das hier ist echt gefährlich«, sagte Kulmar zu Reffold. »Kooky sagt uns nicht, was mit dem Wetter los ist, und mir schwant Böses. Wir sollten jetzt den Stecker ziehen.«

»Dazu kann ich nichts sagen«, meinte Reffold. »Aber eins steht fest: Wir brauchen mehr Informationen.«

Kulmar drehte sich zu Brownie um. »Das ist doch kein Segeln mehr. Was meinst du – sollten wir nicht daran denken auszusteigen?«

Brownie besaß enormen Kampfgeist, er wäre eher mit dem Kopf durch die Wand gegangen als aufzugeben. Dennoch: Seit er das Steuer übernommen hatte, war ihm der Gedanke, dass die *Sword* das Rennen abbrechen sollte, immer sympathischer geworden. Wenn er Kulmars angstverzerrtes Gesicht sah – so als sähe er einen Horrorfilm –, wurde ihm noch banger zumute. Allerdings bezweifelte er, dass irgendwer sonst das Steuer bedienen konnte. Glyn war zu seekrank, und Kulmar hielt sich anscheinend gar nicht gern an Deck auf.

»Ja, unbedingt«, sagte Brownie.

Am späten Vormittag zeigte das Anemometer der *Sword* Windgeschwindigkeiten von über 50 Knoten an. Als der Wind in Böen mehr als 70 Knoten erreichte, drehte sich Brownie zu Kulmar um. »Kannst du nicht mal runtergehen und mit Kooky sprechen?«

Eine Minute später stellte Kulmar Kooky erneut zur Rede. »Mir ist höchst unbehaglich zumute. Ich habe so etwas wie das hier noch nie gesehen, und meiner Meinung nach bleibt uns nur eines übrig: Ausstieg aus dem Rennen.«

»Das geht nicht. Wir müssen noch mehr über das Wetter herausfinden.«

»Hör zu«, sagte Kulmar. »Ich traue der Vorhersage nicht. Uns gehen die Steuermänner aus. Der Wind hat weiter steigende Tendenz. Je weiter wir fahren, desto schlimmer wird es. Wir sollten gar nicht hier sein. Vielleicht müssen wir nur zeitweise aus dem Rennen aussteigen. Wenn der Wind abflaut, können wir immer noch wieder einsteigen.«

Kooky war noch nicht überzeugt. »Das Problem ist – wohin sollen wir segeln? Segeln wir nach Norden, segeln wir vor den Wellen. Fahren wir nach Süden oder Westen, wird das Wasser flacher, und die Wellen werden steiler. Fahren wir nach Osten, entfernen wir uns noch weiter vom Land.«

Dags, der in der Nähe stand, bekam das Gespräch zufällig mit. Auszusteigen war für ihn eine schreckliche Vorstellung, eine massive Überreaktion. Weil Kooky überzeugt war, dass Dags sich gegen das Ausscheiden aus dem Rennen aussprechen würde, zog er ihn ins Vertrauen, sowie Kulmar außer Hörweite war. »Es ist mir egal, was Kulmar will. Wir bleiben im Rennen. Er ist nicht der Einzige an Bord.«

»Ich habe geahnt, dass er aussteigen will. Aber nicht er trifft die Entscheidungen. Sondern du. Außerdem ergibt es keinen Sinn.«

Kooky lehnte Kulmars Vorschlag nicht einfach deshalb ab, weil der von Kulmar kam oder weil er die Regatta gewinnen wollte. »Wir wissen weder, wo das Zentrum des Sturms liegt, noch, wohin es zieht«, erklärte er Dags. »Am Ende geraten wir womöglich noch einmal hinein.«

Kulmar konnte nicht hören, worüber Kooky und Dags sprachen, doch er erriet ganz richtig, worum es im Kern ging. Er respektierte Dags' Fähigkeiten als Vorschiffsmann, hielt ihn jedoch für zu jung und unerfahren, um die Gefahren, die ihnen drohten, in ihrer ganzen Tragweite zu begreifen. *Wir haben ein schwer wiegendes Hierarchieproblem. Der Eigner ist exakt ein einziges Hobart-Rennen gesegelt – aber anstatt auf mich zu hören, macht er einen 28-Jährigen zu seinem Vertrauten.*

Um die Mittagszeit kam es wegen der sich verschlechternden Wetterlage zu mehreren ungewöhnlichen Funkkontakten zwischen vier der Topyachten im Rennen und Lew Carter, einem langjährigen Mitglied des CYC, der die Positionsberichte von Bord der *Young Endeavour* aus koordinierte, einem 45-Meter-Marineschiff, das die Regattaflotte begleitete. Um 12.35 Uhr gab eine Yacht, die *Doctel Rager*, die sich rund 20 Seemeilen südwestlich der *Sword* befand, ihre Position durch und meldete, sie werde von 50- bis 60-Knoten-Winden mit Böen von bis zu 70 Knoten durchgeschüttelt.

Dass man Wetterbedingungen weitergab, war beim Hobart fast noch nie vorgekommen. Bei den meisten Regatten steuern die Teilnehmer meistens dorthin, wo den Wetterberichten zufolge die stärkste Brise weht. Aber wie Clouds vorhergesagt hatte, war es inzwischen wichtiger zu überleben, als im Rennen zu bleiben. Binnen einer Stunde nachdem die *Doctel Rager* sich per Funk gemeldet hatte, berichteten drei weitere Yachten – die *Secret Men's Business*, die *Wild One* und die *Terra Firma* – von ähnlich extremen Verhältnissen. Um 13.32 Uhr meldete die *Wild One*, dass sie aus dem Rennen ausschied. Sieben Minuten später gab auch die *Secret Men's Business* ihre Aufgabe bekannt.

Kooky hörte keine dieser Mitteilungen. Er war auf einem anderen Kanal und fragte bei einer Station der Küstenwache an, ob sie aktuelle Wetterinformationen habe. In diesem Gespräch erfuhr er zwar, dass bei Wilson's Promontory ein 94-Knoten-Wind gemessen worden war, doch nichts über die genaue Lage des Tiefs. »Die Auskünfte, die ich erhalte, nützen mir nichts«, sagte er zu Kulmar. »Ich möchte den 14.00-Uhr-Positionsbericht abwarten.«

An Deck bekam Brownie weiterhin das Wetter am eigenen Leibe zu spüren. Als Dags, der ins Cockpit zurückgekommen war, eine 13 Meter hohe Welle sichtete, schrie er: »Da kommt eine üble Welle – sie ist riesig!«

Brownie rief sich in Erinnerung, was er zu tun hatte: schräg in die Welle hineinfahren und so viel Speed beibehalten, um über die Spitze zu gelangen, aber nicht so viel, dass die Yacht von der Welle herunterkrachte. Es nicht über die Spitze zu schaffen wäre die größte Katastrophe, aber er musste auch vermeiden, mit so viel Schwung ins Wellental auf der anderen Seite hineinzurasen, dass der Rumpf barst. Obwohl seine Ausführung tadellos war, wusste er, dass er schon viel zu lange gegen die Wellen gekämpft hatte und nicht mehr mit vielen weiteren Seen dieses Ausmaßes fertig werden würde. Dennoch bot niemand an, ihn abzulösen.

Unmittelbar vor dem 14.05-Uhr-Positionsbericht kam Andrew Parkes an Deck. Er wollte Dags eine Verschnaufpause gönnen. »Das hier ist Scheiße«, sagte er zu Brownie. »Wieso tun wir uns das an?«

»Du hast Recht. Wir sollten von hier abhauen.«

Unter Deck setzte Kulmar seine Überzeugungsarbeit fort – aber Kooky leistete immer noch Widerstand. »Ich verstehe, was du meinst, aber wir haben noch immer keine Ahnung, wohin wir segeln sollen. Und wer sagt eigentlich, dass der Sturm nicht nachlässt?«

Aber auch wenn Kooky es nicht zugab, allmählich verließ ihn der Mut. Angesichts der Tatsache, dass zwei ältere Mitglieder des Kernteams, Brownie und Parkes, aussteigen wollten, rang er innerlich mit einer Entscheidung. Doch weil sich Kulmar natürlich an jede Unentschiedenheit klammern würde, wollte sich Kooky die Optionen etwas länger offen halten; während er noch davon sprach, den Kurs zu halten, hatte seine Unsicherheit ein ganzes Stück zugenommen. Als sich das leichte Barometer der *Sword* aus der Halterung löste, durch die Kabine flog und in tausend Stücke zersprang, verlor er die Beherrschung. »Wir brauchen das Ding sowieso nicht. Uns ist auch so klar, dass wir in Schwierigkeiten stecken.«

Während des 14-Uhr-Positionsberichts würde zweierlei passieren, hoffte Kooky: erstens, dass der amtliche Wetterbericht zu Beginn der Übertragung genauere Informationen über das Tief liefern würde. Und zweitens, dass einige der großen Boote, die bereits in der Bass Strait segelten, berichten würden, was sie dort erlebten. Doch weder das eine noch das andere geschah. In der Vorhersage hieß es lediglich, dass das Tief über dem Ostteil der Bass Strait lag – und keine der Yachten, die sich vor der *Sword* meldeten, erwähnte das Wetter. Am beunruhigendsten war, dass alle Boote schwiegen. Auch die *Brindabella* gehörte zu den Yachten, die nicht antworteten, als sie aufgerufen wurden. Vermutlich funktionierten ihre Funkgeräte nicht – bei rauem Wetter ein nur allzu verbreitetes Problem –, doch es konnte auch bedeuten, dass die Yachten, die schon weiter vorn lagen, schwer wiegende Probleme hatten.

Während die Yachten weiter in alphabetischer Reihenfolge aufgerufen wurden, behielt Kooky das digitale Windmessgerät im Auge. Von 50 Knoten zu Beginn des Positionsberichts war der Wind auf 65 gestiegen. Dann erreichte er 73 Knoten und einige Minuten später 78. Als die *Sword* eine Dreiviertelstunde nach Beginn des Positionsberichts an die Reihe kam, war die Windgeschwindigkeit wieder auf 65 heruntergegangen, aber er war trotzdem beunruhigt.

»Sagst du ihnen, was hier los ist?«, fragte Carl Watson.

»Ja – das macht wahrscheinlich Sinn.«

Beim Positionsbericht handelt es sich um ein langwieriges Verfahren, bei dem jede Yacht ihren Längen- und Breitengrad an Lew Carter durchgibt, der die Koordinaten dann zur Bestätigung wiederholt. Kooky zeichnete einige dieser Positionen auf einer Karte ein. Dabei fiel ihm auf, dass die *Sword* gegenüber dem Rest der Flotte weiter aufgeholt hatte und nur noch sechs oder sieben Yachten weiter südlich lagen.

Doch als die *Sword* aufgerufen wurde, klang sein Tonfall düster. »Ich will euch nur über das Wetter informieren, das hier unten herrscht.«

Carter antwortete: »*Sword of Orion*, ich danke euch, in unserem Namen und der ganzen Flotte, over.«

»Wir haben westliche Winde von 50 bis 60 Knoten mit Böen von bis zu 78 Knoten, over.«

Ungläubig fragte Carter: »Böen von 78 Knoten?«

»78 Knoten!«, bestätigte Kooky.

Gegen Ende des Positionsberichts bestätigte die *Yendys*, die nur zwei Meilen von der *Sword* entfernt war, Kookys Durchsage.

»Das war nicht gelogen. Bei uns herrschen ähnliche Windverhältnisse.«

Im Laufe des Positionsreports erinnerte Lew Carter, der die gleiche Rolle bei 13 vorangegangenen Hobarts gespielt hatte, die Skipper daran, dass es allein ihre Entscheidung sei, ob sie im Rennen bleiben wollten. »Der CYC ist nicht für Schäden oder Verletzungen verantwortlich, weder zu Lande noch zu Wasser. Ich fordere alle Skipper auf, vor der Weiterfahrt in die Bass Strait, oder wohin Sie auch segeln, sehr genau zu überlegen, was Sie tun. Und sprechen Sie mit Ihren Crews darüber.«

Carters Warnung blieb nicht ohne Wirkung. Bald nach diesem Funkkontakt gaben fast 20 Yachten auf. Doch auf der *Sword* wurde der Entscheidungsprozess weiter hinausgezögert, denn Kooky hatte eine neue Aufgabe übernommen; er fungierte als Funkrelaisstation für die *Team Jaguar*, eine 20-Meter-Maxi-Yacht, die entmastet worden war. Nach ihrer Entmastung, der zweiten in ebenso vielen Hobarts, hatte die Besatzung den Motor angelassen, der allerdings nur kurz lief, weil sich eine über die Bordwand baumelnde Schot um den Propellerschaft wickelte. Mehrere Crewmitglieder waren verletzt, doch ohne die am Mast angebrachte Antenne war das Funksignal zu schwach, als dass es Lew Carter erreichen konnte. Kooky, der mit der *Young Endeavour* und auch mit der *Team Jaguar* in Funkkontakt stand, bot sich an, Informationen an Carter weiterzuleiten. Ist ein Boot in Schwierigkeiten, wird von allen Schiffen in der Nähe erwartet, dass sie jede mögliche Hilfe leisten. Die *Team Jaguar* war ohne Zweifel in Seenot, und das erforderte über eine Stunde Kookys ungeteilte Aufmerksamkeit.

Auf der *Sword* litt in dieser Zeit niemand mehr als Brownie, der nach wie vor am Steuer stand. Ihn regte so schnell nichts auf, aber er war wütend, weil er nicht verstand, warum sich keiner anbot, ihn abzulösen. Er fror dermaßen und war derart erschöpft, dass er schließlich aufs Deck klopfte, um auf sich aufmerksam zu machen. Sogar darauf reagierte niemand. Jede Minute wurde zur Qual, denn die Arme brannten ihm vor Schmerzen. Er wusste, dass er alle an Bord gefährdete, wenn er weiter hinterm Steuer stand.

Endlich erschien Kulmar an Deck und löste ihn ab. Brownie hatte seit mehr als fünf Stunden am Steuer gestanden. Seine Muskeln zitterten, desgleichen seine Unterlippe, die schon ganz blau vor Kälte war. Als er unter Deck taumelte und sich auf die Stufen setzte, glaubte Kooky, er leide unter Unterkühlung. Oder Schlimmerem. »Brownie bekommt gleich einen Schock. Um Himmels willen, gebt ihm doch was zu trinken.«

Aber in Brownie steckte noch immer genügend Kraft, um seinem Ärger Luft zu machen. »Verdammt noch mal, was läuft hier unten eigentlich ab? Das ist doch der schiere Wahnsinn. Es ist Zeit, nach Hause zu fahren.«

Erneut wiederholte Kooky, dass er erst wissen müsse, wo das Tief sei, bevor er eine Entscheidung treffen könne, und außerdem stehe er mit der *Team Jaguar* in Funkkontakt und sei zu beschäftigt, um sich um irgendetwas anderes zu kümmern. Brownie stieg in eine der hinteren Kojen und legte sich unter einen Schlafsack. Was er wirklich dachte, verschwieg er Kooky: *Du hast ja keine Ahnung, in welcher Gefahr wir schweben. Du lässt dich ja nicht einmal an Deck blicken – und du machst einen Fehler, der uns alle das Leben kosten kann.*

Aber auch Kooky sagte nicht alles, was er dachte. Obwohl es die Aufgabe des Skippers ist, sich um das Wohlergehen der Crew zu kümmern, machte er Brownie innerlich Vorwürfe, dass er sich als Steuermann unbrauchbar gemacht habe, indem er zu lange hinter dem Steuer gestanden hatte.

Eine halbe Stunde nachdem Kulmar das Ruder übernommen hatte, stieg Glyn aus seiner Koje und teilte Kooky mit, er wolle jetzt das Ruder übernehmen. Er sei zwar noch immer seekrank, aber er wisse, dass es an Steuermännern fehle. Weil er, anders als die übrigen wichtigsten Fahrer, bezahlt wurde, plagte ihn zudem das schlechte Gewissen, nicht mehr getan zu haben. Außerdem hoffte er, es würde ihm besser gehen, wenn er an der frischen Luft und aktiv wäre.

Seekrank zu sein ist ein höchst unangenehmer, mit Übelkeit, Abgeschlagenheit und Kopfschmerzen einhergehender Zustand, der, in extremen Fällen, zu völliger Schwächung führen kann. Für manche Segler ist Seekrankheit so normal wie eine Erkältung. Und genau wie bei einer Erkältung gibt es auch gegen Seekrankheit kein wirklich wirksames Mittel – außer an Land zu gehen. Manche Segler akklimatisieren sich, indem sie schon die Nacht vor einer Regatta auf dem Boot schlafen oder vorbeugend Medikamente einnehmen. Weitere Maßnahmen sind, sich hinzulegen oder auf den Horizont zu schauen. Auf der *Sword* bot keine dieser Therapien viel Aussicht auf Erfolg. Der einzige Ort, an dem man sich hinlegen konnte, war die Kajüte, aber weil es dort nach Erbrochenem stank, wurde einem nur noch übler. An Deck gab es zwar eine Menge frische Luft, aber der Horizont war kaum sichtbar.

»Wie geht's dir?«, fragte Kooky.

»Gut genug, um's zu probieren. Außerdem ist mir an Deck nicht so übel.«

»Okay, aber nimm noch eine Tablette gegen Seekrankheit.«

»Das geht nicht, ich kann nichts im Magen behalten; aber es wird schon klappen.«

Nachdem Glyn fast den ganzen Tag in der Koje verbracht hatte, geschwächt durch Seekrankheit und Dehydrierung und vielleicht auch durch die Nachwirkungen seiner Magenverstimmung, war er in sichtlich schlechter Verfassung. Kurz bevor er die Stufen zum Cockpit hinaufstieg, erbrach er sich auf Simon Reffolds Schulter.

Als er von Kulmar das Steuer übernahm, starrte er mit ungläubigem Staunen auf die Wellen und trug Kulmar auf, mit Kooky zu sprechen. »Weiß der denn nicht, dass man bei solchen Bedingungen krepieren kann? Du musst etwas unternehmen, damit wir hier heil herauskommen.«

Kulmar stieg unter Deck und konfrontierte Kooky erneut mit den Tatsachen. »Wir müssen hier weg. Bei diesem Wetter kann man nicht segeln – und es wird immer noch schlimmer. Wir müssen zurück.«

Kooky, der eine Seekarte studierte, erwiderte: »Ich werde es dich wissen lassen.«

Dags war noch immer dagegen umzukehren, fand es aber höchst beunruhigend, dass andere völlig anderer Meinung waren als er, vor allem die wichtigsten Steuermänner. Kulmar, Glyn, Brownie – alle wollten sie aus dem Rennen aussteigen. Und was noch wichtiger war: Er machte sich Sorgen, wer das Boot unter Bedingungen, die die erprobtesten Crewmitglieder erforderten, steuern sollte. Brownie war als Einziger der drei nicht seekrank, aber er war ein totales Wrack. Wie Brownie glaubte auch Dags, dass Kulmar lieber nicht an Deck gehen wollte. Außerdem war überhaupt nicht klar, wie lange Glyn seine Arbeit verrichten konnte. Und es gab auch noch eine emotionale Komponente: Selbst wenn man keine wirklich fundierte Entscheidung darüber treffen konnte, wo das Wasser ruhiger war, beziehungsweise darüber, wie man es vermied, erneut in den Sturm hineinzufahren – für die meisten Crewmitglieder wäre allein schon der Gedanke, dass sie auf Land zusteuerten, tröstlich, egal, was für ihn sprach.

Zudem hatte nicht jeder so viel in die Regatta investiert wie er und Kooky. Für Dags war das Rennen seit mehreren Monaten das vorherrschende Thema; für die anderen waren Familie und Beruf von größerer Bedeutung. »Vielleicht sollten wir umkehren«, sagte Dags entmutigt zu Kooky. »Möglicherweise geraten wir dann wieder in schlimmes Wetter, aber die Stimmung ist bei allen auf dem Nullpunkt. Wenn wir umkehrten, würde sie wieder Auftrieb bekommen.«

»Vielleicht hast du Recht«, sagte Kooky. »Aufgeben ist zwar das Letzte, was ich will, aber bei diesen Wetterbedingungen kennt sich doch niemand mehr aus. Das ist kein Regattasegeln mehr – und es wird immer schlimmer. Also, wir machen Folgendes: Wenn der Wind wieder auf 60 Knoten hochgeht – und dort bleibt –, dann kehren wir um.«

Die *Sword* fuhr weiter.

17

Als Lew Carter den Namen der *Winston Churchill* während des 14.05-Uhr-Positionsberichts aufrief, gehörte sie zu den Yachten, die nicht antworteten. Am Schluss des Positionsreports versuchte er noch einmal, alle Yachten, die sich nicht gemeldet hatten, zu erreichen: »Hat irgendjemand die *Winston Churchill* gesichtet oder von ihr gehört?«

Michael Bennett, der Navigator der *Adrenaline,* meldete sich. »Hier ist die *Adrenaline*. Zu Beginn des Positionsberichts lag die *Winston Churchill* etwa eine Meile westlich von uns.«

Auf der *Churchill* hatte Lumpy am Anemometer ein Warnsignal aktiviert, das anzeigen sollte, wann die Windgeschwindigkeit 55 Knoten erreichte. Während der Mittagszeit ertönte das schrille Signal ungefähr alle zehn Minuten. Beim Blick auf das Messgerät registrierte es eine Böe von 68 Knoten. Die Wellen waren entsprechend hoch geworden, im Durchschnitt erreichten sie die Höhe eines vierstöckigen Gebäudes. Das Steuern war inzwischen derart mühsam, dass die wichtigsten Skipper schon nach einer Dreiviertelstunde die Plätze tauschten. Steamer und Bruce Gould zerbrachen sich bereits den Kopf, wie sie die Wellen nach Einbruch der Dunkelheit erkennen sollten.

»Und was machen wir jetzt?«, fragte Gould Steamer. »Richtung Land steuern?«

»Keine Ahnung. Es wird eine gefährliche Nacht, aber wenn wir auf Land zusteuern, brechen die Wellen seitlich übers Deck herein.«

Winning war nicht übermäßig besorgt, weder was das Wetter noch was sein Boot anging, denn er hielt es für eines der stabilsten der ganzen Flotte. Das Gleiche dachte er von seiner Crew. Als er die Gesamtzahl der Hobarts überschlug, die seine Männer gesegelt waren, kam er zu dem Schluss, dass sie zu den Erfahrensten im ganzen Rennen gehörten. Seiner Meinung nach segelten er und Steamer und Gould erst recht bereits seit so vielen Jahren und hatten schon derart viele Stürme überstanden, dass sie auf alles vorbereitet waren.

Doch als er das Steuer übernahm, wurde ihm klar, wie schwierig es werden würde, über die Wellen hinwegzukommen. Am meisten Angst hatte er davor, von einer Monsterwelle erwischt zu werden. Monsterwellen entstehen aus dem Zusammenspiel von Wind, Strömung und anderen Wellen. Winning, der die meisten Seen auf zehn bis zwölf Meter Höhe schätzte, wusste, dass Monsterseen oft doppelt so hoch sind wie Durchschnittswellen. Bei kräftigem Wind ist mindestens eine von tausend Wellen eine Monsterwelle. Und weil pro Stunde rund dreihundert Wellen das Boot passierten, war es nur eine Frage der Zeit, wann man einer begegnete.

Und wenn das passierte, waren auch eine erfahrene Crew und eine sturmerprobte Yacht machtlos.

Teil 3: Die schwarze Wolke

18

Am Sonntag kurz vor Tagesanbruch lief die *Sayonara* in die Bass Strait ein. Am Vormittag wunderte sich Tony Rae, der im Cockpit saß, dass der Wind noch immer nicht nachgelassen hatte. Als das Jumbo eine Böe von 63 Knoten anzeigte, wurde ihm klar, dass er noch nie einen derart starken Wind erlebt hatte. Während der monatelangen Whitbread-Regatta hatte der Wind kein einziges Mal die Marke von 60 Knoten überschritten.

In der Kajüte unter ihm sprach Ellison mit Phil Kiely, dem 44-jährigen Chef von Oracle in Australien, seinem zweiten Regattagast. Als Kiely, der in Sydney aufwuchs, vier Jahre zuvor von Oracle umworben worden war, hatte man ihn mit der Aussicht gelockt, auf der Yacht seines zukünftigen Chefs zu segeln. Weil der Mann, der ihn eingestellt hatte, nicht mehr für Oracle arbeitete, hatte er selbst Ellison – den er erst einmal getroffen hatte – eine E-Mail geschickt und gefragt, ob er auf der *Sayonara* mit nach Hobart segeln könne. Dabei hatte er erwähnt, dass er bereits auf viel kleineren Booten zwei Hobarts erfolgreich beendet hatte. Schon nach einigen Tagen hatte Ellison mit einer Einladung geantwortet.

Jetzt, an Bord, sagte Ellison: »Stellen Sie sich mal die kleinen Boote da draußen vor. Denen dürfte es miserabel ergehen.«

Das sah Kiely genauso, doch als er etwas später an Deck ging, schien die Wolkendecke aufzubrechen. Ein Teil des Himmels war blau, aber die See war unverändert eintönig weißgrau, nur hier und da durchbrochen von weißen Streifen. Justin Clougher faszinierte der Kontrast zwischen dem arktischen Meer und dem blauen Himmel. Als er sah, dass Kiely, der sich neben ihn auf die Kante gesetzt hatte, den Kopf hängen ließ, stieß er ihn mit dem Ellbogen an: »Vergiss nicht, dich umzuschauen. Wenn du oben auf einem Wellenkamm ankommst, ist es eigentlich wunderschön – daran musst du dich erinnern, wenn du wieder bei Oracle bist und eine langweilige Besprechung in deinem ergonomischen Stuhl durchstehen musst.«

Was für eine absurde Bemerkung, dachte Kiely. Auf ihn wirkte das Meer nur wie eine öde, unwirtliche Wildnis. Doch ein paar Minuten später betrachtete auch er alles aus einem anderen Blickwinkel. »So habe ich das zwar noch nie gesehen ...«, sagte er zu Clougher, »aber du hast vermutlich Recht: Es ist schön. Die Natur in ihrer ganzen Pracht.«

Mittags war noch mehr Blau am Himmel zu sehen, und die Windgeschwindigkeit war auf 25 Knoten gefallen. Dadurch bekamen Robbie Naismith und Tony Rae, die beide als Segelmacher gearbeitet hatten, bevor sie für das Team New Zealand ausgewählt wurden, die Gelegenheit, das Großsegel der *Sayonara* auszubessern. Gegen 13.00 Uhr stellten sie sich zu beiden Seiten des Segels auf, und während sie einander durch das halb durchsichtige Mylar sehen konnten, stießen sie während der nächsten beiden Stunden eine riesige Nähnadel mit einem gewachsten Faden zwischen sich hin und her, bis der Riss auf ganzer Länge geflickt war.

Kurz nach Beginn der Reparatur kam die *Brindabella* in Sicht. Zu diesem Zeitpunkt, 24 Stunden nach dem Start der Regatta, lag sie ungefähr drei Meilen hinter der *Sayonara*. Als Naismith und Rae mit ihrer Flickarbeit zu Ende waren, hatte die *Brindabella* den Abstand halbiert. »Die müssen auch ein paar Probleme gehabt haben«, sagte Joey Allen, »aber sie schlagen sich ziemlich gut.«

Die Windgeschwindigkeit fiel weiter, bis sie nur noch zehn bis zwölf Knoten betrug. Das kam ihnen jetzt wie ein bloßer Lufthauch vor. Abermals glaubte Ellison, dass die *Sayonara* eine Wetterfront passiert und sie das Schlimmste überstanden hätten. Man konnte also das Rennen wieder aufnehmen und ein größeres Vorsegel setzen, damit die *Brindabella* nicht weiter aufholte. »Wie wär's? Wollen wir die schwere Nummer eins wieder aufziehen?«, fragte er Brad Butterworth, der am Steuer stand. Die große Fock zu setzen, fand dieser etwas verfrüht – vielleicht hielt die plötzliche Flaute ja nicht an –, aber ihm war die Sache auch nicht so wichtig, um zu widersprechen. »Okay, setzen wir sie.«

Ellison verließ das Deck und kletterte nach unten. Er war ungeheuer erleichtert, dass er den Sturm heil überstanden hatte. Dieses Gefühl war allerdings nicht von Dauer.

»Der Wind frischt wieder auf – und zwar gewaltig!«, hörte er Butterworth von oben schreien. »Bergt die verdammte Fock!«

Binnen Minuten war die Windgeschwindigkeit von unter 15 Knoten auf über 40 hochgeschossen. Während die *Sayonara* auf die Seite gedrückt wurde, griff Ellison nach irgendetwas, um sich festzuhalten, und bahnte sich einen Weg zur Navigationsecke. Rudigers Instrumente und Rechner funktionierten noch immer, trotz des Wasserschadens. Auf einem der Computermonitore sah er etwas, das ihm wie ein Wirbelsturm vorkam.

»Wir haben ja gar keine Wetterfront durchquert«, rief er aus. »Wir befinden uns im Auge eines Orkans!«

19

Gegen 16.00 Uhr war Kookys Vorbedingung für ein Ausscheiden aus dem Rennen – 60 Knoten – erfüllt und sogar noch übertroffen, da der Wind fast 70 Knoten erreicht hatte. Die Entfernung nach Eden betrug inzwischen 90 Seemeilen. Was das bisherige Ergebnis der Wettfahrt betraf, schlug sich die *Sword* noch immer ungewöhnlich gut. Auf Grundlage der berechneten Zeit lag sie auf dem fünften oder sechsten Platz. Außerdem rechnete er damit, dass sich die *Sword* noch vor ein paar der anderen Boote setzen würde: Da sie vergleichsweise nahe an der Küste fuhr, konnte sie auch den Wind aus westlicher Richtung nutzen, der später wahrscheinlich noch auffrischen würde. Trotzdem teilte er Kulmar mit, dass er zur Aufgabe bereit war. »Die Entscheidung liegt bei den Steuerleuten. Wenn sie umkehren wollen, segeln wir zurück.«

Was Brownie und Glyn sagen würden, wusste Kulmar zwar schon. Dennoch fragte er schnell bei beiden nach, bevor er Kooky mitteilte, dass sie alle einer Meinung waren. Richtig zufrieden war er trotzdem nicht. *Wir hätten das schon um 9.00 Uhr tun sollen. Zu dem Zeitpunkt waren wir nur zwanzig Meilen von Eden entfernt.*

»Gut, machen wir's«, sagte Kooky.

»Aber wohin wollen wir?«, warf Dags ein. »Direkt auf Eden können wir nicht zusteuern. Dann hätten wir die Wellen von achtern.«

Kooky beugte sich über eine Karte und schlug vor, nach Westen zu steuern. Sie würden dann ungefähr die Richtung nach Melbourne einschlagen, bis es sicher war, nach Eden umzuschwenken. Aber er hoffte, das Ganze würde nur eine vorübergehende Maßnahme sein. Sowie sich der Wind gelegt hätte, wollte er das Rennen wieder aufnehmen. Falls der Sturm sich früh genug legte und der Wind in der von ihm erwarteten Weise drehte, könnte die *Sword* die Regatta noch immer nach berechneter Zeit gewinnen.

Um 16.44 Uhr verkündete er über Funk den Rückzug der *Sword* aus dem Rennen. Er hoffte, dass andere Skipper die gleiche Entscheidung treffen würden – nicht nur, weil dies zu deren Vorteil war, sondern auch, weil es der Position der *Sword* im Rennen zugute kommen würde, sollte sie es später wieder aufnehmen.

Ein paar Minuten nach Kookys Entscheidung meldete sich Lew Carter über Funk mit einer nichts Gutes verheißenden juristisch klingenden Meldung an alle, um jede Verantwortung für das Schicksal der Boote abzulehnen. »Ich möchte nur daran erinnern, dass alle an den Wettfahrten des CYC teilnehmenden Yachten dies auf eigene Gefahr und Verantwortung tun«, zitierte er aus dem Regatta-Reglement. »Der CYC ist weder für die Seetüchtigkeit einer zur Teilnahme zugelassenen Yacht noch für die Funktionstüchtigkeit beziehungsweise Angemessenheit ihrer Ausrüstung verantwortlich. Der CYC haftet nicht für Schäden oder Verletzungen, weder zu Land noch zu Wasser, weder an Personen noch an Yachten, die möglicherweise aus deren Teilnahme an den Regatten des Clubs resultieren. Es wird hierzu auf Regel vier verwiesen. Jedes Boot ist für die Entscheidung, ob es starten beziehungsweise weiter an der Wettfahrt teilnehmen will, allein verantwortlich.«

Gleich nach dieser Übertragung stieg Brownie aus seiner Koje und sagte zu Kooky: »Bei der Wende übernehme ich das Ruder.«

Kooky lehnte dies ab. »Glyn ist bereits am Ruder, er kann das.«

Dags startete den Motor und ging zurück an Deck, weil er mit Glyn über den neuen Kurs sprechen wollte sowie über die Frage, wie man das Boot inmitten der Wellenungetüme am besten wendete. Glyn hatte sich schon einen Plan zurechtgelegt. »Ich warte auf eine große Welle. Sobald wir darüber hinweg sind und wir auf der anderen Seite runtergleiten, schlage ich das Ruder hart ein. Zwischen den Wellen dürfte der Wind nicht besonders stark sein, daher müssten wir eigentlich ziemlich schnell durch den Wind gehen.«

»Klingt gut«, erwiderte Dags. »Ich werfe den Motor an, damit wir keinen Schwung verlieren. Du stehst am Steuer, und ich bediene das Gas.« Wenn man während eines Rennens den Motor anlässt, führt das in aller Regel zur Disqualifikation einer Yacht. Dies gilt jedoch nicht, wenn es lediglich als Sicherheitsmaßnahme dient. Falls die *Sword* später wieder ins Rennen einsteigen sollte, würde Kooky der Regattaleitung erklären, wie der Motor eingesetzt worden war, und er rechnete damit, dass sie keine Einwände erheben würde.

Die *Sword* segelte jetzt unter einer riesigen schwarzen Wolkendecke dahin. Das Meer war hellgrau, durchsetzt von weißen Äderchen. Der Aufenthalt an Deck war qualvoll. Der Wind pfiff in der Takelage und erzeugte beständig ein hohes Kreischen, das wie eine ferne menschliche Stimme klang. Der Wind, der die Wellen erst hervorgebracht hatte, hatte ihnen nun den Kampf erklärt: Er rasierte den Schaum von ihren Spitzen und erzeugte einen scharfen, feuchten Luftstrom, der aussah wie Rauch. Die heranprasselnden Wassertröpfchen schmerzten wie Nadelstiche auf Glyns und Dags' Haut.

Alle Seen waren riesig. Nachdem Glyn etliche hatte passieren lassen, wobei er die Augen zusammenkniff, damit das Salzwasser nicht allzu sehr brannte, hielt er jedoch eine für größer als die anderen. »Die ist es!«, schrie er. Die *Sword* stieg in steilem Winkel nach oben und erklomm die fast zwölf Meter hohe Welle. Kurz bevor die Yacht ganz oben war, drehte Glyn das Steuerrad, Hand über Hand. Während die *Sword* über den Kamm stieg und sich nach vorn neigte, ragte das Ruder kurz aus dem Wasser, wodurch es nutzlos wurde. Als es ein paar Sekunden später wieder eintauchte, beschrieb die Yacht einen engen Bogen und glitt die Welle hinunter, und als sie das Wellental erreicht hatte, war sie bereits auf neuem Kurs. Dags legt den Vorwärtsgang ein, aber Glyn brauchte seine Hilfe nicht. Während des Manövers hatte die *Sword* kein Tempo verloren.

»Toll gemacht«, schrie Dags. Übermütig schlug er Glyn auf die Schulter. »Das war perfekt. Absolut perfekt.«

Glyn sagte danke, aber sonst nichts. Dags schaltete einige Minuten später den Motor ab, obwohl er sich Sorgen zu machen begann, ob Glyn das Ruder noch führen konnte. Denn anstatt den vereinbarten westlichen Kurs zu steuern, steuerte er nach Norden.

»Wie geht's dir?«

Glyn gab zu, dass er sich saumäßig fühlte, und sprach dann davon, welch schlechtes Gewissen ihn plagte, weil er nicht mehr Zeit am Steuer verbracht hatte. »Ich habe meine Arbeit nicht getan. Ich habe das Team im Stich gelassen.«

»Nein, das stimmt nicht. Gegen Seekrankheit ist kein Kraut gewachsen. Wenn's dir nicht gut geht, ist das nicht deine Schuld.«

Die Wellen waren nicht höher als vor dem Kurswechsel, doch weitaus bedrohlicher. Auf dem vorherigen Kurs Richtung Süden war die *Sword* fast geradewegs in sie hineingefahren. Beim damaligen Winkel zu den Wellen hätte sie nur kentern können, wenn sie über eine See nicht hinweggekommen oder von einer Monsterwelle getroffen worden wäre. Auf dem fast nördlichen Kurs, den Glyn jetzt steuerte, musste sie zwar direkt nach Eden gelangen, dies hieß aber auch, dass die Wellen die Yacht von achtern oder etwas von der Seite treffen würden. Und dies bedeutete, dass die *Sword* genau das tat, was Dags unbedingt vermeiden wollte – sie surfte. Er hielt diesen Speed für gefährlich, weil er die Wahrscheinlichkeit enorm erhöhte, dass das Boot außer Kontrolle geriet und kopfüber ging.

Glyn achtete nicht mehr richtig auf die Wellen. Seit er die Kordel an der Kapuze seiner Regenjacke so fest ums Gesicht gezogen hatte, dass es aussah, als trüge er Scheuklappen, schien er vor allem den Instrumenten Beachtung zu schenken.

Dags war nicht sicher, was er tun sollte. Er rief in den Wind: »Soll ich mal steuern?«

Den Blick starr auf den Kompass gerichtet, erwiderte Glyn: »Nein, es geht schon. Am Ruder geht's mir besser.«

Fast flehentlich sagte Dags: »Aber du kannst so nicht steuern. Wir müssen in die Wellen reingehen.«

Auch der Großbaum schränkte Glyns Sicht ein. Vor dem Kurswechsel war er an der Backbordseite des Decks vertäut gewesen, im Lee. Weil er auf dem neuen Kurs jedoch mitten in Glyns Sichtfeld ragte, wollte Dags den Baum auf die andere Seite verlegen. Gemeinsam mit Watson und Brownie hob er ihn hoch und trug ihn über das Steuer zur Steuerbordseite. Weil der Baum fast einen Meter über das Steuer hinausragte, trat Glyn ein paar Schritte zurück, um ihm während dieses Manövers nicht im Weg zu sein. Schließlich band Dags mit einem Tau aus Spectra, einem ultrafesten synthetischen Material, das hintere Ende des Baums an einem auf Deck festgeschraubten Metallbeschlag fest, nicht weit von den Relingsstützen, die bei der Kollision mit der *Nokia* beschädigt worden waren. Sowie der Baum gesichert war, gingen Watson und Brownie wieder nach unten, sodass nur Glyn und Dags an Deck blieben.

Glyn ging es sichtlich miserabel. Zwar hatte seine Jacke an Hals und Handgelenken angeblich wasserdichte Gummizüge, aber trotzdem lief ihm ständig Wasser den Rücken und die Brust hinunter, wodurch er bereits fröstelte. »Diese Jacke bringt gar nichts«, sagte er bitter. »Ich bin total durchnässt. Könnten wir doch bloß von hier verschwinden!«

Dags wusste noch immer nicht, was er tun sollte. Seiner Meinung nach musste man Glyn mit Nachdruck auffordern, einen anderen Kurs zu steuern – oder ihn ablösen. Das war im Grunde Kookys Aufgabe, aber der war immer unter Deck, hockte wie angekettet in seiner Navigationsecke.

»Du musst mit dem Surfen aufhören«, beharrte Dags. »Warum lässt du nicht jemand anders steuern?«

Glyn antwortete nicht.

Dags war nicht das einzige Crewmitglied, dem Glyns Leistungsfähigkeit Sorgen bereitete. Während die *Sword* mit Karacho noch eine Welle hinunterjagte, sagte Simon Reffold zu Carl Watson: »Wir sind zu schnell. So, wie er steuert, kriegen wir die Wellen von achtern.« Watson war derselben Meinung. Er ging los, um mit Glyn zu sprechen. Nachdem er seinen Sicherheitsgurt in die Sicherheitsleine eingeklinkt hatte, bahnte er sich einen Weg zum Heck. »Glyn, dein Kurs ist zu tief – du musst höher am Wind segeln, damit wir das Boot auf Kurs halten können. Wir müssen härter rangehen.«

»Keine Sorge«, antwortete Glyn. »Ich hatte Freunde, die beim Fastnet-Rennen umgekommen sind. Ich weiß, was zu tun ist.«

In der Annahme, Glyn würde nun einen weniger gefährlichen Kurs steuern, ging Watson wieder nach unten. Aber nichts geschah. Obwohl Dags weiterhin schreiend auf die größten Wellen aufmerksam machte und in die Richtung zeigte, aus denen sie kamen, schien Glyn nicht darauf zu achten.

Die Wende war noch keine halbe Stunde her, als Brownie beschloss einzuschreiten. Jedes Mal, wenn die *Sword* schneller wurde, meinte er, das Boot sei kurz davor, völlig außer Kontrolle zu geraten. Zweimal war er so weit zu glauben, der Wellenritt würde in einer Kenterung enden. Wütend richtete er sich in seiner Koje auf und schrie Kooky fast an: »So kann man das Boot doch nicht steuern! Wir müssen Glyn dazu bringen, mehr gegen Westen zu steuern, oder ein anderer muss ans Ruder.«

Kooky, der glaubte, dass Brownie noch immer am Rande eines Schocks stand und überreagierte, sagte: »Das geht schon in Ordnung. Glyn weiß, was er tut.«

»Nein, weiß er eben nicht!« Brownie regte sich jetzt noch mehr auf. »Wir müssen in die Wellen reinsteuern, sonst wird es echt gefährlich.«

Er wendete sich von Kooky ab und stellte sich so auf die zweite Stufe, dass sein Kopf ins Cockpit reichte. »Verdammt noch mal, dreh in die Wellen«, schrie er Glyn an. »So geht das nicht weiter.«

Obwohl das Steuer nur ein, zwei Meter vom Luk entfernt war, konnten Glyn und Dags nicht verstehen, was Brownie sagte, daher schlitterte Dags im Cockpit nach vorn, bis er neben Brownie saß. »Verdammte Scheiße, was macht er denn da?«, schrie Brownie. »Wir müssen den Kurs wechseln. Es ist egal, wohin wir steuern, aber die Wellen dürfen uns auf keinen Fall von achtern treffen.«

Aber da war es schon zu spät. Bevor Brownie noch ein weiteres Wort sagte, hob ein Wellenungetüm – mindestens zwölf Meter hoch und steiler als die vorangegangenen – die *Sword* empor. Die Welle war von achtern gekommen, etwas von der Backbordseite, und Sekunden nachdem die *Sword* hinaufzugleiten begann, brach sie. Als das herabstürzende Weißwasser die Yacht einholte, drehte sie sich seitwärts zur Welle, sodass Glyn nicht mehr steuern konnte. Gleichzeitig drückte der Wasserschwall die *Sword* auf ihre Steuerbordseite. Und während die Yacht von der Welle abstürzte, legte sie sich noch mehr zur Seite, und zwar so weit, dass der Mast parallel zur Wasseroberfläche lag. Als auch der Rumpf ins Wellental gekracht war, brachte der ungeheure Druck die *Sword* zum Kentern.

Kurz bevor Dags untertauchte, warf er einen Blick zurück zum Steuer, aber er sah nichts als strudelndes Wasser. Seine Rettungsleine, die mit dem einen Ende am Deck und mit dem anderen an dem um seine Brust gelegten Sicherheitsgurt befestigt war, verband ihn mit der *Sword*. Sie bewahrte ihn davor, fortgespült zu werden, doch dann zog sie ihn unter Wasser. Während er die Luft anhielt und versuchte, die aufsteigende Panik zu unterdrücken, kam ihm ein grausiger Gedanke: *Wenn ich die Rettungsleine nicht losmache, bleibe ich daran hängen, bis ich ertrinke.* Er tastete nach dem Verschluss am Ende der Sicherheitsleine, die an seinem Gurt eingehakt war. Er brauchte den Verschluss nicht zu sehen; er hatte ihn schon Hunderte Male geöffnet und geschlossen. Aber sosehr er auch daran zerrte und zog, er bekam ihn nicht auf, weil so viel Druck auf der Sicherheitsleine lag. Von einer weiteren Welle getroffen, begann sich der gekenterte Bootsrumpf plötzlich weiter zu drehen, und Dags wurde an der Sicherheitsleine mitgezogen. Als die *Sword* nach einer 360-Grad-Rolle wieder in die aufrechte Position zurückgekehrt war, trieb er auf dem Wasser, noch immer mit der Yacht verbunden. Sie schlingerte von einer Seite zur anderen, und das gab Dags, nun im Adrenalinrausch, die Gelegenheit, eine Relingsstütze zu packen und sich wieder an Bord zu ziehen. Als Erstes sah er, dass der Mast gebrochen war. Das Rigg – ein einziges verheddertes Durcheinander aus Metall, Schoten und Drähten – hatte sich wie Spaghetti um die Backbordseite des Boots geschlungen. Die obere Hälfte des Aluminiumsteuerrads war glatt abrasiert worden.

Aber da fehlte noch etwas.

Wo war Glyn?

Zunächst vermutete Dags, er sei noch im Wasser, mit der Yacht verbunden, aber unfähig, sich an Deck zu hieven. Doch dann entdeckte er Glyns orangefarbene Sicherheitsleine. Das eine Ende war noch am Deck befestigt, aber am anderen war nur noch ausgefranstes Nylon. Als Dags aufblickte, sah er zehn Meter entfernt eine kleine Gestalt im Wasser. Es lief ihm eiskalt den Rücken herunter, aber dann schrie er aus Leibeskräften:

»Mann über Bord! Hilfe! Mann über Bord!« Unter Deck drückte Steve Kulmar am GPS den MANN-ÜBER-BORD-Knopf und markierte dadurch die Stelle, wo Glyn über Bord gefallen war.

Dags ließ Glyn nicht aus den Augen, seine Gedanken rasten. *Kann er zu uns schwimmen? Soll ich hinter ihm herschwimmen? Oder soll ich mir zuerst eine Leine umbinden? Können wir mit dem Boot zu ihm gelangen? Wird der Motor anspringen?*

Es war nicht nur der Mast gebrochen, auch das Rigg befand sich unter dem Boot, sodass selbst das Starten des Motors, wenn er denn überhaupt funktionierte, kaum etwas bewirkt hätte; die Schoten, die im Wasser lagen, würden sich um den Propeller wickeln und die Maschine zum Stoppen bringen. Und angesichts dessen, was mit dem Steuerrad passiert war, wäre es unmöglich gewesen zu steuern. Dags versuchte, Glyn einen Rettungsring zuzuwerfen, doch der blieb fast im Wind stehen. Obwohl die *Sword* weder Mast noch Segel hatte, wurde sie von Glyn weggedrückt, der, lediglich mit dem Kopf dem Wind ausgesetzt, sich fast nicht von der Stelle bewegte, abgesehen davon, dass er mit den Wellen auf und ab schaukelte. Er trug keine Rettungsweste. Wie alle anderen auf der *Sword* hatte er sich auf seine Sicherheitsleine verlassen.

»Schwimm, Glyn!«, schrie Dags. »Komm schon. Schwimm!«

Glyns Augen waren weit aufgerissen, und Dags glaubte, sie seien auf ihn gerichtet. Vermutlich hatte Glyn ihn rufen gehört, denn er schwamm los. Aber er machte bloß sechs Züge, setzte dabei nur den linken Arm ein und hörte dann wieder auf. Sein Gesicht war zu einer Grimasse erstarrt, vielleicht weil er Schmerzen hatte oder weil er in seiner Not nicht begriff, warum Dags nicht losschwamm, um ihn zu retten. Auch Dags konnte nicht fassen, was er da sah. Wie alle Segler hatte er gelernt, nicht hinter einem Über-Bord-Gegangenen herzuschwimmen, erst recht nicht, ohne mit einer Leine an der Yacht festgebunden zu sein: Die Chancen, dass ein Retter sein Ziel schwimmend erreicht und die Person sicher zurückbringt, sind einfach zu gering. Aber während er sich auf dem schwankenden Deck auf den Füßen zu halten versuchte und dabei Glyn nicht aus den Augen ließ, glaubte er, keine andere Wahl zu haben, als ins Wasser zu springen. Brownie kam als Erster von unten an Deck geklettert.

»Glyn ist baden gegangen«, schrie Dags. »Ich muss ihn rausholen. Gib mir eine lange Schot. Ich gehe rein.«

Glyn war zwar schon über 15 Meter entfernt, aber Brownie konnte ihn noch gut erkennen. Eine kleine Gestalt, vollkommen hilflos.

Brownie fand die langen Spinnakerschoten und band sie aneinander. Ein Ende befestigte er an Dags, das andere am Deck. Die Leinen waren über 25 Meter lang, aber ihm kamen schon jetzt Zweifel. Wenn Dags zu Glyn schwömme, würden sie vielleicht nicht lang genug sein, um den sich rapide vergrößernden Abstand zwischen Glyn und der Sword zu überbrücken. Und selbst *wenn* sie lang genug wären, würden sie wegen ihres Gewichts mit Sicherheit verhindern, dass Dags sich selbst und Glyn über Wasser halten konnte. Vom Wasser aus würde Dags sogar Mühe haben, Glyn zwischen den hohen Wellen zu sehen. Aber Dags wollte losschwimmen. Sofort. Er hatte bereits versucht, seine Schwerwetterkleidung auszuziehen, es aber wieder aufgegeben, weil das zu lange dauerte. Brownie wusste, dass es Dags wegen der Kleidung noch schwerer fallen würde, Glyn zu erreichen.

»Du schaffst es nicht mehr bis zu ihm. Es ist zu spät.«

»Nein! Ich muss da rein. Ich muss einfach.«

Dags atmete schwer, er hyperventilierte beinahe, und Tränen rollten über seine Wangen. Auch auf Brownie lastete das Geschehen, aber weil ihm klar war, dass zwei Menschenleben in seiner Hand lagen, versuchte er, so rational wie möglich zu handeln. Seiner Meinung nach war ein Leben bereits so gut wie verloren, und wenn Dags jetzt noch ins Wasser sprang, war auch sein Schicksal besiegelt. Nachdem eine neue Welle die Entfernung zu Glyn um schätzungsweise weitere sieben Meter vergrößert hatte, stand sein Entschluss fest. Er packte die Brustgurte an Dags' Sicherheitsgeschirr und sah seinem Freund fest in die Augen.

»Du tust es nicht. Du kommst da nie hin. Es ist völlig ausgeschlossen, dass du ihn da rausholen kannst.«

Als ihm aufging, dass Brownie Recht hatte, ersparte sich Dags jede Widerrede. Er blieb einfach hinten im Cockpit stehen und starrte zu Glyn hinüber. Inzwischen waren mehrere Crewmitglieder an Deck gekommen und starrten ebenfalls hinüber.

»Wer ist es?«, fragte Nigel Russell.

»Glyn«, erwiderte Brownie. »Wir haben keine Möglichkeit, an ihn ranzukommen.«

Glyn hatte bereits Mühe, den Kopf über Wasser zu halten, und so kamen alle zu der gleichen unvorstellbaren Erkenntnis: Glyn würde sterben, und ihnen blieb nichts anderes übrig, als zuzuschauen. Andrew Parkes feuerte zwei Fallschirm-Leuchtraketen ab. Angesichts der niedrigen Wolken war es unwahrscheinlich, dass ein anderes Boot die Signale bemerkte, aber er hoffte, Glyn würde sie sehen.

Bei den meisten Crewmitgliedern der *Sword* löste das Ganze ein merkwürdiges Gefühl der Unwirklichkeit aus – allerdings nicht, weil irgendetwas Abstraktes daran war. Sie konnten Glyn noch immer sehen und wussten, wie leicht sie in seine Lage hätten kommen können. Besonders erschüttert war Steve Kulmar. Als er an Deck gekommen war, war sein erster Eindruck gewesen, dass Glyn seinen Blick erwiderte. Die anderen an Bord hatten Glyn erst am Vortag kennen gelernt, aber er selbst hatte schon früher mit ihm gesegelt und ihn mit Kooky bekannt gemacht. Glyn war sein Freund. Das Schuldgefühl des Überlebenden traf ihn wie ein Blitzschlag. *Wenn ich Glyn nicht gebeten hätte mitzukommen, wäre das alles nicht passiert.* Was er dachte, vertraute er jedoch niemandem an, ja, er brachte kein einziges Wort heraus, sondern verfiel in einen lähmenden Zustand des Entsetzens und der Ungläubigkeit.

Nur zehn Minuten nach der Rolle wurde es immer schwieriger, Glyn zu sehen. Sein Kopf tauchte in jeder Welle unter, und es schien immer länger zu dauern, bis er an die Oberfläche zurückkam.

»Ich kann ihn nicht mehr sehen«, rief Dags. »Wir verlieren ihn.«

20

Eine gewaltigere See hatte Richard Winning noch nicht gesehen. Es war ein paar Minuten nach 17 Uhr – fast zur selben Zeit, als die *Sword* kenterte –, als er auf eine sich kräuselnde Wassermasse schaute, die doppelt so hoch wie die vorangegangenen Wellen aussah. Er schätzte sie auf mindestens 25 Meter. Doch was ihm wirklich Sorgen bereitete, war ihre Gestalt. Alle Wellen, die auf die *Churchill* eingehämmert hatten, waren steil und massiv gewesen. Jetzt aber hielt er anscheinend direkt auf die Monumentalausgabe einer Brandungswelle zu, die im nächsten Moment brechen würde.

Aber wo sich verbergen?

Winning umklammerte das Steuerrad, allerdings nicht nur, um zu steuern, sondern auch, um auf den Beinen zu bleiben. Er drehte den Kopf zur Seite in den über 50 Knoten schnellen Wind und versuchte, trotz der durch die Luft fliegenden salzigen Tropfen noch etwas zu sehen. Seiner Überzeugung nach gab es für alles eine richtige Methode, man musste sich nur daran halten. Doch als er die Welle zur Hälfte erklommen hatte, erschien ihm die Steigung geradezu irrwitzig senkrecht, sodass ihm klar wurde, auch mit makelloser Steuermannskunst nichts dagegen ausrichten zu können. Die Welle brach, noch lange bevor die *Churchill* den Wellenkamm erreichte. Brodelnd ergoss sich die vorderste Kante des Weißwassers über das Boot. Die *Churchill* hörte auf, sich vorwärts zu bewegen, schlingerte nach achtern und wurde schließlich durch den Anprall des strudelnden Wassers so gedreht, dass sie parallel zur Welle lag. In der Gischt gefangen, wurde die Yacht auf die Seite geworfen, bis der Mast in der Waagerechten lag, während sie die Vorderseite der Welle hinunterglitt. Als das Weißwasser dann das Deck überflutete, legte sie sich noch weiter auf die Seite – jetzt waren es mehr als 90 Grad, sodass die Mastspitze ins Wasser tauchte.

Verzweifelt versuchte Winning, sich am Steuer festzuhalten, doch während sich die *Churchill* dem Wellental näherte, war ihm klar, dass er sich nicht mehr an Bord befand. Das auf ihn eintrommelnde Wasser kam aus allen Richtungen. Zunächst raubten ihm der Sturz und der Lärm die Sinne, doch dann spürte er das Zerren seiner Sicherheitsleine. Wenn sie riss, wäre er verloren. Aber selbst wenn sie hielt, konnte er ertrinken; er hielt das für das Wahrscheinlichste.

Sekunden später jedoch tat der schwere Kiel der *Churchill* genau, was er sollte. Während er die Yacht aufrichtete, wurde Winning aus dem Wasser emporgehoben, und als Nächstes fand er sich vom Achterstag hängend wieder, einem Drahtseil, das zwischen der Mastspitze und dem Heck des Boots verläuft. John Dean, der neben ihm an Deck gestanden hatte, befand sich in der gleichen Lage. Während sie im Wasser herumgeschleudert worden waren, hatten sich ihre Sicherheitsleinen verheddert und waren nun, wie sie feststellten, um das Achterstag gewickelt. Verblüfft erkannte Winning, dessen Füße einen Meter über Deck baumelten, dass der Mast nach wie vor stand – aber seine Yacht war im Sinken begriffen. Alles war derart chaotisch, dass ihm und Dean kaum Zeit blieb zu erkennen, dass sie sich – auch wenn sie nicht mehr im Wasser waren – in einer vielleicht noch gefährlicheren Lage als vorher befanden. An das Backstag gefesselt, glichen sie an den Brandpfahl gebundenen Ketzern auf dem Scheiterhaufen. Wenn das Boot kenterte, würden sie unter Wasser bleiben. Benommen schrie Winning um Hilfe.

»Steamer! Wir stecken hier in großen Schwierigkeiten!«

Das wusste Steamer schon. Er hatte in einer kleinen Kabine in Hecknähe in der Koje gelegen, als die *Churchill* mit der ungeheuren Welle kollidierte. Als er merkte, wie die Yacht zu stürzen begann, wollte er aufstehen. Sofort fiel er zu Boden, dann zerbarsten drei Bullaugen in der Kajütenwand, und schließlich drang das Wasser in einem wahren Schwall ins Boot. Der salzige Sturzbach drückte ihn zu Boden, unter den Tisch, auf dem normalerweise die Seekarten lagen.

Die übrigen Crewmitglieder hielten sich im Salon auf. Für sie endete der Sturz der *Churchill* von der Welle mit einem derart lauten Aufprall, dass es sich anhörte, als habe ihr Boot ein anderes Schiff gerammt. Sie schrien vor Schmerzen und Verwirrung, während sie sich von den unterschiedlichen Stellen, an die es sie geschleudert hatte, aufrappelten. Wie in einem Kaleidoskop tauchten Bilder vor ihnen auf. Die Bodenbretter, schwere, drei Meter lange Planken, waren aus ihrer Verschalung herausgerissen worden und gaben den Blick frei auf die Bilge, deren weinglasförmige Höhlung sich mit Wasser füllte. Auf dem Wasser trieben Packungen mit Frühstücksflocken, Äpfel und Kleidungsstücke neben einem Verbandskasten und einer Rettungsweste.

Gibbo hatte kurz zuvor noch Ausrüstungsteile verstaut, um der Unordnung Herr zu werden, die in den 28 Stunden seit dem Beginn der Regatta immer mehr zugenommen hatte. Jetzt wurde er von der einen Seite der Kajüte zur gegenüberliegenden geschleudert und prallte dort mit dem Kopf gegen einen vorstehenden Bolzen. Während er sich wieder aufrichtete, wurde ihm klar, dass die warme Flüssigkeit auf seiner Stirn Blut war. Seine Gedanken rasten: *Was ist jetzt zu tun?* Vermutlich war der Mast gebrochen, sodass sich das Boot nicht mehr segeln ließ. Deshalb war sein erster Gedanke, er müsse den großen Dieselmotor anstellen, der die Bilgepumpe antrieb. Er fuhr im Hafen von Sydney mit seiner eigenen Yacht regelmäßig Regatten, aber im Team der *Churchill* war er noch vergleichsweise neu und unerfahren. Er lief zur Schalttafel des Motors hinten in der Kajüte, zögerte dann aber und beschloss, erst etwas zu unternehmen, wenn Steamer und Winning, die wirklichen Entscheidungsträger, wieder alles unter Kontrolle hatten.

Steamer, der als Erster an Deck geklettert war, brauchte sechs Minuten, um Winning und Dean aus ihrer misslichen Lage zu befreien. Jetzt, wo die *Churchill* über keinen eigenen Vortrieb mehr verfügte, war sie den Wellen noch schutzloser preisgegeben, und wegen des heftigen Schlingerns war es nicht leicht, sich auf den Beinen zu halten, geschweige denn, die Sicherheitsleinen von der Takelage abzuwickeln. Als er mit der Arbeit fertig war, wusste er genau, was nun zu tun war.

»Wir müssen das Boot in Gang setzen«, rief er Winning zu. »Geh du ins Cockpit und lass den Motor an, damit wir die Bilgepumpe in Gang bringen können. Ich geh runter und dreh die Ventile auf.«

Die *Churchill* verfügte über drei Bilgepumpen, bei zweien handelte es sich jedoch um handbetriebene Geräte, die nicht besonders gut funktionierten. Wichtig war die vom Motor angetriebene Bilgepumpe. Während Winning sich zur Schalttafel vorarbeitete, drehte Steamer unter Deck die beiden Ventile auf, um die Pumpen zu aktivieren. Doch als Winning den Zündschlüssel drehte, stotterte die Maschine nur ein paar Sekunden lang und gab den Geist auf. Es war zu spät. Die Hauptbatterien auf der Backbordseite lagen teilweise unter Wasser und lieferten keine ausreichende Energie mehr.

Gibbo war wütend auf sich. Hätte er den Motor Minuten zuvor gestartet, wäre er bestimmt weitergelaufen – und er hätte die Bilgepumpe auch dann angetrieben, wenn das Elektrosystem unter Wasser stand.

Ein Teil des Wassers drang durch die zerborstenen Bullaugen, aber Steamer glaubte, es müsse noch ein viel größeres Leck geben. Hektisch öffnete er Wandschränke und riss den Inhalt heraus, weil er feststellen wollte, wo am Rumpf sich womöglich eine Planke gelöst hatte. Er konnte nichts finden, doch irgendwo unterhalb der Wasserlinie musste eine Katastrophe passiert sein. *Vielleicht hat der Mastfuß ein Loch in den Boden geschlagen. Oder ist die Außenhaut nahe dem Kiel geborsten?* Der Wasserpegel stieg jedenfalls weiter, und das Boot würde sinken, vielleicht sogar sehr schnell. Er schnappte sich mehrere Rettungswesten und nahm sie mit an Deck, wo sich die meisten Crewmitglieder im Cockpit versammelt hatten.

»Wie schlimm ist es?«, fragte Winning.

»Sie wird sinken«, antwortete Steamer. In einem ganz normalen, nüchternen Ton, der gar nicht zu den Umständen passen wollte, fügte er hinzu: »Wir müssen die Rettungsinseln an Deck holen.«

Bruce Gould versuchte noch, das angeschlagene Schiff zu steuern, aber die Wellen machten seine Mühen zunichte. Manche warfen die *Churchill* derart im Kreis herum, dass er lediglich surfen konnte, statt in die Seen hineinzusteuern. Das war zwar nicht die beste Vorgehensweise, doch die *Churchill* hatte so viel Wasser übernommen, dass ihm nichts anderes übrig blieb.

Nachdem Steamer zu Winning gesagt hatte, er solle einen Notruf absetzen, fügte Gould hinzu: »Sende nicht bloß ein verdammtes SOS. Die müssen kapieren, dass unsere Lage verdammt ernst ist!«

Schäumende Wellen stürzten auf das Cockpit. Als eine See über das Heck hereinbrach und ein riesiger Wasserschwall den Niedergang hinunterspülte, brüllte Gould: »Noch so eine, und wir sind geliefert!«

Er bedauerte seine Worte sofort. Angst ist eine ansteckende Krankheit, die sich rasch zu einer lähmenden Panik auswachsen kann. Daher sagte er nichts mehr, während er seine Sorgen Revue passieren ließ. Wenn sie die beiden Rettungsinseln, die es auf der *Churchill* gab, zu Wasser ließen, würden sie sich aufblasen? Ob die Druckluftbehälter funktionierten, konnte niemand wissen. Und wie sollte man die Inseln inmitten der mächtigen Wellen zu Wasser lassen? Konnten überhaupt alle Mann vom großen Boot in die Rettungsinseln umsteigen, ohne fortgeschwemmt oder gegen den Rumpf der *Churchill* geschleudert zu werden?

Gibbo, der unter Deck war, konnte nur eines tun: warten. Die *Churchill* hatte so viel Wasser übernommen, dass die Bilge fast voll war. Überzeugt davon, dass sie jetzt nicht zu sinken drohten, wenn er nur seiner ersten Intuition gefolgt wäre und den Motor angestellt hätte, wollte er unbedingt vermeiden, weitere Fehler zu machen. Als ob er sich auf eine Reise vorbereitete, überlegte er, welche Dinge in einer Rettungsinsel von Nutzen sein würden: seine Sicherheitsleine und ein Messer. Da er seinen Sicherheitsgurt schon angelegt hatte, befestigte er beide Enden der Leine am Gurt.

Lumpy war nicht klar, was er tun sollte. Nach einer durchwachten Nacht hatte er in einer der Steuerbordkojen in tiefem Schlaf gelegen, als das Boot kenterte und er durch die Kajüte geschleudert wurde. Als er sich aufrappelte, fiel sein Blick auf ein Buch, das er sich von seiner Schwägerin ausgeliehen hatte, *Tommo and Hawk*, es schwamm neben einem Turnschuh im Wasser. Was würde seine Schwägerin dazu sagen? Er legte den aufgequollenen Band auf eine Koje und schlug ihn auf in der Hoffnung, dass die Seiten schneller trockneten. Dann sah er sich nach seiner Schwerwetterkleidung um, die er nahe dem Bug fand. Als er schließlich durch den schmalen Durchgang krabbelte, der den Salon mit der kleinen Kammer verband, in der Steamer sich aufgehalten hatte und die die Navigationsausrüstung und die Funkgeräte beherbergte, war Winning bereits dort und hantierte mit dem Funkgerät.

Die meisten elektrischen Geräte funktionierten nicht mehr. Eines der kleinen Handfunkgeräte trieb im Wasser, das den Kajütboden bedeckte. Schubfächer waren geöffnet und leer. Die Seekarten und das Logbuch waren verschwunden. Das GPS war zwar über dem Schreibtisch angebracht, hoch über dem Wasser, gab jedoch kein Lebenszeichen mehr von sich. Aber so schlimm die Dinge auch standen – erst als Winning sagte, er werde einen Notruf absetzen, und fragte: »Wo zum Teufel sind wir?«, erschrak Lumpy.

»Ich habe keine Ahnung, ich habe geschlafen – und das GPS ist tot.«

»Verdammt nutzloses Gerät. Wo ist das Hand-GPS?«

Lumpy kroch auf allen vieren in den Salon zurück und fand das tragbare GPS auf einem Regal. Er stellte es an, versuchte dabei, es vor dem Regen, der durchs Luk hereinprasselte, zu schützen, und wartete darauf, dass es Satellitensignale empfing und den Schiffsstandort errechnete. Das Ding schaffte es nicht einmal, einen einzigen Satelliten reinzubekommen.

Als Lumpy ihm mitteilte, dass das GPS nicht funktionierte, entschloss sich Winning, die geschätzten Koordinaten nicht zu übermitteln, weil das Rettungsflugzeug dann die Suche auf ein zu eng umgrenztes Gebiet beschränken würde. »Ich schätze, wir liegen zwanzig Meilen südöstlich von Twofold Bay«, sagte er zu Lumpy.

Dabei war er noch längst nicht überzeugt, dass die *Churchill* sinken würde. »Als Percy Coverdale das Boot baute«, sagte er zu Lumpy, »hat er jede Menge Beton in den Kiel gesteckt. Und der Mann, dem sie vor mir gehörte, hat den Beton durch Blei ersetzt.« Wenn man von der Hypothese ausging, dass Blei weniger Raum einnimmt als Beton und das überschüssige Raumvolumen versiegelt und mit Luft oder irgendeinem schwimmfähigen Material gefüllt war, würde sich die Yacht seiner Ansicht nach selbst dann an der Oberfläche halten, wenn sie voll gelaufen war. Trotzdem machte er sich natürlich Sorgen. Weil der Himmel bedeckt war und nur noch ein paar Stunden Tageslicht verblieben, würde es der Rettungsmannschaft ohne eine exakte Position schwer fallen, eine im Sinken begriffene Yacht – oder gar Rettungsinseln – zu entdecken. Und er war sich nicht einmal sicher, ob er überhaupt eine Meldung rausschicken konnte. Das Hochfrequenzfunkgerät steckte in dem Kanal fest, den man zum Empfang von Wetterfaxen benutzte. Mit dem UKW-Gerät, das eine viel geringere Reichweite hatte, begann er seine Durchsage:

»Mayday, Mayday. Hier ist die Yacht *Winston Churchill* ...«

Ein paar Seemeilen entfernt flog Gary Ticehurst den Hubschrauber der Australian Broadcasting Corporation über eine weitere Yacht in Seenot, die *Stand Aside*, und wartete darauf, die Rettung ihrer Crew durch einen zweiten Helikopter zu filmen. Nicht weit von der Stelle, wo ein Segler in einer Rettungsinsel saß, die mit einer Yacht vertäut war, wurde Peter Davidson – scherzhaft »Teebeutel« genannt – gerade in einer Schlinge vom Rettungshubschrauber ins Wasser hinuntergelassen, als schon eine zwölf Meter hohe Welle gegen ihn knallte. Als er an die Wasseroberfläche zurückkehrte, war er zehn Meter von seinem Ziel entfernt. Er kämpfte sich zu der Rettungsinsel zurück und zog sich darauf, doch sie kippte prompt um und flog, von einem starken, böigen Wind getrieben, davon, während er und der Segler wild mit den Armen fuchtelnd in den Wellen zurückblieben.

Ticehurst hatte schon 16 Hobart-Regatten als Reporter begleitet, aber so etwas hatte er noch nicht gesehen. Zu seinem Kameramann gewandt, sagte er: »Mit dem Material kann man Preise gewinnen! Das ist dir doch klar, oder? Schade, dass wir nicht hier bleiben können. Wir müssen tanken!«

Unter ihnen hatte es Davidson endlich geschafft, dem Segler die Rettungsschlinge über den Kopf zu streifen, und signalisierte das mit erhobenem Daumen. Die beiden Männer waren sowohl an dem Stahlseil als auch aneinander befestigt, aber kaum wurden sie aus dem Wasser hochgezogen, gab es neue Probleme. Da der Hubschrauber zu weit im Luv schwebte, wurden sie seitwärts geschleudert, wie aus einer Zirkuskanone geschossen, mitten in eine heranrollende Welle hinein. Als sie schließlich in den Rettungshubschrauber gezogen wurden, blickte Ticehurst auf die Benzinuhr und rechnete aus, ob er noch etwas länger bleiben konnte. Obwohl der Sprit bedrohlich zur Neige ging, wollte er unbedingt noch eine weitere Rettungsaktion durchführen und beschloss daher, noch ein paar Minuten zu bleiben.

Davidson startete den zweiten Rettungsversuch, landete dabei auf der Spitze einer Welle und hüpfte wie ein flacher Kiesel übers Wasser. Dann flog er fast direkt über die Rettungsinsel hinweg und tauchte beinahe zehn Meter entfernt ins Wasser. In diesem Augenblick – um 17.21 Uhr, weniger als eine Stunde nachdem die *Churchill* über die Welle abgestürzt war – hörte Ticehurst plötzlich über Funk eine Stimme. Sie war deutlich zu verstehen, wenn auch gedämpft: »Mayday. Mayday. Mayday. Hier ist die *Winston Churchill*.«

Das war Richard Winning, er sprach langsam, ernst und besonnen. Ticehurst rief seinem Kameramann zu: »Nimm das auf! Nimm das auf!« Überzeugt, dass das in die Kamera eingebaute Tonband bereits lief, antwortete Ticehurst:

»*Winston Churchill*. *Winston Churchill*. Hier ist der ABC-Hubschrauber. Geben Sie Ihre Position durch. Over.«

Ticehurst hörte Schreie im Hintergrund, konnte aber nichts verstehen, bis Winning den Standort mit den Worten »zwanzig Meilen südöstlich von Twofold Bay« durchgab. Ticehurst wiederholte die Position und bat Winning zu bestätigen, dass es sich um einen echten Seenotfall handelte.

»Ja. Wir holen die Rettungsinseln an Deck. Das Boot ist leckgeschlagen. Wir nehmen schnell Wasser über.«

Ticehurst übermittelte die Informationen an den Australischen Seenot-Such-und-Rettungsdienst. Als er einige Minuten später versuchte, Winning zu erreichen, bekam er keine Antwort. Von der Stärke des Funksignals der *Churchill* schloss er darauf, dass er wenige Meilen von der Yacht entfernt gewesen war. Doch nach einem Blick auf die Benzinuhr stand fest, dass er zur Küste zurückfliegen musste. Irgendjemand würde die *Churchill* schon finden, aber er würde es nicht sein.

21

Auf der *Sword of Orion* saß Kooky in der Navigationsecke und funkte fieberhaft SOS. Er wusste zwar, dass jemand über Bord gegangen war, doch um wen es sich handelte, hatte ihm niemand gesagt.

Als das Boot gekentert war, war er hingefallen. Die Treppe, auf der Brownie gestanden hatte, während er mit Dags sprach, hatte nachgegeben, und Brownie mitsamt der Treppe war auf ihn heruntergekracht. Nachdem das Boot wieder in die aufrechte Lage gerollt war, stand Brownie rasch auf. Er spürte einen stechenden Schmerz in der Schulter und wusste, dass er sich irgendetwas gebrochen hatte. Kooky jedoch rührte sich nicht. Er hatte dermaßen die Orientierung verloren, dass er glaubte, er sei unter Wasser. Regungslos lag er, teilweise von einem Sack mit nassen Segeln bedeckt, da und hielt die Luft an.

Als Carl Watson Kookys aufgeblasene Backen sah, vermutete er, er sei entweder bewusstlos oder tot. Er tippte ihm auf die Schulter: »Alles in Ordnung?«

Kooky merkte, dass er nicht unter Wasser war, und holte tief Luft: »Was ist passiert? Irgendetwas ist mit meinem Bein.«

»Sonst noch was verletzt?«

»Nein – nur das linke Bein. Es muss gebrochen sein.«

Watson half ihm in seine Navigationsecke zurück, wo Kooky feststellen musste, dass sein gelber Computer kaputt war. Aus einer der Öffnungen drang Rauch. Er griff unter den Schreibtisch, zog das EPIRB (Emergency Position Indicating Radio Beacon) – eine Funkboje, die ein Notsignal und die ungefähre Position aussenden kann – aus seiner Halterung, schaltete es ein und bat Watson, es an Deck festzumachen. Außerdem verzeichnete er die Koordinaten der *Sword*. Wenn es ihm gelänge, schnell mit einem Hubschrauber Kontakt aufzunehmen, konnte der womöglich den Vermissten aus dem

Meer fischen. Aber als er dies versuchte, sprühten nur knisternde Funken aus dem Hochfrequenz-Funkgerät für die Kommunikation über weite Entfernungen, dann blieb es stumm. Das UKW-Funkgerät, das in der Regel eine Reichweite von 15 bis 25 Meilen besaß, schien zu funktionieren, doch weil die am Mast befestigte Antenne weg war, würde das Signal recht schwach sein. Aber mehr hatte er nicht zur Verfügung, daher stellte er das UKW-Funkgerät auf Kanal 16 ein, die international festgelegte Frequenz für Seenotfälle.

»Mayday. Mayday. Mayday. Hier ist die *Sword of Orion*. Mann über Bord.«

Nachdem er minutenlang fieberhaft, aber vergeblich seine Notrufe abgesetzt hatte, fragte Kooky: »Wen haben wir verloren?«

Watson, der, bis zu den Knien im Wasser, in der Kajüte stand, antwortete: »Glyn. Es ist unmöglich, ihn da rauszuholen.«

Gott sei Dank, es ist nicht Dags, dachte Kooky. Es war entsetzlich, dass sie ein Crewmitglied verloren hatten, doch er stand Dags nicht nur sehr viel näher, sondern er brauchte ihn auch, damit sich die *Sword* über Wasser hielt.

In der Kajüte schwappte eine Mischung aus Wasser und Dieselkraftstoff hin und her. Der Motor, der sich direkt hinter den Stufen befand, würde nicht anspringen, das hatte Watson schon festgestellt. Er war von den Stützblöcken heruntergefallen, und die Benzinleitung war beim Herabfallen der Treppe durchtrennt worden.

Watsons Einschätzung nach war die *Sword* im Sinken begriffen. Er wollte, schneller als die anderen, dass man sich statt auf Glyn auf die Yacht konzentrierte. »Vergesst Glyn«, schrie er durch das Luk ins Cockpit. »Wir müssen uns um uns selbst kümmern.«

Als Dags in die Kajüte hinunterstieg und sah, wie viel Wasser da unten war, stand auch für ihn fest, dass die *Sword* sinken würde. Zum Diskutieren blieb keine Zeit. Rasch suchte er eine Notfallantenne für das Funkgerät und befestigte sie an Deck, damit die

Chancen stiegen, dass Kookys Notrufe gehört wurden. Anschließend entfernte er schnell ein paar Bodenbretter und öffnete Schränke, um mehr vom Rumpf sehen zu können. Zwar konnte er kein Leck erkennen, aber der Mastfuß hatte sich aus den Halterungen gelöst, die ihn eigentlich in der Bilge halten sollten. Und als er sah, wie sich der Fuß der Aluminiumspiere hin und her bewegte, wurde ihm klar, dass er durchaus noch ein Leck in den Rumpf schlagen konnte, wodurch die *Sword* dann binnen Minuten sinken würde. Auch die schartigen Metallbänder der Mastspitze waren extrem gefährlich. Sie baumelten außenbords herunter, schrammten über den Rumpf und drohten ein Loch hineinzubohren. Mit einer Drahtschere und einer Metallsäge kehrte er an Deck zurück und durchtrennte alle Wanten und Drähte, die den Mast mit der Yacht verbanden, damit man ihn samt Takelage über Bord werfen konnte.

Kulmar tat überhaupt nichts. Er saß vorn im Cockpit, in eine Art Trance versunken. Weil er überzeugt war, dass die *Sword* nochmals durchkentern würde, wollte er nicht nach unten gehen. Er blieb einfach nahe dem Luk sitzen und starrte in die Ferne.

Die Crew wusste, dass Kulmar nicht er selbst war, doch war den anderen nicht klar, wie weit er weggetreten war. Nur halb bei Bewusstsein, kämpfte er gegen eine außergewöhnliche Orientierungslosigkeit an. Irgendwann hatte er das Gefühl, sich über dem Boot zu befinden, wo er zwar alles sehen konnte, was passierte, in dem Geschehen jedoch keine Rolle spielte. Als Nigel Russell, der Dags beim Losschneiden der Takelage half, ihn aufforderte, einen Schraubenzieher zu suchen, reagierte er nicht. »Wenn du uns nicht helfen willst«, blaffte Watson ihn an, als er nach unten ging, um das Werkzeug zu holen, »dann steh wenigstens nicht im Weg!« Wieder schwieg Kulmar.

Auf dem Deck durchtrennten Russell und Dags methodisch das »stehende Gut«. Die Metallsäge war das einzige Gerät, mit dem man die Metalldrähte des Riggs durchtrennen konnte. Da die Säge aber oft abrutschte, dauerte die ganze Prozedur eine halbe Stunde. Russell hatte einmal auf einem anderen Boot einen gebrochenen Mast über die Bordwand geworfen und erinnerte sich, wie stark es geschlingert hatte, als das Gewicht abgeladen wurde. Daher schrie er, während er zusammen mit Dags den Mast von Bord stieß: »Festhalten, das Rigg geht über Bord!« Und dann hielten sie sich selber fest.

22

Nachdem die *Winston Churchill* über die Welle gestürzt war, erwachte Beaver, der auf dem Boden im Salon geschlafen hatte; sein Kopf lag auf dem Herd, zwischen zwei Platten.

»Was ist passiert?«, schrie er.

»Keine Sorge«, antwortete Michael Bannister. »Was auch geschieht – wir überstehen das schon.«

Als Beaver sah, wie viel Wasser im Boot war, glaubte er Bannister kein Wort. Und als er Winning den Notruf absetzen hörte, begriff er den Ernst der Lage vollends. Weil er erst vor kurzem eine Prüfung zur Führung von Handelsschiffen bestanden hatte, war ihm klar, was ein SOS-Ruf bedeutete – unmittelbar drohende Gefahr.

Er ging nach oben, setzte sich ins Cockpit und hielt sich, so fest er konnte, an einer Relingsstütze fest. Sein Blick und seine Gedanken konzentrierten sich auf den Gegensatz zwischen der Höhe der Wellen und der Größe des Bootes, bis er etwas noch Beängstigenderes sah. Die *Churchill* hatte Holzspanten, die vom Boden des Rumpfes bis knapp 50 Zentimeter oberhalb des Decks verliefen. Sie lagen etwa 40 Zentimeter auseinander. An jenem Abschnitt der Spanten, der über das Deck hinausreichte, waren horizontale Planken befestigt. Dadurch entstand ein Absatz, der ums ganze Deck herumführte. Beaver sah, dass auf der Backbordseite nahe dem Heck ein etwa zweieinhalb Meter langer Abschnitt fehlte. Aber nicht nur war die Verplankung verschwunden, auch die schweren Spanten waren einfach abrasiert worden. Wenn die Rolle so heftig gewesen war, dass sie die Spanten abbrechen konnte, dann waren womöglich auch Planken unterhalb der Wasserlinie gebrochen. Und das bedeutete, dass das Boot kurz davor war abzusaufen.

Unter Deck mühten sich Gibbo und Steamer, die beiden Rettungsinseln aus einem Regal unter der Ducht herauszuziehen, ohne

Die Maxi-Yacht *Sayonara* von Larry Ellison an der Spitze der Flotte im Hafen von Sydney nach dem Start.

Die *Winston Churchill* verlässt Sydney Harbour.

Die Crewmitglieder der *Sayonara* sitzen auf der Kante, während der Wind auffrischt.

Die *Sayonara* und die *Brindabella* kämpfen um die Führung am ersten Tag der Regatta.

Ein Satellitenfoto der Wolkenformation des Wirbelsturms, aufgenommen am 27.12.98. Die südöstliche Küstenlinie Australiens und darunter der Umriss Tasmaniens sind durch die Wolkendecke sichtbar.

Eine der Yachten hinter einer riesigen Welle, welche das Boot fast zu verschlucken scheint.

Die Yacht *Helsal* 11 bei schwerer See in der Bass Strait.

Die Yacht *Business Post Naiad* treibt hilflos in stürmischer See, 45 nautische Meilen vor der Küste bei Merimbula.

Die Crew der *Stand Aside*, die entmastet worden war, nachdem eine hohe Welle die Yacht zum Kentern gebracht hatte, wartet auf ihre Bergung.

Die Crew der *Brindabella* versucht die beschädigten Segel zu reparieren, während sie sich die tasmanische Ostküste entlangkämpft.

Die Crew der *Brindabella* auf der Kante sitzend auf Höhe der Storm Bay.

Ein ölverschmierter Segler der *Business Post Naiad*, der mit dem Helikopter aus der angeschlagenen Yacht gerettet wurde, trifft am Flughafen von Merimbula ein.

den Halt zu verlieren, während die Yacht stampfte und schlingerte. Nachdem sie die Inseln an Deck getragen und vertäut hatten, fand Steamer, dass das Boot noch immer viel zu schnell segelte, um sie zum Einsatz bringen zu können.

»Die Sturmfock muss runter«, schrie er.

»Ich erledige das«, sagte Bannister. Nachdem er das Fall losgemacht hatte, das die Fock oben hielt, bahnte er sich vorsichtig einen Weg zum Bug und barg das letzte Segel.

Gibbo, der ein, zwei Meter vom Steuer entfernt im Cockpit saß, begriff nicht, warum Winning und Steamer so lange für etwas brauchten, was ihm unvermeidlich erschien – das Schiff aufzugeben. Aber Gould kannte die Gründe. Viele der wichtigsten Prinzipien das Yachtsports erwachsen aus Erfahrungen, und eine der größten Lehren der katastrophalen Fastnet-Regatta von 1979 bestand darin, dass die Segler so lange auf ihren Booten bleiben müssen, bis sie keine andere Wahl mehr haben. Von den Männern, die 1979 ertrunken waren, hatten sich mehrere in Rettungsinseln befunden, die von Yachten zu Wasser gelassen worden waren, die sich letztlich doch über Wasser hielten. Wären sie einfach auf ihren Booten geblieben und hätten auf die Rettungsmannschaften gewartet, hätten sie vermutlich überlebt.

»Wir verlassen das Boot erst, wenn wir niedriger als die Scheißrettungsinsel liegen«, erklärte Gould. »Vielleicht sinkt es ja nicht. Das Boot finden sie immer, eine Rettungsinsel manchmal nicht.«

Um 17.45 Uhr, weniger als eine Dreiviertelstunde nachdem die Riesenwelle sie erwischt hatte, musste man niemandem mehr erklären, dass es Zeit war, in die Rettungsinseln zu gehen. Teile des Decks standen unter Wasser. Weil er die Yacht auf keine Weise mehr lenken konnte, ließ Gould das Steuer endgültig los. Winning hatte schon mehrere Leuchtsignale in der Hand.

»Wollen wir abstimmen, wer in welche Rettungsinsel geht und wer sie führen soll?«, fragte Jim Lawler Steamer.

»Mach dir darüber keine Gedanken«, sagte Steamer. »Schieben wir einfach unsere Ärsche in eine, egal, welche.«

Allerdings hatte sich Steamer bereits für einen seiner Mitsegler entschieden. Noch mehr als für die anderen, älteren Männer, die er eingeladen hatte, sich der Crew anzuschließen, fühlte er sich für Beaver verantwortlich. Allein schon der Gedanke, dass der junge Mann nicht nach Hause zurückkehren könnte, war für ihn schrecklicher als alles andere. Ganz gleich, wer sich ihm sonst anschloss, Beaver würde auf jeden Fall auf seiner Insel sein.

Lumpy, der neben der kleineren der beiden Rettungsinseln hockte, wollte nicht länger warten. »Das war's dann – die Insel geht jetzt runter«, schrie er gegen den Wind. Als er die Rettungsinsel ins Wasser stieß, war sie noch nicht aufgeblasen, doch die Spannung auf der Leine, die sie mit der Yacht verband, aktivierte einen Pressluftbehälter, und binnen weniger Sekunden nahm die Rettungsinsel Gestalt an. Ihre Unterseite bestand aus zwei fast rechteckigen schwarzen Schläuchen von etwa 30 Zentimeter im Quadrat, die gebündelt aufeinander lagen. Das orangefarbene Schutzdach, das sich über die Oberseite erstreckte und wie ein Zelt aussah, hatte an einer Seite eine etwa 60 Zentimeter breite und 90 Zentimeter hohe Einstiegsöffnung. Ihr tiefster Punkt befand sich 60 Zentimeter über der Wasseroberfläche, aber nachdem Lumpy die ein, zwei Meter zur Insel geschwommen war, hatte er kaum Mühe, sich hineinzuziehen. Drinnen stellte er jedoch erschrocken fest, wie klein die Insel war. Als wäre sie für zwei Personen bestimmt statt für vier. Außerdem fiel ihm auf, wie kümmerlich ihre Ausstattung war. Er selbst hatte weder daran gedacht, seine Brieftasche noch seinen Fotoapparat mitzunehmen, dafür aber das blau-weiß gestreifte *Winston-Churchill*-Hemd, das er und die anderen Crewmitglieder beim Regattastart getragen hatten. Er hatte das schöne Hemd wieder in der Plastikhülle verpackt, damit es am Ende des Rennens noch relativ frisch war. Er wollte es immer noch behalten.

Lumpy verstaute das EPIRB, das Winning bereits eingeschaltet hatte, an der Bordwand der Rettungsinsel. Zwar bot das Gerät eine gewisse Sicherheit, aber was Gould gesagt hatte – »Das Boot finden sie immer, eine Rettungsinsel manchmal nicht« –, ging ihm nicht mehr aus dem Sinn: Das Einzige, woran er sonst noch denken konnte, waren seine Frau und seine zwei Töchter.

Unmittelbar nachdem Lumpys Füße in der Insel verschwunden waren, erklärte Beaver mit klopfendem Herzen: »Ich verschwinde von hier – ich springe.« Er vollführte einen Hechtsprung und landete mit den Armen auf dem Rand der Rettungsinsel, während sein Kopf schon in den Einstieg ragte. Lumpy zog ihn herein.

Nachdem Gould gewartet hatte, bis eine weitere Welle vorbeigezogen war, machte er einen Kopfsprung auf dieselbe Rettungsinsel zu. Mittlerweile neigte sich die *Churchill* so weit nach achtern, dass das Heck ein, zwei Meter unter Wasser lag und der Bug knapp einen Meter aus dem Wasser sah. Als Letzte der Crew gingen Steamer und Winning von Bord. Obwohl ihnen das Wasser bis zu den Knien reichte, waren beide Männer merkwürdig ruhig.

»Sie war ein prima Boot«, sagte Winning als Letztes, bevor er sprang und zur Rettungsinsel schwamm, in der schon Lumpy, Gould und Beaver waren. »Sie wird mir fehlen.«

»Mir auch«, erwiderte Steamer, kurz bevor Winning ins Wasser sprang.

Beaver half Winning beim Einsteigen in die Rettungsinsel. Als er über seine Schulter nach draußen blickte, sah er gerade noch, wie die Mastspitze der Yacht ins Wasser glitt. Dann war die *Winston Churchill* untergegangen, versunken in mindestens einer Meile tiefem Wasser.

Steamer schwamm zu der Insel, in die er Beaver hatte einsteigen sehen, aber Lumpy wies ihn ab. »Hier geht es nicht. Das ist eine Vier-Personen-Rettungsinsel. Wenn du hier reingehst, überlebt keiner von uns.«

Gibbo schwamm direkt auf die größere Insel zu. Michael Bannister, Jim Lawler und John Dean waren bereits drinnen. Bevor er dort ankam, spürte er die Leine, mit der die Insel mit der Yacht verbunden war, und zog sich daran zur Insel hinüber. Als er nur noch ein, zwei Meter entfernt war, straffte sich das Tau. Mit Schaudern dachte er: *Die* Churchill *sinkt und zieht die Rettungsinsel mit nach unten.* Sekunden später riss die Leine. Ein Knall wie von einem explodierenden Autoreifen. Gibbo griff nach dem Segeltuch, das den Einstieg umgab, und versuchte sich hineinzuziehen. Er schaffte es aber nicht – die Öffnung lag zu hoch über dem Wasser. Natürlich wusste er, dass die Crewmitglieder, die bereits drinnen waren, ihn schon hereinziehen würden – und das taten sie auch –, aber trotzdem war es ihm maßlos peinlich, dass man ihm helfen musste.

Sowie alle in den beiden Rettungsinseln waren, die nur ein, zwei Meter auseinander lagen, wollte Winning sie miteinander verknoten. »Es gibt nur ein EPIRB, und das haben wir.« Mit Hilfe eines kleinen Stechpaddels bewegte er seine Insel auf die andere zu, beugte sich aus der Öffnung und befestigte zwischen ihnen eine Leine. Zwar würde das Tau vermutlich nicht halten, aber sicher würde es für die Retter extrem schwierig sein, eine Insel zu finden, in der es keine Seefunkbake gab. Beaver schwieg dazu, hielt es aber für eine schlechte Idee, die Rettungsinseln miteinander zu vertäuen, da die Leine unter Spannung durchaus in eine oder beide ein Loch reißen konnte. Doch als dann – schon nach wenigen Minuten – das Tau riss, verursachte das keinen Schaden. Allerdings bedeutete es, dass die kleinen Inseln nun jede für sich allein auf der Berg-und-Tal-Bahn der Wellen auf dem Meer treiben würden.

23

Gary Ticehurst war nicht der Einzige, der Richard Winnings Notruf gehört hatte. Auch Korvettenkapitän Neil Galletly, der Kapitän der *Young Endeavour*, des Funkrelais-Schiffes, hatte mitgehört. Galletly, ein eulenartig aussehender Mann mit schütterem Haar, der stets mit militärischer Präzision sprach, schätzte seine Entfernung von der Position, die Winning gefunkt hatte, auf zehn Seemeilen südlich davon. Er glaubte, um 19.00 Uhr dort eintreffen zu können, wodurch ihm bis zum Einbruch der Dunkelheit noch etwa eine Stunde blieb.

Galletly verständigte sofort über Funk den Australischen Seenot-Such- und Rettungsdienst – allgemein bekannt unter dem Namen AusSAR –, der dafür verantwortlich ist, in einem riesigen Gebiet, das sich über sieben Zeitzonen erstreckt und ein Zehntel der Erdoberfläche bedeckt, Menschen, Schiffe und Flugzeuge aus Seenot zu retten. Die meisten der Rettungskoordinatoren in Uniform, die in einem großen Raum im dritten Stock eines unscheinbaren Gebäudes in Canberra ihren Dienst tun, haben vorher als Fluglotsen, Piloten oder Marineoffiziere gearbeitet. An ihren Computern haben sie Zugang zu Informationen über eine große Anzahl von Menschen und Material, darunter Militärflugzeuge und Schiffe sowie fast zehntausend Zivilpiloten. Während einer normalen Schicht sind zehn Beamte im Dienst, und die Atmosphäre ist gedämpft. Doch als die *Churchill* ihren Notruf übermittelte, befanden sich 24 Beamte im Raum und organisierten eine Seenot-Rettungsaktion, die zur größten und kompliziertesten in der Geschichte Australiens werden sollte. 25 Flugzeuge und Hubschrauber, sechs Schiffe und mehr als tausend Männer und Frauen nahmen daran teil. Als der AusSAR die Marine bat, die *Newcastle*, eine in Sydney liegende Fregatte, zu entsenden, reagierte diese so schnell, dass sie ihren Liegeplatz um 4.30 Uhr am Sonntag mit nur 80 Mann an Bord, einem

Drittel der regulären Besatzung, verließ. Zu dem Zeitpunkt waren bereits 38 Yachten aus dem Rennen ausgeschieden.

Als Gary Ticehurst mit dem AusSAR Kontakt aufnahm, um weiterzuleiten, was er von der *Churchill* gehört hatte, notierte sich Dick Jamieson, einer der Rettungskoordinatoren, jede Einzelheit. Außerdem bat er Ticehurst, ihm das Tonband mit seinem Gespräch mit Winning vorzuspielen. Nachdem er es auf jede nur mögliche darin enthaltene Information analysiert hatte, stempelte er seine Notizen mit einer Zeituhr. Anschließend übertrug er mit einem schwarzen Marker die sachdienlichsten Informationen auf eine große, an der Wand angebrachte weiße Tafel, damit sich alle Beamten über die Details informieren konnten. Allen, die auf den Eintrag blickten, fiel sofort auf, dass die genaue Position fehlte. Das machte es so gut wie unmöglich, Winning vor Einbruch der Dunkelheit zu finden.

Die *Young Endeavour* machte ihnen Hoffnung. Allerdings eignete sich das zweimastige, rahgetakelte Vollschiff nicht besonders gut für Such- und Rettungsoperationen. Sie konnte keine Rastersuche durchführen und würde auch auf keinen Fall an einer Yacht oder Rettungsinsel längsseits gehen können. Andererseits war sie mit ihrem 45-Meter-Rumpf groß genug, um mit den Wellen fertig zu werden, und neben den zwölf Marineangehörigen waren noch 18 Jugendliche von einer Segelvereinigung an Bord. Galletly war sicher, dass sie sich während der Suche freiwillig melden würden, um als Ausguck in die Takelage zu klettern, und dass dies und die gute Sehkraft der jungen Leute die Aussichten, die *Churchill* zu finden, verbessern würden.

Um 17.44 Uhr teilte Galletly dem AusSAR mit, er beabsichtige, den Kurs in Richtung der von Winning angegebenen Position, 20 Meilen südöstlich von Twofold Bay, zu ändern. Das Wort *beabsichtigen* hatte er ganz bewusst gewählt: Auf diese Weise konnte er eine schnellere Reaktion als mit einer weniger eindeutigen Formulierung herbeiführen – und so kam es denn auch. Zwei Minuten nachdem er den AusSAR per Funk benachrichtigt hatte, wurde ihm mitgeteilt: »Wir sind einverstanden. Halten Sie Kurs auf die genannte Position, solange Sie keine anderen Anweisungen erhalten.« Um 17.48 Uhr nahm die *Young Endeavour* Kurs auf Winnings Position.

Wie Galletly erwartet hatte, brannten die jungen Gastsegler darauf, in die Takelage zu klettern. Nachdem er sie kurz eingewiesen hatte, wie man den Horizont am besten absucht, erklärte er auch, wie man vorgehen würde, wenn man das Zielobjekt finden sollte. Zunächst würde die *Young Endeavour* in eine luvwärtige Position gehen. Von dort würde sie eines ihrer kleinen Rettungsflöße zu Wasser lassen und zur *Churchill* beziehungsweise zu deren Rettungsinseln treiben lassen. Sobald die Segler an Bord des Rettungsfloßes der *Young Endeavour* wären, würde man sie wieder zurück zum Schiff ziehen.

Um 17.57 Uhr empfing der AusSAR einen weiteren Funkspruch bezüglich der *Churchill*. Neil Boag, der Pilot eines zivilen Rettungsflugzeugs, das der AusSAR gemietet hatte, glaubte, die *Churchill* auf einer Position 33 Meilen südlich von derjenigen gesichtet zu haben, die Winning angegeben hatte. Der AusSAR hatte den Piloten gebeten, Ausschau nach der Yacht zu halten, ihm jedoch keine Beschreibung mitgeliefert.

»Wir befinden uns direkt über einem Schiff, das wir für die *Winston Churchill* halten«, sagte Adrian Walter, Boags Kopilot. »Es ist in Seenot. Ohne Mast. Es sind Leute an Deck. Wir befinden uns im Augenblick direkt darüber, außerdem scheint ein Rettungsschiff unterwegs zu sein.« Er konnte sich nicht direkt mit der Yacht verständigen, hatte aber ein Funkgespräch mit einem Handelsschiff aufgefangen, das bereit war, die Yacht ins Schlepptau zu nehmen.

»Roger«, antwortete Tony Marshall, einer der für die Rettungseinsätze verantwortlichen Beamten des AusSAR. »Können Sie bestätigen, dass es sich definitiv um die *Winston Churchill* handelt?«

»Ja«, sagte Walter.

»Können Sie die Ankunftszeit des Rettungsschiffs schätzen?«

»Noch nicht. Wir können das aber herausfinden und Ihnen die Information durchgeben.«

»Roger. Sieht es so aus, als würde sie sinken, oder kann sie sich über Wasser halten?«

»Zurzeit sieht es aus, als würde sie sich weiter über Wasser halten. Der einzige sichtbare Schaden ist der fehlende Mast. Der Mast ist weg.«

»Roger. Danke.«

Mittlerweile sendeten 16 Yachten EPIRB-Notsignale aus, und alle blinkten auf den Computerbildschirmen des AusSAR. Es ist selten, dass der Seenotdienst mehr als eine Rettung zur selben Zeit zu koordinieren hat, und wenn es mehr als einen Notfall gibt, liegen die Ziele in aller Regel nicht Hunderte Meilen auseinander. Aufgrund der eingeschränkten Informationen und der vielen aktiven EPIRBs – alle im selben Gebiet – waren die Beamten gezwungen, ihre Prioritäten ständig gegeneinander abzuwägen und zu ändern – eine Art Ausleseverfahren, bei dem allen unbehaglich zumute war, weil dabei leicht ein Fehler unterlaufen konnte.

Auf Grundlage des Berichts von Boags Flugzeug, den der AusSAR für eine »bestätigte Sichtung« hielt, forderte der Rettungsdienst Galletly dann tatsächlich auf, die Suche abzubrechen.

Dem Fregattenkapitän war nicht ganz wohl zumute. Er hielt es zwar für unpassend, sich dem AusSAR zu widersetzen, hatte jedoch das starke Gefühl, dass die neue Position falsch war. Er konnte sich nicht vorstellen, dass ein erfahrener Segler eine Position angab, die um 33 Meilen von der tatsächlichen abwich. Zudem fragte er sich, ob es ein Militärflugzeug gewesen war, das die Yacht gesichtet hatte, und ob der Pilot vom AusSAR gründlich befragt worden war. Die Piloten von Militärflugzeugen führen nämlich Protokolle zur Bestätigung von Sichtungen. Zivile Piloten sind mitunter nicht so diszipliniert. »Ich hatte so eine Intuition«, sagte er später. »Ich hätte alles dafür gegeben, wenn ich eine Erklärung parat gehabt hätte, um die Suche fortzusetzen.«

Bei einem der Helikopter, die nach der *Winston Churchill* suchten, handelte es sich um einen Polizeihubschrauber, der durch einen noch dringenderen Notfall – die Yacht *Kingurra* – abgelenkt wurde.

Kurz vor Einbruch der Dämmerung hatte die *Kingurra*, ausgelöst durch eine Welle, eine 360-Grad-Rolle vollführt, und danach hing John Campbell, ein 32-jähriger Segler aus Seattle, am Ende seines Sicherheitsgurts bewusstlos im Wasser. Als zwei Besatzungsmitglieder ihn an seiner Sicherheitsleine an Bord ziehen wollten, rutschte er aus dem Gurt heraus. Einer der Männer konnte zwar noch seine Hand ergreifen, aber sie war derart glitschig, dass er sie nicht festhalten konnte, und Campbell, nun nicht mehr mit der Yacht verbunden, fiel ins Wasser. Eine Rettungsweste trug er nicht. Als er mit dem Kopf unter Wasser geriet, kam er wieder zu Bewusstsein, öffnete die Augen und sah, dass die *Kingurra* durch den Wind schnell von ihm fortgetrieben wurde. Campbell winkte mit den Armen und schwamm los, aber es gelang ihm nicht, das Boot einzuholen. Er konnte nicht verstehen, warum es nicht wendete und ihn holte. Was er nicht wusste, war, dass der Motor der Yacht nicht anspringen wollte.

Der Skipper, ein 74-jähriger Professor der Ingenieurswissenschaften namens Peter Joubert, hatte sich bei der Rolle einen Milzriss zugezogen, ein Lungenflügel war eingefallen, und ein halbes

Dutzend Rippen waren gebrochen – dennoch schaffte er es, nach Hilfe zu funken. Binnen weniger Minuten entdeckte der Polizeihubschrauber die *Kingurra* und nahm die Suche nach Campbell auf. Mittlerweile war er von der *Kingurra* aus nicht mehr zu sehen. Zwar war es nicht mehr möglich, die Yacht zu steuern, aber die Crew notierte die Richtung, in die sie sich bewegte, und Joubert gab dem Piloten die ungefähre Position, an der man Campbell aus den Augen verloren hatte. Wie durch ein Wunder entdeckte Constable Barry Barclay binnen Minuten Campbell. Sergeant David Key wurde schnell hinabgelassen und landete im Wasser, kurz bevor eine Welle, die wie eine ganze Bergkette aussah, brach. Weil ihm seine Rettungsweste Auftrieb verlieh, ließ ihn das Weißwasser wie einen Korken auf dem Wasser tanzen.

Als das Ganze vorbei war, stellte er verwundert fest, dass er sich gar nicht weit von Campbell entfernt befand. Beim Näherschwimmen sah er, dass der Segler in schlechter körperlicher Verfassung war. Sein Gesicht sah aus, als hätte ihn ein Auto überfahren. Nachdem er Campbell die Rettungsschlinge über den Kopf und unter die Arme gelegt hatte, hob er die Hand, um zu signalisieren, dass sie hochgezogen werden konnten. Dann spürte er das Stahlseil. Es hatte sich an seinen Beinen verheddert. Wenn es jetzt straff gezogen wurde, würde ihm das Bein amputiert werden. Er griff nach unten und konnte sich von dem Stahlseil befreien. Im nächsten Augenblick wurden sie hochgezogen. Sie waren erst wenige Meter aus dem Wasser, als plötzlich die Winde, die das Stahlseil einholen sollte, stoppte – noch lange vor Erreichen der Hubschraubertür –, und Campbell drohte aus seinem Gurt zu rutschen. Key umklammerte ihn mit den Armen, aber ihm war klar, dass er ihn nicht lange halten konnte. Obwohl Constable Barclay immer wieder den Hoch-Knopf drückte, passierte nichts. Erst beim sechsten Versuch drehte sich die Winde endlich wieder, und die beiden Männer wurden in den Hubschrauber gezogen. Gerade noch rechtzeitig. Nachdem Campbell seinen Retter umarmt und geküsst hatte, erbrach er einen Schwall Salzwasser und fiel in einen Schockzustand. Seine Retter flogen ihn direkt zu einem Krankenhaus, wo er wegen Unterkühlung und mehreren gebrochenen Knochen behandelt wurde, darunter Unterkiefer und Jochbein.

Die Passagiere in den Rettungsinseln der *Winston Churchill* hätten so viel Glück wie John Campbell gut gebrauchen können. Jetzt, wo die Crewmitglieder so nahe an der Wasseroberfläche waren, kamen ihnen die Wellen noch größer vor, und ihre dürftigen kleinen Rettungsinseln erweckten nicht den Eindruck, dass sie dem Ansturm der Wellen besser standhalten würden als die *Winston Churchill*. Die Außenwände waren knapp 40 Zentimeter hoch. Der Boden bestand aus einer Gummimatte. Das Stoffdach wurde durch einen aufgepumpten Schlauch gehalten, der sich von einer Seite der Insel zur anderen wölbte. Die Rettungsinseln wirkten eher wie Spielzeug denn wie seetüchtige Rettungsmittel. Und das Wasser stand schon jetzt so hoch darin, dass sie wie Kinderplanschbecken in Vorortgärten aussahen.

Lumpy schlug mit der Hand ins Wasser und sagte: »So soll das aber nicht sein. Gibt's hier gar nichts, womit man schöpfen kann?«

Zur Ausrüstung seiner Rettungsinsel gehörte auch ein langer, schmaler Vorratssack aus Nylon. Leider gab es nur eine Möglichkeit, etwas darin zu finden – man musste den gesamten Inhalt ausleeren. Als er das tat, fand er zwar drei geschrumpfte Schwämme, Kekse, Plastikbehälter mit Trinkwasser, Tabletten gegen Seekrankheit, Pflaster, einen Spiegel, ein Päckchen Angelhaken sowie eine Fußpumpe, mit der man die Rettungsinsel aufblasen konnte – aber nichts, das Ähnlichkeit mit einem Eimer hatte. Er versuchte einen der Schwämme einzusetzen, doch der nahm fast überhaupt kein

Wasser auf. »Die können wir nicht benutzen – das ist lächerlich.« Gould nahm einen seiner Seestiefel und füllte ihn mit Wasser, das er aus der Öffnung schüttete. Das war zwar effektiver als der Schwamm, aber der Stiefelschaft fiel immer wieder in sich zusammen. Beaver steuerte einen seiner Stiefel bei, der von stabilerer Machart war und besser funktionierte.

Bei Anbruch der Dämmerung fegte der Wind Regen oder Gischt – was es war, konnte man unmöglich erkennen – mit einer solchen Kraft gegen die Abdeckung, dass es in der Rettungsinsel so laut war wie in einer Kesselpauke. Aber das größte Problem waren die Seen, die immer noch zehn Meter hoch waren, vor allem die Brecher, die die Rettungsinsel wie einen Strandball über das Wasser hüpfen ließen. Aus irgendeinem Grund wies die Öffnung meist von der Richtung weg, aus der Wellen und Wind kamen. Und dass man nicht sehen konnte, was da kam, zerrte an den Nerven. Noch schlimmer war es jedoch, wenn sich die Öffnung zur anderen Seite drehte. Dann konnte die Crew die anrollenden Wasserberge sehen – sie wirkten beim Herannahen viel größer als dann, wenn sie sich entfernten –, und die Brecher schlugen in die Öffnung.

Jedes Mal, wenn die Rettungsinsel mit einer Welle mitging, machte sich Beaver steif und stemmte sich mit dem Rücken und den Füßen an die Außenwand. Das geschah teilweise aus Angst, aber auch, weil er hoffte, die zusätzliche Versteifung könne die Rettungsinsel stabilisieren. Gleichzeitig ging ihm derart viel durch den Kopf, dass ihm selber auffiel, dass er nicht mehr klar denken konnte. Seine Angst mischte sich mit Wut. *Das ist nicht fair. Die anderen haben Dutzende Hochseerennen gesegelt – und ich hocke hier bei meinem ersten Hobart in einer Rettungsinsel, die keiner finden kann.* Sicher konnte das Ende auf vielerlei Weise kommen, doch für am wahrscheinlichsten hielt er das Szenario, dass die Wellen die Gummiinsel einfach in Stücke rissen, sodass ihre Passagiere sich an nichts mehr festhalten konnten. Beaver war nie besonders religiös gewesen, aber jetzt sprach er stumme Gebete. *Lieber Gott, ich will nicht sterben. Ich bin zu jung, um zu sterben. Bitte, lass mich leben. Bitte, lieber Gott, schick uns einen Hubschrauber.*

Lumpy konzentrierte sich auf das EPIRB. »Wir haben das EPIRB. Man wird uns finden, und dann die anderen«, sagte er in der Hoffnung, sich selbst zu überzeugen.

Tatsächlich machte er sich Sorgen, ob das EPIRB überhaupt funktionierte. Seenot-Funkbojen funktionieren am besten, wenn sie im Wasser treiben, da das gesamte Signal von dieser Position aus in Aufwärtsrichtung gesendet wird. Befinden sie sich in einem Boot, wird ein Teil des Signals in andere Richtungen gelenkt. Deshalb fragte er Winning, ob er das EPIRB an einer Leine außerhalb der Rettungsinsel befestigen solle. Doch Winning musste daran denken, was mit der Leine geschehen war, die er an der anderen Rettungsinsel festgemacht hatte, und schüttelte den Kopf. »Nein, das Risiko würde ich nicht eingehen.« Also blieb das EPIRB in der Rettungsinsel.

24

Auf der *Sword* bestand die größte Gefahr in einer erneuten Kenterung. In der hinteren Hälfte des Bootes, auf der Steuerbordseite, hatten sich Rumpf und Deck voneinander gelöst – genau dort, wo die *Nokia* gegen die *Sword* geprallt war. Der Spalt war so groß, dass man hindurchsehen konnte, und er ließ schon das Wasser der vorüberlaufenden Wellen ins Bootsinnere. Als Dags sah, wie die Kanten des Decks und des Rumpfs aneinander schabten, war ihm klar, dass das Leck nur noch größer werden konnte. Und wenn das Boot noch einmal kenterte, musste sich das Deck vom Rumpf lösen wie der Deckel von einer Sardinenbüchse.

Keine Frage, die *Sword* war instabil. Sie torkelte seitwärts über die Wellen, und manchmal ließen die Brecher sie so sehr schlingern, dass sie zu kentern drohte. Obwohl man die *Sword* überhaupt nicht mehr steuern konnte – was vom Steuerrad übrig geblieben war, ließ sich nicht einmal mehr drehen –, glaubte Dags noch immer, dass man eine weitere Rolle am besten dadurch verhinderte, dass sie breitseits in die Wellen geriet. Einige Boote haben große Treibanker an Bord, fallschirmähnliche Säcke, die vom Bug oder Heck so ins Wasser gelassen werden, dass sie das Schiff in den Wind und die Wellen ziehen, doch die *Sword* verfügte nicht über so etwas. Dags suchte nach einem Ersatz. Bevor die Takelage über Bord geworfen worden war, hatte er überlegt, sie am Bug festzubinden, damit sie als eine Art gigantischer Treibanker dienen konnte. Er hatte noch nie davon gehört, dass jemand diese Technik eingesetzt hatte, aber er wollte es trotzdem probieren – bis er dann doch beschloss, dass es sinnvoller war, einfach den Anker zu verwenden. Dieser war an einer 100 Meter langen Leine befestigt, und nachdem er ihn über den Bug geworfen hatte, erschien ihm das Boot stabiler: Die Abdrift verlangsamte sich, und der Bug zeigte meistens in die Wellen.

Während er so im Cockpit saß, versuchte er zu rekonstruieren, was mit Glyn passiert war. Mittlerweile hatte er eine ziemlich gute Vorstellung davon. Vor der Kenterung war um den Großbaum, der an einem Metallbeschlag befestigt war, noch das Großsegel gerefft gewesen. Zusammengenommen hatte der Baum mitsamt dem Segel wahrscheinlich dem Wasser während der Rolle erheblichen Widerstand geboten, genug, dass irgendetwas brechen *musste*. Die Spectra-Leine, mit der Dags den Baum an dem Beschlag festgebunden hatte, war praktisch unzerstörbar. Deshalb musste die Wucht des Wassers den Beschlag selbst von Deck gefegt haben – und den Baum dabei befreit haben, sodass er von einer Seite des Cockpits zur anderen schwang. Vermutlich hatte der Baum Glyn wie ein riesiger Baseballschläger getroffen, und dabei war die Naht seiner Sicherheitsleine gerissen und er über Bord geschleudert worden. Dieser heftige Schlag, der auch das Aluminiumsteuerrad zerstört haben musste, war wohl auch der Grund, warum Glyn nicht mehr schwimmen konnte.

Dags war bewusst, dass er von demselben Schlag getroffen worden wäre, wenn er sich nicht entfernt hätte, um mit Brownie zu sprechen, und so grübelte er über mehrere quälende Fragen nach: *Hätte ich Glyn irgendwie dazu bringen können, den Kurs zu ändern oder das Steuer abzugeben? Wäre Glyn noch am Leben, wenn wir den Baum vom Mast abgenommen hätten, statt ihn an der festen Vorrichtung festzubinden? Konnte die Vorrichtung den Baum nicht halten, weil das Deck nach dem Unfall mit der Nokia instabil geworden war?*

Den meisten Crewmitgliedern der *Sword* blieb kaum etwas anderes zu tun, als sich gegen die nächste Welle zu wappnen, und so lagen sie in ihren Kojen oder auf dem Kajütboden. Wie Dags plagten auch Kooky Reuegefühle und »Was-wäre-wenn«-Gedanken. Insbesondere dachte er über ein Gerät nach, das Glyn hätte retten können – den Seenot-Rettungsleinenwerfer, der in seiner eigenen

Fabrik hergestellt wurde. Manche davon konnten eine Leine fast 300 Meter weit auswerfen. Alljährlich verkaufte er Hunderte davon an Eigner von Handelsschiffen. Er hatte daran gedacht, eine Version zu produzieren, die man auf Privatyachten einsetzen konnte, war aber nie dazu gekommen.

Kooky hatte auf seine fortgesetzten Hilferufe per Funk noch immer keine Antwort erhalten. Wenn das EPIRB funktionierte, würden die Retter zwar die Position des Boots kennen, aber weder wissen, dass Glyn vermisst war, noch, in welchem Zustand sich die *Sword* befand. Deshalb konnte er sich nur allzu leicht ein Szenario vorstellen, das in einer totalen Katastrophe endete. Überall konnte man Anzeichen für die strukturellen Schäden des Boots sehen. Das Kajütdach wackelte so heftig, dass es aussah, als würde es im nächsten Augenblick einstürzen. Durch das Dach zogen sich etliche Risse, manche von einer Seite des Boots zur anderen. Der verbliebene Teil des Steuerrads hatte ein Loch ins Deck geschlagen. Auch nachdem Brownie einen Schlafsack hineingestopft hatte, drang noch Wasser durch die Öffnung. An Steuerbord lösten sich die Schotts mit lautem Knacken vom Rumpf. Wenn ein oder zwei große Wellen sich über das Heck wälzten und die Kajüte füllten, konnte es durchaus geschehen, dass die Yacht ihre Schwimmfähigkeit verlor. Für noch wahrscheinlicher hielt Dags es, dass das beschädigte Kajütdach oder sogar der Rumpf selbst einfach durchbrach.

Je nach dem Neigungswinkel der Yacht standen Teile des Kajütbodens fast zehn Zentimeter hoch unter Wasser. Da nicht genug Eimer an Bord waren, öste Simon Reffold das Wasser mit einer Schublade. Normalerweise konnte man es dann einfach ins Cockpit schütten, von wo es durch Abflüsse wieder aus dem Boot floss. Doch wegen des Lochs unter dem Steuerrad konnte Wasser, das im Cockpit war, einfach in die Kabine zurückfließen, und so musste

Simon Reffold das Schubfach an Dags weiterreichen, der das Wasser dann über Bord schüttete.

Weil die Schwimmkraft eines Schiffes auch von dessen Gewicht abhängt, schlug Andrew Parkes vor, die nutzlos gewordenen Segel der *Sword* von Bord zu werfen. Brownie pflichtete ihm bei, obwohl er sich gegenüber dem Segelmacher die Bemerkung »Das musstest ausgerechnet du sagen« nicht verkneifen konnte, als Segel im Wert von 80 000 Dollar über Bord gingen. Die Segel waren schwer, doch die Luftblasen in den Taschen verhinderten, dass sie untergingen. Hätten sie doch nur daran gedacht, die Segel ins Wasser zu werfen, als Glyn über Bord ging, durchzuckte es Brownie.

Auch wenn sich das Steuern erübrigt hatte, blieb Dags an Deck, um nach anderen Schiffen Ausschau zu halten. Er hatte keines mehr gesehen, seit Glyn verschollen war, aber kurz nach 18.00 Uhr bemerkte er eine Slup mit weißem Rumpf. »Da ist eine andere Yacht«, schrie er in die Kabine. »Sie kommt auf uns zu.«

Glyn war vor etwa einer Stunde über Bord gegangen. Angesichts der Mühe, die er gehabt hatte, den Kopf über Wasser zu halten, war es wohl zu spät, dass die andere Yacht etwas zu seiner Rettung beitragen konnte. Andererseits wusste Dags, dass ein Segler namens John Quinn während des 1994er Hobart mehr als fünf Stunden im Wasser überlebt hatte, von einem vorbeifahrenden Frachter entdeckt und schließlich von einem anderen Schiff gerettet worden war. Außerdem hatte die andere Yacht vielleicht die Außenwelt über die verzweifelte Lage der *Sword* per Funk informiert. Als Brownie an Deck kam, dachte er zunächst, bei dem anderen Boot handele es sich um die *Winston Churchill*, bis er sah, dass es die *Margaret Rintoul II* war, eine klassisch entworfene 48-Fuß-Slup. Er konnte zwei Personen im Cockpit ausmachen, beide trugen gelbe Regenjacken.

Nigel Russell und Andrew Parkes schossen eine Salve Leuchtsignale ab – darunter fünf rote Fallschirm-Leuchtraketen, die sich, nachdem sie ihre maximale Höhe erreicht hatten, an kleinen Fallschirmen am Himmel hielten, um die Wahrscheinlichkeit zu erhöhen, dass man sie sah. Außerdem entzündete er neben einem normalen roten Handsignal und drei weißen noch ein orangefarbenes Rauchsignal. Nachdem das Feuerwerk brannte, winkten Dags und Brownie wie verrückt und brüllten in Richtung der Yacht, während Kooky ins UKW-Funkgerät schrie.

»Weißes Boot, weißes Boot, hier ist die *Sword of Orion*. Wir haben den Mast verloren – und ein Mann ist über Bord gegangen. Wir sind 400 Meter östlich von euch. Bitte melden.«

»Die kommen auf uns zu«, sagte Nigel Russell, unmittelbar nachdem er das letzte Leuchtsignal abgefeuert hatte. Aber die *Rintoul* hatten ihren Kurs nicht geändert. Vielmehr vergrößerte sich die Distanz zwischen den Yachten. Die *Rintoul* hatte nicht einmal Funkkontakt mit der *Sword* aufgenommen, die wegen ihres fehlenden Masts leicht als in Seenot befindlich zu erkennen war. Entweder konnte die Crew der *Rintoul* aus irgendeinem Grund die *Sword* beziehungsweise ihre Leuchtsignale nicht sehen, oder man hatte sich dort dagegen entschieden, ihr zu helfen. Dags hielt die zweite Möglichkeit für genauso unwahrscheinlich wie die erste. Aber weil es keine plausiblen Alternativen gab, erwog die Besatzung der *Sword* eine ungeheuerliche Alternative: Wendete die Crew der *Rintoul* den Blick ab, damit sie weiter im Rennen bleiben konnte? Brannte sie so sehr auf den Sieg, dass sie bereit war, das Risiko einzugehen, das Leben von Mitseglern zu gefährden? Eine ungeheuerlichere Verletzung der Seefahrertradition war kaum vorstellbar, doch eine halbe Stunde nachdem die *Rintoul* aufgetaucht war, war sie nicht mehr zu sehen.

Seemännische Konventionen und die internationale Gesetzgebung verlangen, dass Seefahrzeuge alles in ihrer Macht Stehende tun, um in Seenot geratenen Schiffen zu helfen. Nur wenn ein möglicher Retter die eigene Mannschaft in Gefahr bringen würde, ist er von dieser Verpflichtung entbunden, auch wenn es zahlreiche Beispiele dafür gibt, dass Seeleute genau dieses Risiko eingingen. Während Weltumsegelungsregatten sind Einhandsegler Hunderte Meilen vom Kurs abgewichen und wissentlich in gefährliche Stürme hineingesegelt, um andere Teilnehmer zu retten.

Dass ein Rettungsmanöver von Yacht zu Yacht unter den herrschenden Bedingungen wahrscheinlich unmöglich war, wusste die Crew der *Sword*. Doch die Männer konnten nicht verstehen, warum die *Rintoul* nicht wenigstens Funkkontakt mit ihnen aufnahm. Sie hätte auf die gleiche Weise Informationen per Funk weiterleiten können, wie es die *Sword* für die *Team Jaguar* getan hatte. Flugzeuge und Hubschrauber hätten entsandt werden können, um nach Glyn zu suchen und festzustellen, ob die Besatzung der *Sword* sofortige Hilfe benötigte. Würde die *Sword* später sinken, hätte ihre Crew eine weitaus höhere Überlebenschance.

»Ich fasse es nicht«, sagte Dags. »Wieso haben die nicht gestoppt? Die hätten uns doch sehen müssen.«

»Natürlich haben die uns bemerkt«, erwiderte Carl Watson, der früher mal auf der *Rintoul* gefahren war. »Wir haben sie gesehen – also haben sie auch uns gesehen. Die hatten bloß keine Lust, uns zu helfen.«

Richard Purcell, der Eigner der *Margaret Rintoul*, war ein hartgesottener Bauunternehmer, der klassische Segelyachten über alles liebte. Schon als Halbwüchsiger hatte er die *Margaret Rintoul*, die 1968 vom Stapel lief, bewundert und schon davon geträumt, sie zu besitzen, als er sie sich noch längst nicht leisten konnte. Wie die *Winston Churchill* hatte die *Rintoul* anmutige Linien und einen schönen Innenausbau aus Mahagoniholz. Nach dem Kauf im Jahre 1988 hatte Purcell das Teak-Deck erneuert und seitdem alles darangesetzt, das Boot in tadellosem Zustand zu erhalten. Die 1998er Sydney-Hobart-Regatta war das 21. Hobart der *Rintoul*. Nur eine einzige andere Yacht hatte an ebenso vielen teilgenommen.

Purcell, ein stämmig gebauter 47-Jähriger mit dichtem blondem Haarschopf und dickem Schnauzbart, lehnte an der Vorderseite des Cockpits der *Rintoul*, wo er ein wenig vor dem Wind geschützt war, als er eine Leuchtrakete sah. Es war 18.15 Uhr. Niemand sonst auf seiner Yacht hatte sie bemerkt.

»Ich habe ein Leuchtsignal gesehen«, sagte er zu Bill Riley, dem 50 Jahre alten Apotheker, der steuerte. »Und da ist eine Yacht ohne Mast.« Purcell zeigte in die Richtung der *Sword* und fragte: »Kannst du sie sehen?«

Riley wandte sich ein paar Sekunden lang um, hatte aber Angst, seinen Blick noch länger von den Wellen abzuwenden. »Nein, ich habe nichts gesehen.« Weil er annahm, dass er die *Rintoul* wenden und zu dem anderen Boot fahren sollte, fügte er hinzu: »Wir sollten ein paar von den Jungs an Deck holen.«

Zu Colin Betts, dem Navigator der *Rintoul*, schrie Purcell hinunter: »Ich habe gerade ein Leuchtsignal und eine Yacht ohne Mast gesehen. Häng dich ans Funkgerät und gib der *Young Endeavour* unsere Position durch.«

Dann drehte er sich wieder zu Riley um: »Was sollen wir machen?«

»Du bist der Skipper. Die Entscheidung liegt bei dir.«

Purcell, der an den vier vorangegangenen Hobarts teilgenommen hatte, war sich sehr wohl bewusst, dass er verpflichtet war, einer Yacht in Seenot zu helfen – es sei denn, dies würde die eigene Crew übermäßig großer Gefahr aussetzen. Doch er hatte Angst. Er erinnerte sich an den Sturm, in den er am 15. Dezember 1979 nahe der südöstlichen Ecke Australiens hineingesegelt war. Er überführte damals seine erste Yacht, eine 11-Meter-Slup, von Melbourne nach Sydney, damit sie dort rechtzeitig für das Hobart eintraf, als der

Wind auf über 60 Knoten zunahm. Da er noch relativ unerfahren war, hatte er zwei Berufssegler für die Überfahrt engagiert. Dennoch zitterte er einen Großteil der Nacht am ganzen Leibe, überzeugt davon, dass die Seen seine Yacht zum Kentern und Sinken bringen würden. Das Boot hielt durch, doch ein paar Tage später erfuhr er, dass die *Charleston*, eine andere 11-Meter-Yacht, die in jener Nacht die Bass Strait durchquerte, spurlos verschwunden war. Die *Charleston* war erst zehn Wochen alt gewesen. Sie war aus tasmanischer Kiefer und Zeder gebaut, und der Rumpf war durch Metallspanten verstärkt gewesen. Ihr Eigner war Glyn Davies, dessen Familie Hobarts führende Zeitung, *The Mercury*, gehörte, bis Rupert Murdoch sie kaufte. Davies und vier andere Crewmitglieder, die sich ebenfalls zum Start des Hobart auf dem Weg nach Sydney befanden, wurden nie wieder gesehen.

Abgesehen von jener Nacht vor zwanzig Jahren hatte Purcell noch nie solche Wellen wie die gegenwärtigen gesehen, als er die *Sword* entdeckte. Er fand, dass er von Glück reden konnte, beim letzten Mal überlebt zu haben, und es widerstrebte ihm, sein Schicksal erneut herauszufordern. Auch wenn die *Rintoul* 17 Tonnen wog, würde ein Kurswechsel äußerst gefährlich sein, vor allem weil der Motor in der vorausgegangenen Nacht kaputtgegangen war. Er war nicht einmal sicher, ob er zu dem Zeitpunkt, da er sein Boot gewendet hätte, die andere Yacht noch finden würde. Und wenn ja, konnte er sich nicht vorstellen, wie er ihr helfen könnte. Das wahrscheinlichste Resultat, wenn er wendete, schlussfolgerte er, wären zwei Yachten in Seenot.

Zu Riley sagte er: »Es könnte sein, dass einer unserer Männer über Bord geht.«

Riley, ein Veteran, der an 21 Hobarts teilgenommen hatte, war der gleichen Meinung. Er war bereits in Gedanken die einzelnen Schritte des Wendemanövers durchgegangen. Mindestens ein

Mann musste aufs Vorschiff gehen, wo die Wellen manchmal so heftig aufprallten, dass der Betreffende durchaus über Bord gespült werden konnte. Dennoch schockierte es ihn, was Purcell als Nächstes sagte: »Halt den Kurs. Wir können nichts für sie tun.«

Während Riley noch wie betäubt dastand, schrie Purcell nach unten. »Colin, gib der *Young Endeavour* unsere Position durch. Aber sag ihnen, dass wir nicht helfen können. Zu gefährlich, hier ist die Kacke am Dampfen.«

Riley hatte schon immer zwiespältige Gefühle gegenüber Purcell gehegt. Als sie sich kennen lernten, nicht lange nachdem jemand ihn Purcell als Steuermann empfohlen hatte, lauteten dessen erste Worte: »Du bist hoffentlich ein verdammt guter Scheißkerl.« Purcells grober Umgangston stieß ihn zwar ab, dennoch machte das gemeinsame Rennsegeln ihm Vergnügen. Was die Wahl der Segel und Kurse anging, lag Purcell mit seinen Kommandos fast immer richtig. Ihm gefiel auch die Art, wie Purcell seine Entscheidungen traf und daran festhielt.

Aber diese Entscheidung, dachte er, war ein verhängnisvoller Fehler.

Im Jahr 1980 hatte Riley am Steuer einer anderen Yacht gestanden, auf der man auch ein Leuchtsignal gesichtet hatte. Es war kurz nach Mitternacht während einer Langstreckenregatta, und er hatte sein Boot sofort gewendet und war losgefahren, um der Yacht zu helfen. Über Funk erfuhr seine Crew, dass ein Mann über Bord gegangen war. Mehrere andere Yachten hatten die Gegend bereits abgesucht, aber Riley, dessen Boot als Einziges nicht den Motor angeschaltet hatte, hörte als Einziger die Schreie im Wasser. Binnen Minuten zogen sie den Vermissten an Bord.

1998 dachte Riley instinktiv, dass es das Richtige wäre, auf das Boot in Seenot zuzusteuern. Da er Purcell aber gesagt hatte, dass es seine Entscheidung sei, hielt er es für unfair, sie nun infrage zu stellen. Das musste er auch gar nicht. Denn angesichts seiner erschütterten Miene wusste Purcell genau, was sein Steuermann dachte.

»Es ist meine Entscheidung«, sagte Purcell. »Und damit basta. Wir wollen hier keine Helden haben.«

Einige Minuten später wurde die *Rintoul* von drei besonders mächtigen Wellen in Folge erwischt. Wenn jemand an Deck gewesen wäre, als sie auf die Yacht trafen, hätte er durchaus über Bord gehen können. Im Stillen dachte Riley: *Vielleicht hat Purcell ja Recht. Es ist zwar nicht das, was ich getan hätte, aber möglicherweise hat er ein Menschenleben gerettet.* Und nachdem er sich geweigert hatte, Purcell bei der Entscheidungsfindung zu helfen, meinte er, jetzt etwas sagen zu müssen.

»Deine Entscheidung war richtig.«

Als Colin Betts das Funkgerät anstellte, um Lew Carter zu rufen, herrschte ein derart starker Verkehr, vieles davon im Zusammenhang mit der *Team Jaguar*, dass er sich nicht einschalten wollte. Ungefähr um 19.15 Uhr, eine Stunde nachdem Purcell das Leuchtsignal bemerkt hatte, erreichte Betts schließlich Lew Carter auf der *Young Endeavour*. »Lew, hier ist Colin Betts auf der *Margaret Rintoul II*.« Dann gab er Carter den Längen- und Breitengrad von vor einer Stunde durch. »Wir haben das Leuchtsignal einer Yacht gesehen, sie lag etwa eine halbe Meile von unserer Position entfernt.«

»Danke für die Information«, erwiderte Carter, der von Betts nichts davon hörte, dass die Yacht top- und takellos war.

Betts hatte nicht daran gedacht, sein UKW-Funkgerät einzuschalten, wodurch er vermutlich mit Kooky hätte sprechen können. Stattdessen überwachte er das HF-Gerät, um herauszufinden, ob Lew Carter ihn zurückzurufen versuchte, aber nach einer halben Stunde schaltete er es ab. Die *Margaret Rintoul* hielt weiter ihren Kurs.

25

In Steamers Rettungsinsel war zu viel Wasser. Ein Teil des Problems war eine röhrenartige Öffnung im Dach. Steamer war sich nicht sicher, ob sie dazu dienen sollte, den Passagieren einen Blick nach draußen zu ermöglichen oder Regenwasser zum Trinken zu sammeln. In jedem Fall enthielt das Wasser zu viel Meerwasser, um genießbar zu sein, und außerdem drang es in einem steten Strom in die Rettungsinsel, den man nur stoppen konnte, wenn man die Röhre mit der Faust zuhielt. Genau wie auf der anderen Rettungsinsel diente ein Seestiefel – Gibbos – als vielversprechendste Pütz. John Dean und Michael Bannister wechselten sich beim Schöpfen ab.

Am meisten Angst hatten alle vor dem Kentern. Wenn die Wellen in der Lage waren, die *Churchill* auf die Seite zu legen, konnten sie sicher auch eine Rettungsinsel auf den Kopf stellen. Die beste Methode, um diese Gefahr zu reduzieren, wäre, die Rettungsinsel, soweit das möglich war, langsamer zu machen, fand Bannister. Als er in dem Ausrüstungssack kramte – irgendwie war das meiste daraus verschwunden –, fand er einen kleinen Treibanker, der vielleicht eine gewisse Stabilität liefern konnte. »Am besten, wir befördern das Ding ins Wasser«, sagte er. Der Treibanker wurde mit einer Nylonschnur an der Rettungsinsel befestigt, doch als Gibbo ihn ins Wasser fallen ließ, verhedderte sich die Schnur mit einer Leine, die rund um das Innere der Rettungsinsel verlief und mit der Abdeckung verbunden war.

Höchst beunruhigt sagte Steamer: »Wir müssen das hier reparieren – sonst reißt uns der Anker das Dach ab.«

Gibbo und Bannister hatten etwa sechs Meter der Nylonschnur des Treibankers eingeholt, als sich das Segeltuch plötzlich mit Wasser füllte und die Schnur mit sich fortzog. Bannister ließ sofort los, aber Gibbo, der befürchtete, die Schnur könnte durch die Rettungsinsel schneiden, wenn sie straff wurde, packte fester zu und zog weiter daran. Das ist, als würde man einen dicken Fisch mit der Angel einholen, dachte er. Damit lag er völlig falsch. Das Wasser hatte nämlich ungeheure Kräfte, und als Steamer schließlich mit einem Messer die störende Leine in der Rettungsinsel mit einem Messer durchtrennte, hatte die Schnur des Treibankers bis auf den Knochen in Gibbos Hand geschnitten. Gibbo war stocksauer auf sich und die Rettungsinsel. *Du sollst doch unsere Rettung sein*, dachte er in stummem Zorn, *unser Schutz vor dem Meer – und dann hast du es auf einmal auf mich abgesehen!*

Trotz seines Entsetzens über die Verletzung an Gibbos Hand war Steamer mit der Wirkung des Treibankers zufrieden. Seiner Meinung nach senkte er die Geschwindigkeit der Rettungsinsel um die Hälfte und lieferte eine gewisse Stabilität. Doch zehn Minuten später riss die Schnur, und die Rettungsinsel nahm ihr beängstigendes Tempo wieder auf.

Die Brecher, die beim Heranrollen wie Lokomotiven klangen, lösten eine beunruhigende Kettenreaktion aus. Wenn die Gischt die Rettungsinsel traf, wurde sie zunächst schneller und kippte nach vorn. Dann, während sie in einer Welle unterzutauchen schien, stülpte sich der Boden v-förmig nach unten, mitunter so steil, dass die Passagiere mit den Köpfen gegeneinander knallten. Nicht selten hatte man ein Gefühl, als würde die Rettungsinsel wie ein Buch zusammengeklappt. Dann wieder schien es, als würde sich die Insel im nächsten Augenblick hochkant stellen. Der raue Ritt ließ den Raum noch beengter erscheinen.

Die Männer saßen so mit dem Rücken an der Außenseite der Rettungsinsel, dass sie sich mit dem Kopf oben an die Wand lehnen konnten. Ihre Beine lagen kreuz und quer übereinander. Als eine besonders große Welle die Rettungsinsel durch die Luft schleuderte, wurde der Gliedmaßenhaufen erst angehoben, um dann mit voller Wucht wieder herunterzufallen – überwiegend auf Steamers Beine, die ganz unten lagen. Als ihm durch den Aufprall mehrere Sehnen rissen, fürchtete er, eine seiner künstlichen Hüften könnte in Mitleidenschaft gezogen sein. »Ah, Freunde«, stöhnte er. »So geht das nicht weiter. Wir müssen uns anders hinsetzen.« Alle bewegten sich so lange, bis ihre Beine schließlich parallel zueinander lagen, wie Ölsardinen in der Büchse. Als sie das hinbekommen hatten, bat Steamer Dean, in den Vorräten nach einem Schmerzmittel zu suchen. Er konnte nicht einmal eine Kopfschmerztablette finden.

26

Dass die *Margaret Rintoul* sie einfach ignorierte, empfand die Crew der *Sword of Orion* wie einen Schlag ins Gesicht. Ihre Moral, die Auftrieb erhalten hatte, weil ihr Boot offenbar doch nicht so leicht unterging, sank auf einen neuen Tiefpunkt. Kooky versuchte weiterhin, die *Rintoul* per Funk zu erreichen, selbst nachdem sie verschwunden war, und wiederholte seine Sätze derart oft und fieberhaft, dass Carl Watson, der Angst hatte, man könnte Kooky nicht verstehen, ihm vorschlug, eine Pause zu machen. Kooky war sofort einverstanden. Obwohl er einige Jahre zuvor das Rauchen aufgegeben hatte und sich in einen aggressiven Antiraucher verwandelt hatte, schnorrte er von Brownie eine Zigarette.

Watson vermutete, dass das UKW-Funkgerät lediglich eine Reichweite von wenigen Meilen hatte. Er war überzeugt, dass die *Rintoul* die Notrufe gehört hatte, bezweifelte aber, dass ein anderes Boot in nächster Zeit nahe genug kommen würde. Kurz vor 19.00 Uhr bekam er auf seine wiederholten Notrufe schließlich eine kaum hörbare Antwort. Sie kam von Neil Boag, dem Piloten des zivilen Rettungsflugzeuges, der eine Stunde zuvor die *Winston Churchill* entdeckt zu haben meinte. Um Boag bei der Suche nach der *Sword* zu helfen, schaute Watson auf sein Hand-GPS und gab ihm eine Position durch.

»Sobald wir in eurer Nähe sind«, sagte Boag, »entzündet ein Signal.«

Als Dags, der an Deck war, ein paar Minuten später das Flugzeug hörte, schoss er ein orangefarbenes Rauchsignal ab, das einzige Leuchtsignal, das sie noch besaßen. Weil die Windgeschwindigkeit nach wie vor fast 50 Knoten betrug und die Wellen noch immer haushoch waren, sorgte er sich, dass die Yacht und der Rauch für das Flugzeug nicht zu sehen wären, und befestigte daher noch mehrere Röhrenblitzlichter an Deck. Und tatsächlich kam das Flugzeug fast augenblicklich aus dem verhangenen Himmel in Sicht. Während es über ihnen kreiste, verbesserte sich der Empfang des Funkgeräts ganz beträchtlich.

»Benötigen Sie eine Rettungsinsel?«, fragte Boag.

»Nein«, antwortete Watson. »Wir haben die Yacht etwas stabilisiert.«

»Wie ist die Lage?«

»Der Mast ist weg, und ein Mann ist über Bord gegangen – ein britischer Staatsangehöriger namens Glyn Charles.«

Auch Boag hatte eine Hiobsbotschaft. »Für eine Rettung per Hubschrauber sind Sie zu weit vom Land entfernt. Können Sie eine Schätzung hinsichtlich Ihrer Fahrt und der Richtung Ihrer Abdrift abgeben?«

»Wir treiben wahrscheinlich mit etwa vier Knoten nach Norden.«

Ein paar Minuten später meldete sich Boag, der den AusSAR benachrichtigt hatte, mit aufmunternden Sätzen: »Sie treiben ungefähr in die richtige Richtung. In ein paar Stunden sollten Sie so weit sein, dass ein Sea Hawk der Marine Sie holen kann. Wir werden Ihre Position eintragen und bleiben in Verbindung.«

Boag, der 75 bis 100 Meter über dem Wasser flog, unter einer Wolkendecke, die nur 130 Meter über dem Meer lag, fing an, nach Glyn zu suchen. Er kam jedoch schon nach kurzer Zeit zu dem Schluss, dass bei der begrenzten Sicht keine Aussicht bestand, jemanden zu finden.

Andrew Parkes hatte den Funkkontakt mitgehört und sagte zu Dags: »Hoffentlich bricht das Boot nicht auseinander, bevor ein Hubschrauber kommt.« Besonders großes Kopfzerbrechen bereitete ihm die Art, wie sich das Dach der Kajüte bog. Er war sicher, dass es schlimmer geworden war, und es war ihm bewusst, dass das Dach mehr als nur Schutz bot. Weil es die beiden Seiten des Schiffsrumpfs verband, spielte es eine wichtige Rolle für die Stabilität des Bootes. Auch Dags machten diese Bewegungen nervös, weshalb er den Spinnaker-Baum herausholte, in der Hoffnung, ihn als Stütze verwenden zu können. Mit einer Säge schnitt er ihn in zwei Hälften und stellte die eine Hälfte zwischen Boden und Kajütdecke, wodurch er dem Dach mehr Festigkeit verlieh.

Als es dunkler wurde, schlug Watson vor, erst einmal etwas zu essen. »Wir können im Augenblick sowieso nicht viel tun. Wärmen wir ein paar Fleischpasteten auf.« Der Herd und die Herdplatten funktionierten noch, daher machte Dags eine Kanne Kaffee und trieb sogar eine Packung trocken gebliebener Ingwerkekse auf. Kooky fand, dass es Zeit für eine Runde Sustagen war. Bis auf Kulmar aßen alle etwas. Er saß allein in der Bugkammer, einem Bereich, der teilweise durch ein Schott von der Hauptkajüte abgetrennt war, und sagte noch immer kein Wort. Die restlichen Crewmitglieder versammelten sich in einer Runde, und Brownie und Dags erzählten, was während der Rolle mit ihnen passiert war. Brownie berichtete, wie er von der Leiter fiel, und Dags schilderte, wie es unter Wasser gewesen war. Das Thema, das die Gedanken aller beherrschte – Glyn –, wurde nur flüchtig erwähnt, bis Simon Reffold schließlich darauf zu sprechen kam. »Angesichts dessen, was mit Glyn passiert ist, sollten wir uns da nicht überlegen, was wir sagen wollen?«

»Es gab nichts, was wir tun konnten«, entgegnete Kooky. »Und wir können uns auch jetzt nicht den Kopf darüber zerbrechen. Wir müssen uns darauf konzentrieren, dass wir selbst am Leben bleiben.«

Nach einer Pause schlug er jedoch einen verbindlicheren Ton an und nahm das Thema wieder auf: »Ich glaube nicht, dass er lange leiden musste. Wir Übrigen werden durchkommen. Dags hält das Boot zusammen, und Carl bleibt am Funkgerät. Man wird uns bald retten, versuchen wir also, uns zu entspannen.«

Dags hatte kein Interesse an Kookys Sustagen. Ihm stand der Sinn nach einem gehaltvolleren Drink. Zu Brownie sagte er: »Vielleicht sollte ich die Bordapotheke holen.« Der Rum war kein Geheimnis mehr, er wurde mit Sustagen oder Cola gemischt oder auch direkt aus der Flasche getrunken. Statt Einwände zu erheben, verlangte auch Kooky einen Schluck. Bei allen schien der Rum die Stimmung zu heben, nur bei Kulmar nicht. Aber um 23.00 Uhr redete keiner mehr. Die Yacht stampfte noch immer wild in den Wellen, doch alle waren derart erschöpft, dass sie einschliefen.

Nur Sam Hunt war zu unruhig, um sich hinlegen zu können. Er hatte mehr Wasser geschöpft als alle anderen und machte die ganze Nacht damit weiter, bis er plötzlich eine Ankündigung machte, die alle hochschrecken ließ. »Ich habe Kotze geöst, ich habe Pisse geöst, aber das setzt dem Fass die Krone auf!«, rief er mit allen Anzeichen der Empörung. »Ich werde niemandes Scheiße ösen.« Er hatte zwei Frankfurter Würstchen in seinem Eimer entdeckt. Als sie sahen, was seine Empörung ausgelöst hatte, führte dies zu dem einzigen echten Lachanfall in dieser Nacht.

Danach kehrte wieder Stille ein. Dags fror und fühlte sich emotional ausgelaugt. Seine ganze Kleidung, sowohl das, was er trug, als auch das in seinem Seesack, war klitschnass und ließ sich nicht mehr trocknen. Aber statt still vor sich hin zu leiden, kletterte er in eine schmale Koje, die bereits Andrew Parkes belegte. »Versteh mich bitte nicht falsch, aber mir ist eiskalt. Wenn du nichts dagegen hast, können wir uns aneinander wärmen.«

»Klingt gut«, erwiderte Parkes. Er lag auf der Seite, mit dem Rücken zu Dags, der einen Arm um den Oberkörper des Freundes schlang. Der Körperkontakt tat Dags gut. Und nach einer Weile fühlte sich auch Parkes wohl genug in seiner Haut, um Dags' eisige Hände in seine viel wärmeren zu nehmen. »So weiß ich wenigstens«, frotzelte er, »dass du nicht irgendwo anders hingreifst.«

27

Larry Ellison wusste, dass ihm eine fürchterliche Nacht bevorstand. Normalerweise machte es ihm Spaß, in der Dunkelheit zu segeln. Seiner Meinung nach war der Abendwind gleichmäßiger, außerdem schaute er gern zum Sternenhimmel empor, und er empfand die ganze Atmosphäre als besonders friedlich. Doch in der Abenddämmerung an diesem Sonntag kam der Wind mit fast 60 Knoten aus Südwesten, und es war klar, dass er keinen Stern sehen würde. Für ihn hörte sich der Wind nicht einmal mehr wie Wind an. Eher wie eine schrille Sirene, deren Klang aus einer anderen Welt zu stammen schien. Und ebendies empfand er als äußerst beunruhigend.

»Beim Whitbread hatten wir auch solchen Wind und ebenso hohe Wellen – aber es hat nie so lange angehalten«, sagte T. A. McCann zu Joey Allen.

»Wie lange kann das so weitergehen?«, fragte Allen.

»Keine Ahnung. Aber den Wetterfröschen können wir sowieso nicht trauen. Das hier ist völlig anders als alles, wovon sie geredet haben.«

Die *Sayonara* war sowohl für Inshore- als auch Offshore-Regatten konstruiert und daher weder für das eine noch das andere ideal geeignet. Am Bug beispielsweise ermöglichten zwei Löcher, dass das Rigg durch das Deck hindurchgeführt werden konnte. Wegen dieser Löcher konnte die Fock bei küstennahen Regatten näher am Deck gehalten werden, wodurch sich die Oberfläche des Segels vergrößerte. Doch bei rauer See, wenn der Bug ein, zwei Meter in die Wellen eintauchte, spritzte durch diese etwa münzengroßen Löcher das Wasser wie aus einem voll aufgedrehten Feuerhydranten ins Boot. Jetzt bemühte sich Hamish Pepper, ein 28-jähriges Mitglied des Teams New Zealand, diesen Strom umzukehren. Mit einem langen Schlauch, der mit einer Pumpe versehen war, wollte er die Hunderte Liter Wasser heraussaugen, die sich im vorderen Bereich der Kajüte befanden.

Als er mit dem Schlauchende auf den Rumpfboden stieß, entdeckte er etwas Schlimmeres als Wasser: eine Blase auf der Innenhaut des Rumpfs. Sie war oval, etwa 30 Zentimeter lang und 15 Zentimer breit. Er zeigte sie Mark Turner, einem neuseeländischen Bootsbauer, bekannt unter dem Spitznamen Tugboat: »Sieh dir das mal an. Ich glaube, da hat sich irgendwo das Laminat gelöst.«

Tugboat wunderte sich überhaupt nicht, denn er hatte bereits mehrere andere Flächen mit abgelöstem Laminat im Auge. Mit gespielter Lässigkeit erwiderte er: »Nun ja, sie bricht eben auseinander.« Mehr Sorgen machte ihm die Art und Weise, wie sich die Schotts allmählich vom Rumpf lösten.

Der entscheidende Balanceakt beim Entwerfen einer Rennyacht liegt darin, das Gewicht zu verringern, ohne die Seetüchtigkeit zu beeinträchtigen. Rümpfe aus Fiberglas und Masten aus Aluminium stellen revolutionäre Fortschritte dar. Ihre Haltbarkeit und die kostspieligen zum Bau von Booten mit High-Tech-Materialien erforderlichen Produktionsanlagen sind die eigentlichen Ursachen für das Verschwinden vieler kleiner Bootsbauer in den letzten Jahrzehnten. Die 25 Tonnen schwere *Winston Churchill* war noch auf einer Werft in Familienbesitz gebaut worden, die bereits vor vielen Jahren ihre Tore geschlossen hatte. Die *Sayonara*, die knapp 23 Tonnen wog, obwohl sie 50 Prozent länger war als die *Churchill*, wurde von der in Auckland ansässigen Werft Cookson Boats gebaut, einer der wenigen noch bestehenden Firmen. Weil sich Cookson Boats auf Rennyachten konzentrierte und viel Geld in hochmoderne Computer und Herstellungsanlagen investiert hatte, zog sie Kunden aus aller Welt an.

Um die Innen- und Außenhaut des Rumpfs der *Sayonara* zu fertigen, wurden Schichten aus Kohlefaser in eine Form gelegt und mit Harz imprägniert, sodann gepresst, um Luftblasen zu eliminieren, und schließlich in einem riesigen Ofen erhitzt. Der Mast wurde in einem ähnlichen Vorgang von einer anderen Aucklander Firma hergestellt, der Southern Spars. Ein Mast aus Kohlefaser hat zwei Vorteile: Erstens wiegt er 25 Prozent weniger als ein Mast aus Aluminium. Und zweitens ist Carbonfaser steifer als Aluminium, sodass die Energie, die durch einen biegsameren Mast absorbiert würde, stattdessen dem Antrieb des Boots dient. Solche Pluspunkte haben ihren Preis: Der Mast und das Rigg der *Sayonara* kosteten über 300 000 Dollar, wohingegen ein Rigg auf Basis eines Aluminiummastes unter 200 000 Dollar gekostet hätte.

Manche Segler vertreten die Auffassung, dass der Trend zu leichten Yachten zu weit gegangen ist und dass Boote wie die *Sayonara* und die *Sword of Orion*, die sich aus Gründen der Stabilität auf flossenähnliche Kiele mit speziellen strömungsgünstigen Profilierungen stützen statt auf die weitaus größeren traditionellen Kiele, zu schnell kentern und eher übergroßen Windsurfern als hochseetüchtigen Schiffen ähneln. Für die Teilnahme am Hobart war für die meisten Yachten eine »begrenzte positive Stabilität« von mindestens 115 Grad erforderlich, das heißt, wenn sie sich bis zu 25 Grad neigen, richten sie sich wieder auf, statt zu kentern. Ungeachtet dieser Maßgaben halten es manche Segler dennoch für unmöglich, ein wirklich stabiles Schiff zu bauen, ohne dass es über einen stattlichen Kiel verfügt. Andererseits trifft auch zu, dass Holzyachten wie die *Churchill*, die gewaltige Kiele haben, nur so seetüchtig wie die schwächste Planke sind – und die See ist unbarmherzig im Aufspüren von Schwachstellen.

Aber selbst auf der *Sayonara* gab es reale Gefahren. Da es mitunter unmöglich war, sich irgendwo festzuhalten, wenn die Wellen auf

Deck schlugen, waren Sicherheitsgurte und -leinen erforderlich, um zu verhindern, dass Mitglieder der Besatzung über Bord gespült wurden. Während der monatelangen Whitbread-Regatta war T. A. McCann nur einmal gestürzt und dank seiner Sicherheitsleine gerettet worden; in den vorangegangenen 24 Stunden war ihm das schon zweimal passiert. Er hatte Glück gehabt: Beide Male blieb er an Bord. Als eine Welle das Crewmitglied Curtis Blewitt erwischte, wurde dieser unter der Reling hindurch ins Wasser gespült. Dank seiner Sicherheitsleine blieb er an der Backbordseite des Rumpfs hängen, mit dem Kopf über Wasser, während der übrige Körper über die Wellenspitzen schrammte.

»Macht schon, holen wir ihn wieder hoch«, schrie Allen.

Von T. A. gehalten, beugte sich Allen über die Kante, packte Blewitts Gurtzeug und zog ihn, während er mit dem rauschenden Wasser kämpfte, wieder zurück an Deck. Hinterher verfiel Blewitt, auch er ein Whitbread-Veteran, in hysterisches Gelächter, allerdings konnte niemand einschätzen, ob das an seinem Sinn für Humor oder an einem geistigen Delirium lag.

Abermals frischte der Wind so sehr auf, dass man das Großsegel reffen musste. Im selben Moment, als Chris Dickson die Yacht in den Wind drehte, um den Druck auf das Segel zu reduzieren, brach eine Welle über die Bordwand herein. Phil Kiely, der gerade von der Kante aufstehen wollte, hatte sie nicht kommen sehen. Er verlor die Verbindung zu allem außer seiner Sicherheitsleine, während ihn das Wasser ein, zwei Meter über das Deck hob. Als er herabstürzte, prallte er mit der Außenkante seines rechten Fußes zuerst auf und blieb fast in der Mitte des Cockpits zusammengekrümmt liegen. Als er an sich hinuntersah, glaubte er, der Seestiefel sei ihm heruntergerutscht, da er im rechten Winkel zu seinem Bein lag; aber als er nach unten tastete, fühlte er, dass der Fuß noch im Stiefel steckte, und erkannte, dass die Knochen von Bein und Fuß nicht mehr miteinander verbunden waren. Da er Angst hatte, er könnte ohnmächtig werden, schlang er die Arme um die mittlere Winsch und wartete, dass der Schmerz einsetzte.

Auch T. A. hatte ein Problem. Er bemühte sich gerade, das Vorliek des Segels herunterzuziehen, aber es wollte nicht nachgeben. Irgendetwas klemmte. Der unterste Abschnitt des Segels wurde mit fünf »Rutschern« am Mast gehalten, Metallbeschlägen, die an das Segel genäht waren und in einer Metallschiene liefen, die an der Rückseite des Mastes verlief. Streng genommen waren es drei einzelne Schienen, die eine Gerade bildeten, damit die Rutscher ungehindert darin nach oben und unten gleiten konnten. Allerdings war der mittlere, etwa 60 Zentimeter lange Abschnitt aus der Flucht gesprungen, und so stapelten sich die Rutscher übereinander, ungefähr eineinhalb Meter oberhalb der Verbindungsstelle von Baum und Mast. Als T. A. erkannte, dass er jeden einzelnen Rutscher von einer Schiene zur nächsten schieben musste, kletterte er am Mast hinauf und stellte sich auf den Baum. Während er sich mit einer Hand am Mast festhielt, versuchte er gemeinsam mit Robbie Naismith, der im Cockpit stand, die einzelnen Rutscher zu bewegen. Aber so fest T. A. auch an ihnen zog und schob, er konnte einfach keinen in die mittlere Schiene hineindrücken. Verzweifelt hämmerte er mit einer Winschkurbel auf einen der Rutscher ein, wodurch sich aber nur das mittlere Schienenteil vom Mast löste.

»Halt – nicht ziehen«, schrie er zu Robbie hinunter.

»So ein verfluchtes Chaos«, brüllte Joey Allen, der nahe beim Mast stand. »Wir müssen die Schiene abnehmen.«

Bei einer Windstärke von 60 Knoten fiel jeder Handgriff schwer. Das galt auch für das Herausdrehen der zwanzig Schrauben, mit denen die Mittelschiene am Mast befestigt war. Als Allen und T. A. schließlich alle Schrauben gelöst und die Schiene abgenommen hatten, mussten sie eine noch schwierigere Arbeit erledigen – die

Rutscher einzeln mit der Hand von der oberen Schiene abnehmen und in der untersten einhaken. Obwohl das Boot direkt im Wind lag, stand eine enorme Spannung auf dem Segel, die es mitsamt den Rutschern vom Mast fortriss. Allen und T. A. wussten, dass sie die Rutscher möglicherweise verlieren würden, aber sie hatten keine andere Wahl. Sie stellten sich auf den Großbaum, und Allen versuchte, den ersten Rutscher abzunehmen. Er flog ihm aus der Hand, knallte ihm an die Stirn und hinterließ dort eine tiefe Delle. Ihm wurde schwarz vor Augen, was so weit ging, dass er nur noch einen dunklen Punkt sah, und er glaubte, im nächsten Moment das Bewusstsein zu verlieren. T. A. hatte gesehen, dass Allens Augen nach oben rollten, und schrie: »Werd jetzt bloß nicht ohnmächtig! Wir brauchen dich.«

Allen blieb bei Bewusstsein, aber T. A. löste ihn trotzdem schnell auf dem Baum ab. Nachdem er den ersten Rutscher in die untere Schiene gedrückt hatte, hielt er den zweiten in der rechten Hand. Sein linker Daumen lag auf dem unteren Abschnitt der Schiene. Um den Rutscher herunterzuziehen, zerrte Naismith ruckartig an der Innenbords-Reffleine. In diesem Moment passierte es, dass ein Rutscher, von dem T. A. annahm, er sei bereits in die Schiene geglitten, ihm tief in den Daumen schnitt.

»Stopp – wieder hoch damit!«, rief T. A. Das Blut sprudelte nur so, und er glaubte, der Daumen sei von der Hand abgetrennt worden. Trotzdem schaffte er es, den Rutscher in die untere Schiene zu bekommen. Es handelte sich bloß um eine Schnittwunde, und während er damit beschäftigt war, seinen Daumen mit Tape zu umwickeln, gelang es Allen, die letzten drei Rutscher in die untere Schiene zu drücken.

Ellison, der T. A. und Allen vom Cockpit aus zusah, hatte großen Respekt vor der Leistung der beiden Männer. »Aber so geht das nicht weiter«, sagte er zu Dickson. »Wie viel von der Schiene ist ein

Problem? Können wir sie reparieren? Oder können wir auch ohne sie segeln?«

»Es betrifft nur einen Teil der Schiene. Das kann uns nicht vom Segeln abhalten.«

Doch durch das ganze Durcheinander wurde das Großsegel in Mitleidenschaft gezogen. Während es wild hin und her schlug, hatte sich nahe dem Achterliek ein Riss gebildet, etwa sieben Meter über dem Großbaum. Angesichts des Risses und der hohen Windstärke beschloss Dickson, dass Segel komplett zu bergen. »Wenn wir es nicht runternehmen«, schrie er, »reißt es ganz ein.«

Als Justin Clougher auf allen vieren herumkroch, um eine Position zu finden, aus der er am Segel ziehen konnte, fiel sein Blick auf eine zusammengesunkene Gestalt an der Winsch.

»Wer ist das dahinten?«, fragte Clougher. »Bist du verletzt?«

Während des Kampfs mit dem Segel hatte Kiely auf keine Weise auf sich aufmerksam gemacht. »Ja. Am Knöchel.«

»Du kannst da nicht sitzen bleiben, wenn wir das Segel runternehmen.« Clougher ahnte nicht, wie schwer Kiely verletzt war. »Geh zurück zum Steuerrad; dort kann keiner auf dich treten.«

Kiely rutschte gehorsam zum Heck, ohne mit einem Wörtchen zu klagen. Erst als das Großsegel am Baum festgeknotet war, wurde er von Clougher und T. A., die vor dem Whitbread eine Sanitäterausbildung gemacht hatten, unter Deck getragen und auf eine Koje gelegt. Da sie befürchteten, Kielys Fuß noch mehr zu verletzen, wenn sie ihm den Seestiefel auszogen, schnitten sie diesen mit einer Schere auf. Genauso wie Kiely vermutet hatte, hing der Fuß nur noch mit Haut und Sehnen am Bein. Clougher tat sein Bestes, um Kiely in der Koje anzugurten. Das einzige Schmerzmittel an Bord war Kodein, doch Kiely hatte sich bereits vorgenommen, dass er – egal, wie's ihm ging – nicht daran schuld sein wollte, wenn die *Sayonara* das Rennen abbrach.

Ellison, dem T. A. erzählt hatte, was passiert war, kniete sich neben die Koje. »Mir geht's gut«, behauptete Kiely.

Ellison setzte zwar eine mitfühlende Miene auf, aber Krankenschwester spielen war nicht gerade seine Stärke. »Vergiss nicht, es war deine Idee, an der Regatta teilzunehmen.«

»Mach dir meinetwegen keine Gedanken. Mich kann nichts davon abhalten, an Bord zu sein, wenn wir die Ziellinie überqueren.«

Das Segel zu bergen war ein derart unkoordiniertes Manöver gewesen, dass Joey Allen beschloss, die Crew abzuzählen. Solange das Wach-System noch funktionierte, war es relativ leicht, im Auge zu behalten, wer an Deck war. Aber inzwischen waren so viele Crewmitglieder angeschlagen und nicht in der Lage, an Deck zu bleiben, dass ein viel größeres Risiko bestand, dass jemand unbemerkt über Bord ging. Als nach dem Abzählen einer fehlte, hakte Allen im Geist alle Namen ab, bis er zu Frizzle kam.

»Wo ist Frizzle?«, brüllte er. »Hat jemand Frizzle gesehen?«

Fieberhaft suchte er erst das Deck und dann die Kabine ab. Mark Rudiger drückte den Knopf MANN ÜBER BORD am GPS und schloss sich der Suche an. Ein paar Minuten später fand man Frizzle – er lag im Tiefschlaf auf dem Kabinenboden, teilweise von einem leeren Segelsack verdeckt, den er zur Decke umfunktioniert hatte.

Phil Kiely war nicht das einzige verletzte Mitglied der Crew. Bob Wylie, einer der Großsegel-Trimmer, hatte sich beim Aufprall gegen eine Winsch mehrere Rippen gebrochen. Dave Culver, ein Kalifornier, der zusammen mit Dennis Conner beim America's Cup 1992 gesegelt war, hatte einen tiefen Schnitt im Daumen. Er hatte keine Ahnung, wie das passiert war. Tugboat hatte sich den Knöchel verstaucht, humpelte jedoch weiter in der Kabine herum und überwachte den Zustand des Laminats.

Den Rest der Nacht hielt sich der Wind bei etwa 60 Knoten, und die *Sayonara* segelte einzig unter der Sturmfock weiter, dem mit nur 110 Quadratmeter kleinsten Segel. Selbst mit lediglich einem Zehntel ihrer üblichen Segelfläche machte die Yacht noch beinahe 10 Knoten Fahrt.

Rupert Murdoch hielt sich, so gut er konnte, über die Regatta auf dem Laufenden. Am späten Sonntagabend nahm ein Redakteur der Abendschicht des *Daily Telegraph*, der auflagenstärksten Zeitung der News Corporation in Sydney, einen Anruf an und hörte am anderen Ende Murdochs vertraute Stimme. »Wissen Sie, wo sich die *Sayonara* befindet?«

»Als sie sich zuletzt gemeldet hat, lag sie an erster Stelle – aber es sind die übelsten Bedingungen seit Menschengedenken.«

»Gut«, schmunzelte Rupert Murdoch, der das offenbar nicht richtig verstanden hatte. »Klingt so, als würde es den Charakter bilden.«

Teil 4: In Wind und Wellen

28

Um 23.12 Uhr am Sonntagabend nahm ein Beamter des Australischen Seenot-Such- und -Rettungsdienstes (AusSAR) namens David Cole Funkkontakt mit Neil Boag auf. Da Cole und seine Kollegen von der *Winston Churchill* nichts mehr gehört hatten, seit Boags Flugzeug fünf Stunden zuvor eine Sichtung gemeldet hatte, wollte er Boag befragen, was er gesehen hatte. Es dauerte nicht lange, bis man herausgefunden hatte, dass ein Fehler unterlaufen war. Das geortete Schiff sehe aus wie eine moderne Yacht mit Mastbruch, sagte Boag. Cole hingegen war sich sicher, dass niemand die *Churchill* für modern halten würde, und glaubte auch nicht, dass sie entmastet worden war.

Die *Churchill* wurde unverzüglich wieder auf die Prioritätenliste gesetzt. Nachts konnte man zwar nicht viel ausrichten, dennoch wurde sofort eine P-3 Orion in das Gebiet entsandt, in dem Korvettenkapitän Galletly hatte suchen wollen, und angewiesen, in dieselbe Richtung wie die Strömung zu fliegen und unterwegs extrem starke Leuchtsignale abzuwerfen. Man hatte gehofft, dass die Crew der *Churchill* ihrerseits mit Notsignalen antworten würde, aber es wurden keine gesehen.

Um Mitternacht versammelten sich mehrere Beamte des AusSAR, um ein Konzept für eine sehr viel weiträumigere Suche zu entwickeln, das bei Tagesanbruch umgesetzt werden sollte. Wenn man die ungefähre Position, die Winning angegeben hatte, sowie Schätzungen für die daraus sich ergebende Einwirkung von Wind und Strömung einbezog, handelte es sich um ein potenziell riesiges

Suchgebiet, nach einer Berechnung 400 Quadratkilometer groß. Weil er seine Rettungseinsätze effektiver gestalten wollte, forderte der AusSAR einen Hubschrauber auf, mehrere auffindbare Bojen abzuwerfen, um so Richtung und Geschwindigkeit der Strömung einschätzen zu können. Unterdessen unterteilte man das größtmögliche Gebiet in kleine Planquadrate und organisierte die Logistik für eine Suchaktion: P-3-Orion-Aufklärungsflugzeuge der Luftwaffe auf der höchsten Ebene, Hubschrauber auf der untersten und Starrflügler in der mittleren.

Während die Planungen weiterliefen, rief Brian Wiley, ein leitender Koordinator des AusSAR, einen seiner Kollegen in Hobart an und beauftragte ihn, die Verantwortlichen des CYC, die sich am Ort versammelt hatten, zu bitten, einen Abbruch der Regatta in Erwägung zu ziehen. Dem AusSAR gingen allmählich die Flugzeuge und Hubschrauber aus. Es kamen zwar mehrere Funktionäre des CYC zusammen, um das Ersuchen zu erörtern, aber sie kamen zu dem Schluss, dass sich die Flotte schon mitten in dem Sturm befand. Eine Änderung des Kurses würde nicht helfen. Tut uns Leid, teilten sie Wiley mit, aber es sei zu spät.

Während eines Großteils der Nacht wurde Richard Winnings Rettungsinsel von sintflutartigen Regenfällen durchgerüttelt. Beaver verlangte Antworten. »Wird uns jemand holen? Hat jemand unseren Notruf gehört?«

»Ich habe mit dem Hubschrauberpiloten gesprochen«, antwortete Winning. »Die Verbindung war schlecht, aber wir haben ja das EPIRB. Man wird uns schon finden.«

Beaver hatte noch eine Frage. »Werden die Wellen die Insel umkippen?«

Diese – bislang unausgesprochene – Möglichkeit stand auch für Bruce Gould an erster Stelle, allerdings hatte er keinen Sinn darin gesehen, darüber zu reden. »Beaver, du wirst diesen Scheißdreck hier durchstehen«, sagte Gould. »Du hast noch nicht genug schlimme Dinge in deinem Leben verbrochen. Du wirst auf keinen Fall hier draußen sterben.«

Wegen der undurchdringlichen Wolkendecke waren weder Mond noch Sterne sichtbar. Und auch die Wellen waren nicht zu sehen, und zwar weder bevor sie heranrollten, noch nachdem sie vorbeigezogen waren. Manche Brecher klangen wie Donnergrollen, während sie auf die Rettungsinsel zukamen, andere dagegen trafen ohne jede Ankündigung ein. Unmittelbar vor Einbruch der Dunkelheit hob eine der ruhigen Wellen die Rettungsinsel empor und fing gleichzeitig an, sich zu überschlagen. Gefangen in dem Weißwasser, raste die Rettungsinsel auf etwas dahin, das den Männern wie eine endlose holprige Straße vorkam. Die Wände der Insel bogen sich, als wären sie aus Pudding, Leiber prallten aufeinander wie Auto-Scooter, und als der Ritt vorüber war, lag die Insel mit der Oberseite nach unten. Vier Männer waren unter Wasser, eingeschlossen im Inneren der Insel durch ihr Schutzdach, ineinander verheddert, unsicher, was oben und was unten war. Lumpy wurde mit dem Gesicht nach unten gegen das Dach gepresst, er fühlte Leiber auf sich, und er war sich sicher – absolut sicher –, dass er im nächsten Moment ertrinken würde. Beaver machte einen Handstand, wobei seine Hände gegen das Dach drückten, doch zuerst merkte er gar nicht, dass er unter Wasser war.

Binnen Sekunden hatten jedoch alle ihre Gleichgewichtsgefühl so weit wieder gefunden, dass sie die Luftblase im Inneren der umgedrehten Rettungsinsel fanden. In dieser Luftblase schnappten sie nach Luft. Zwischen dem Wasser und dem Boden der Rettungsinsel waren nur knapp 30 Zentimeter Platz. Dank Lumpys kleiner wasserdichter Taschenlampe war genug Licht vorhanden, um den Schrecken auf den Gesichtern aller zu sehen. Selbst Winning war zutiefst verängstigt. Bis zu diesem Zeitpunkt war er überzeugt gewesen, dass alles in Ordnung kommen würde, wenn er sich an die Grundsätze hielt, die er in seiner Kindheit erlernt hatte, und er war ein Vorbild an Ruhe und Zuversicht gewesen. Aber weil er im Gebrauch von Rettungsinseln nie geschult worden war, war er auf das hier nicht vorbereitet.

Beaver war völlig außer sich. »Was sollen wir bloß tun? Was machen wir jetzt bloß?«

Was immer das sein mochte, es musste bald geschehen. Als Winning spürte, dass es schwerer wurde zu atmen, rief er: »Uns geht die Luft aus!«

»Ganz genau!«, sagte Beaver. »Wir sind vier – in diesem kleinen Raum. Wir müssen raus hier – oder die Insel wieder umdrehen.«

»Vielleicht können wir uns alle auf eine Seite setzen und sie umkippen«, meinte Lumpy.

Beaver hatte sich inzwischen wieder so weit beruhigt, dass ihm etwas aus seinem Kursus für Handelsschifffahrt einfiel: Am Boden jeder Rettungsinsel soll eine Leine befestigt sein, die, wenn man von außen daran zieht, die Insel wieder in eine aufrechte Position bringen kann. Er meinte sogar, gehört zu haben, dass ein Tau gegen den Boden geschlagen hatte, der jetzt von oben auf seinen Kopf drückte. Er schrie beinahe: »Da ist eine Leine. Einer muss raus und so lange daran ziehen, bis die Insel sich wieder auf den Kopf stellt.«

Alle waren skeptisch, wenn nicht hinsichtlich der Leine, so im Hinblick auf die Vorstellung, dass jemand außerhalb der Rettungsinsel schwimmen und sie wieder auf den Kopf stellen konnte, ohne davongespült zu werden.

»Beaver – bist du ein guter Schwimmer?«, fragte Steamer.

»Ich? Unmöglich! Kommt gar nicht infrage.«

Winning schnitt weitere Diskussionen ab und erklärte: »Quasselt hier nicht rum – uns geht die Luft aus.« Er zog seine Rettungsweste aus, die seiner Meinung nach verhindern würde, dass er tauchen konnte, und schwamm durch die Öffnung nach draußen. Nachdem er aufgetaucht war, zog er sich ein wenig an der Wand hoch, damit er den Boden sehen konnte. Aus dieser Position erblickte er eine Leine, die auf dem Boden zwischen zwei gegenüberliegenden Punkten verlief. Weil er annahm, dass es sich um das von Beaver erwähnte Tau handelte, griff er danach, die Knie gegen die Seite der Insel gedrückt. Dann lehnte er sich nach hinten und hoffte, dass sein Gewicht ausreichte, um die Insel umzudrehen. Zunächst bewirkte das Ganze jedoch nur, dass der Boden nachgab. Dann aber, als die gegenüberliegende Seite sich leicht von der Wasseroberfläche hob und den Wind plötzlich einfing, drehte sich die Insel um. »Wir kippen«, schrie er, während er ins Wasser zurückfiel.

Dabei verlor er den Halt und landete ein, zwei Meter entfernt von der Insel, aber mit ein paar Zügen schwamm er zurück. Nachdem er sich durch die Öffnung gezogen hatte, war er ganz weiß im Gesicht. »Immerhin wissen wir jetzt, dass wir's schaffen können. Aber, verdammt, ich hoffe, dass das nicht noch mal passiert.«

Die Rettungsinsel war voller Wasser. Beavers Stiefel, der, den er zum Eimer umfunktioniert hatte, war verschwunden, deshalb zog er den anderen aus und füllte ihn mit Wasser.

Jede Welle erzeugte die schreckliche Furcht, dass die Rettungsinsel noch einmal umkippen könnte; diese Angst wurde jedoch eher durch Augenkontakt als durch Worte mitgeteilt. Lumpy spürte, dass sie die gemeinsame Abwehr verband, dass das Band aber mit Sicherheit zerreißen würde, wenn er Beaver erkennen ließ, wie groß seine Angst war. Für ihn symbolisierte Winning absolute Kraft, übermenschlichen Mut. *Ich muss aus seiner Stärke schöpfen, damit Beaver aus meiner schöpfen kann.*

Außerdem dachte er an die Unterkühlung, die einsetzt, sobald ein Mensch seine Körperwärme schneller verliert, als er sie produzieren kann. Obwohl niemandem regelrecht kalt war, hatte doch jeder irgendwann einmal gefröstelt, und das konnte durchaus ein erstes Krankheitszeichen sein. Die Unterkühlung kann so langsam fortschreiten, dass man sie nicht wahrnimmt, außerdem zeigten sich bei den Crewmitgliedern bereits erste andere Anzeichen möglicher Probleme – Muskelsteife, Ungeschicklichkeit sowie Schläfrigkeit. Wenn ihre Körpertemperatur genügend tief gefallen war, hätte die Mannschaft Mühe, zu sehen und zu sprechen, und würde unter gefährlicher Desorientierung leiden. Zum Schluss führt die Unterkühlung dazu, dass die Opfer ins Koma fallen und tödliche Organschäden erleiden.

Auch Steamers Rettungsinsel war gekentert. Als die fünf Passagiere die Luftblase fanden, war es stockdunkel. Michael Bannister fand als Erster die Sprache wieder: »Jemand muss raus und die Insel aufrichten. Sonst kriegen wir enorme Schwierigkeiten.« Jim Lawler meldete sich sofort freiwillig, sah dann aber Komplikationen voraus: »Um rauszugehen, muss ich meine Rettungsweste ausziehen.«

Steamer kannte Lawler, der 17 Hobarts gesegelt hatte, als einen höchst kompetenten Segler. Er war seit vier Jahrzehnten als Marineingenieur tätig und arbeitete inzwischen in leitender Stellung als Gutachter für das American Bureau of Shipping, die internationale Klassifikationsbehörde, die festlegt, ob ein bestimmtes Schiff versichert werden kann. Der 59-jährige Lawler begutachtete tagtäglich die Seetüchtigkeit aller möglichen Seefahrzeuge – von Frachtschiffen bis zu Kreuzfahrtschiffen, wobei er unter anderem dafür sorgte, dass sie die erforderliche Sicherheitsausrüstung an Bord hatten.

Steamer, der sich nicht vorstellen konnte, wie Lawler es schaffen wollte, außerhalb der Rettungsinsel zu schwimmen und diese umzudrehen, ohne dabei davongespült zu werden, sagte: »Das ist zu gefährlich.« Nach einer Pause fügte er hinzu: »Vielleicht sollten wir auf dem Kopf bleiben. So scheint mir die Insel stabiler zu sein.« Er hatte zwar noch nie gehört, dass sich jemand freiwillig entschlossen hätte, in einer umgedrehten Rettungsinsel auf den Wellen zu reiten, aber es fiel ihm auch kein Grund ein, der dagegen sprach. Obwohl sie alle zumindest einen Fuß auf dem aufblasbaren Schutzdachträger aus Gummi hatten und schultertief im Wasser standen, war ihnen nicht besonders kalt.

Als ein Brecher über der Insel zusammenkrachte, zeigte sich einer der Fehler in Steamers Strategie. Hinterher lag nämlich eine Pfütze auf dem durchhängenden Boden, der so weit eingedrückt war, dass alle mit dem Kopf teilweise unter Wasser gerieten. Indem sie gegen den Boden drückten, konnten sie zwar den größten Teil des Wassers wegschlagen, aber der Vorfall rief ihnen in Erinnerung, dass sie nur über einen begrenzten Luftvorrat verfügten.

Da er überzeugt war, dass niemand die Rettungsinsel umdrehen konnte, ohne von einer Welle erwischt zu werden, schlug Steamer vor, mit dem Kappmesser, das Gibbo von der *Churchill* mitgenommen hatte, eine Öffnung in den Boden (jetzt das Dach) zu schneiden. »Wenn's uns nichts ausmacht, so zu bleiben, können wir doch einfach den Boden ein wenig einschlitzen, damit wir etwas Sauerstoff bekommen.«

Nur Michael Bannister hatte Einwände. »Ich glaube, einer muss rausgehen. Ich bin bereit, es mal zu versuchen.«

»Michael, das würde ich nicht empfehlen«, sagte Gibbo. »Da draußen lauert der Tod.« Er bereute diese melodramatischen Worte sofort, aber als ein weiterer Brecher auf die Rettungsinsel einhämmerte, fand er sie absolut zutreffend.

Weil die geplante Operation ihre jetzt schon kippelige Rettungsinsel weiter beschädigen konnte, übereilten sie nichts. Aber sowie sie übereingekommen waren, dass die beste Stelle für einen Schnitt nahe der Seite war, dort, wo der Boden anscheinend verstärkt war, schob Jim Lawler die Klinge behutsam durch den Boden, wodurch er einen zehn Zentimeter langen Schlitz schuf. Als sie im Anschluss daran den Boden vorsichtig hochdrückten, etwa so wie einen Blasebalg, spürten sie, wie frische Luft hereinströmte.

Doch es war ein schrecklicher Fehler gewesen, der Rettungsinsel mit einem Messer zu Leibe rücken. Denn schon weniger als eine Stunde später, als eine Welle die Insel hochkant gestellt hatte und die Gruppe auf den Boden gepurzelt war, erstreckte sich der Schlitz über die Hälfte des Bodens. Die Öffnung war so groß, dass jeder durch den Boden hätte herausrutschen können. Ihre Luftnot hatte sie in eine böse Falle geführt.

»Wir müssen eben auf Teufel komm raus durchhalten«, meinte Steamer.

Für Gibbo, für den bereits feststand, dass die wahre Natur der Rettungsinsel böse war, hatte der Schnitt einen Dämon befreit, und zwar einen, der ihn und die anderen, ohne jede Ankündigung, ins Meer werfen konnte. Seine Abwehr war begrenzt, dann aber fielen ihm sein Gurt und die Sicherheitsleine ein, und er schlug Lawler vor: »Es könnte nützlich sein, wenn ich das Ding hier an der Insel befestige.«

»Das«, erwiderte Lawler, »würde vermutlich nicht schaden.«

Später in der Nacht kenterte Winnings Rettungsinsel noch einmal. Diesmal wussten zwar alle, was passiert war, aber die enorm heftige Bewegung und das jähe Untertauchen waren trotzdem genauso Furcht erregend wie beim ersten Mal. Als Lumpy schließlich mit seiner Taschenlampe die Luftblase ausleuchtete, zählte er drei Köpfe.

»Richard!«, schrie er.

»Ich bin hier draußen, Junge.«

Winning, der seine Schwimmweste nach dem ersten Überschlag nicht wieder angezogen hatte, war schon draußen und kletterte die

Wand der Insel rauf. Während er an der Leine zog, spürten die anderen, wie sich die Insel eindellte. Wie beim ersten Mal brachte er sie rasch wieder in die aufrechte Position. Nachdem er durch die Öffnung geplumpst war, erklärte Lumpy: »Das hat mir eine Heidenangst eingejagt. Passiert das jetzt etwa die ganze Nacht?«

Winning sah ihn böse an: »Daran dürfen wir nicht einmal denken.«

Beaver war tief erschüttert. »So geht das einfach nicht mehr weiter«, erklärte er. »So geht das einfach nicht.«

Alle fanden, dass sie mehr tun mussten, um die Insel vor den größten Seen zu schützen. Lumpy schlug vor: »Wenn eine ganz große Welle kommt, stemmen wir uns mit unserem ganzen Gewicht gegen die Wände.«

Beaver konzentrierte sich mit aller Kraft darauf, möglichst schnell auf die anrollenden Wellen zu reagieren, und kam zu der Überzeugung, dass sie nun zuverlässige Verteidigungsmaßnahmen ergriffen hätten. »Wir haben's geschafft. Jetzt kippen wir bestimmt nicht wieder um.« Aber keiner teilte seine Zuversicht, die Männer waren vielmehr überzeugt, dass sein überschäumender Optimismus nicht lange anhalten würde.

Ein paar Minuten darauf sagte Winning, er habe durch den Einstieg ein Schiff gesehen, und schoss eine Leuchtrakete ab. »Seht, man kann sein Licht am Horizont erkennen.« Aber außer ihm hatte niemand etwas bemerkt, und später gelangte er zu der Ansicht, dass es ein Trugbild gewesen war. Denn in keiner Richtung war etwas anderes zu sehen als der sturmgepeitschte Ozean.

29

Kurz nach Mitternacht, am frühen Montagmorgen, startete ein Sea-King-Hubschrauber der australischen Marine unter dem Kommando von Paul »Tanzi« Lea von der Küstenstadt Merimbula und flog in Richtung der *Sword of Orion*. 1979 hatte Tanzi – damals als Pilot der britischen Marine – mehrere Segler während der katastrophalen Fastnet-Regatta aus Seenot gerettet. Er war 1990 nach Australien ausgewandert und in die Royal Australian Navy übergewechselt. Das Wetter während des Fastnet-Rennens war schrecklich gewesen, doch Tanzi, der inzwischen 53 war, hielt die jetzigen Flugbedingungen für sehr viel übler. Die Wolkendecke lag nur 120 Meter über dem Wasser; er flog auf einer Höhe von 60 Metern und konnte außer dem stürmischen Regen, der gegen die Glasscheibe vor seinem Gesicht prasselte, überhaupt nichts erkennen. Nach einer Flugstunde war das Wetter derartig rau, dass Dave Hutchinson, der normalerweise die Winde bediente, luftkrank wurde und sich übergeben musste.

Neil Boag hatte ihnen eine Position der *Sword* durchgegeben, doch als Tanzi dort eintraf, sah er keine Yacht. Da ihm bewusst war, dass die Strömung und der Wind mehrere Stunden Zeit gehabt hatten, das Boot fortzutreiben, flog er immer größere Runden und meldete sich gleichzeitig über Funk.

»*Sword of Orion. Sword of Orion.* Hier ist Shark Twenty.« Er verwendete jetzt den Codenamen seines Helikopters. »Wir befinden uns im Suchgebiet. Bitte melden Sie sich auf dieser Frequenz.«

Aber auch nach mehr als einer Stunde hatte er nichts gesehen und gehört. »So kommen wir nicht weiter«, sagte er über Bordfunk. »Die sind vermutlich weit abgetrieben. Lasst uns zur ursprünglichen Position zurückkehren und zwanzig Meilen geradewegs mit dem Wind fliegen. Mal sehen, was das bringt.«

»Gar keine schlechte Idee – bei dem Tempo, mit dem wir Kraftstoff verbrauchen«, sagte Kopilot Chris Money.

Dieses Vorgehen beruhte zwar in hohem Maße auf Zufall, doch bereits nach wenigen Minuten, nachdem sie gewendet hatten und mit dem Wind flogen, entdeckte Money ein Licht. »Nach links jetzt«, wies er Tanzi über die Bordsprechanlage an. »Okay, weiter noch links. Das Licht ist jetzt direkt vor uns.« Es war 2.35 Uhr, der Hubschrauber befand sich 170 Kilometer von Land entfernt. Während er in der Nähe der *Sword* herunterging und seinen starken Scheinwerfer auf die entmastete Yacht richtete, wirkte sie auf ihn nackt und verletzlich, wie sie da von einer Seite zur anderen schlingerte.

»Verdammt«, sagte er. »Die sieht ziemlich ramponiert aus.«

Money ahnte schon, dass es schwierig werden würde, jemanden bei diesen Bedingungen zu bergen. Die meisten Wellen waren über zehn Meter hoch, und einmal zeigte der Höhenmesser, dass die Entfernung zwischen Hubschrauber und Wasser von 30 auf 15 Meter gefallen war, was darauf hinwies, dass eine 15 Meter hohe Welle vorbeigezogen war. Während Tanzi die Maschine gegen einen Wind von 60 bis 70 Knoten und Sturmböen von bis zu 82 auf der Stelle zu halten versuchte, ließ Brian »Dixie« Lee, ein 33-jähriger Gefreiter, der direkt neben der Tür des Hubschraubers saß, ein Rauchsignal ins Wasser fallen, um Tanzi einen visuellen Anhaltspunkt zu geben. Bei dem Wind und bei den Wellen brachte das allerdings kaum etwas.

»Hier ist die *Sword of Orion*«, meldete sich Carl Watson über Funk. Seit einer halben Stunde fing er schon die Funkmeldungen des Hubschraubers auf, aber dies waren die ersten Sätze, die Tanzi von der *Sword* hörte.

»Okay, *Sword of Orion*. Hier Shark Twenty. Wir haben Sie gefunden. Wie ist die Lage?«

»Wir nehmen Wasser über und benötigen sofortige Hilfe.« Dann schilderte Watson ihm, wie sich an der Steuerbordseite das Deck vom Rumpf gelöst hatte.

»Okay. Können Sie Ihr EPIRB ausschalten?«

Tanzi erklärte ihm, dass die zahlreichen Notsignale die Such-und Rettungseinsätze erschweren. Aber als Nigel Russell ins Cockpit stieg und an der Leine zog, an der die Seenot-Funkboje hätte hängen sollen, war am anderen Ende nichts. »Das EPIRB ist weg«, sagte er zu Watson. »Die Leine ist gerissen.«

Weil Tanzi hoffte, einen besseren Blick auf die Yacht zu bekommen, schob er einen Hebel nahe der rechten Seite seines Sitzes nach vorn, um den Winkel der Rotorblätter zu verringern, und steuerte den Hubschrauber näher an die *Sword* hinunter. Das Suchlicht drang durch die Risse in dem geborstenen Kajütdach aus Fiberglas und schuf ein Spinnennetz aus Licht. Tanzi kannte sich zwar wenig aus mit Booten, aber die Trümmer an Deck und der Wust an Leinen, den sie hinter sich herzog, überzeugten ihn, dass Watson nicht übertrieben hatte hinsichtlich der Gefahr, in der die Yacht schwebte.

Über den Bordfunk fragte Tanzi: »Was wollen wir machen? Ein Präzisionsschwebeflug direkt über der Yacht dürfte schwierig werden. Und jemanden darauf abzusetzen ist viel zu gefährlich.«

Die anderen Flieger waren einverstanden. Anstatt einfach das einzige Stahlseil des Hubschraubers zur Yacht hinunterzulassen, wollten sie an dessen Ende eine »Bergeleine« befestigen. Die Bergeleine ist ein Tau, das über eine »Sollbruchstelle« verfügt, die unter Spannung reißen soll. Während Tanzi über die *Sword* flog, würde die Bergeleine, jedoch nicht das Stahlseil selbst, über das Deck geschleppt werden, sodass einer der Segler diese packen konnte. Sollte sich das Stahlseil mit dem Boot verheddern, müsste man es es kappen, und der Einsatz müsste abgebrochen werden. Aber wenn sich die Bergeleine verhängte, würde das keine Rolle spielen, denn die Sollbruchstelle würde einfach nachgeben, wodurch das Stahlseil unbeschädigt bliebe.

Um 2.50 Uhr meldete Tanzi der *Sword* über Funk: »Wir haben zwar nicht mehr viel Kraftstoff, aber Ihr Boot ist in sichtlich schlechtem Zustand. Wir glauben, wir sollten die Bergung jetzt durchführen. Kennen Sie sich mit der Bergeleinen-Methode aus?«

»Ja, ich«, antwortete Watson.

»Okay. Tut uns Leid, dass wir das so machen müssen – aber es ist zu gefährlich, einen von unseren Jungs abzuwinschen.«

Tanzi stellte den Radarhöhenmesser so ein, dass er 20 Meter über dem Wasser »stehen« konnte. Dann klemmte er sich den Steuerknüppel zwischen die Knie und versuchte, den Hubschrauber gegen den Wind an Ort und Stelle zu halten. Weil er sich ganz auf das Fliegen konzentrieren musste, bat er Chris Money, den Funkverkehr zu erledigen.

»Okay, wir sind bereit«, sagte Money zu Watson. »Angesichts der Wetterverhältnisse sollten wir mit ein paar Ihrer gesündesten Jungs anfangen.«

»Die wollen zwei kräftige Männer«, sagte Watson zur Crew. »Dags und Nigel – ihr geht zuerst: Sie werden eine Leine übers Deck schleppen lassen. Ihr packt die Leine – und holt sie ran, bis ihr zu der Rettungsschlinge gelangt, das ist eine Art Sicherheitsgurt, den ihr euch über den Kopf und unter beide Arme zieht. Sowie ihr in der Schlinge steckt, ziehen die euch hoch.«

Plötzlich meldete sich Kulmar zu Wort; er war wütend. »Wer hat gesagt, dass Dags gehen soll? Er kennt das Boot besser als wir alle. Er muss an Bord bleiben. Ich sollte gehen.«

»Dags und Nigel gehen«, sagte Watson, verblüfft über den seiner Ansicht nach schamlosen Egoismus Kulmars.

Dass es eine schwierige Prozedur werden würde, war der Rettungscrew durchaus bewusst. Theoretisch sollte der Flugretter das

Stahlseil mitsamt der Bergeleine ablaufen lassen, damit für die zu bergende Person genug Loses vorhanden war, um sich die Rettungsschlinge noch auf der Yacht umlegen zu können. Doch angesichts der gewaltigen Wellen war es ihm nicht möglich, gleich bleibend viel Loses aufrechtzuerhalten, und Tanzi konnte den Hubschrauber gegen die Böen nicht auf einer Stelle halten. Und die Yacht war ein sich bewegendes Ziel. Während sie auf den Wellen rauf und runter schlingerte, benötigte Tanzi fünf Anläufe, bevor Dags die Leine packen konnte. Er holte sie ein, so schnell er konnte, aber ihm ging Loses aus, lange bevor er zu der Rettungsschlinge gelangte.

Brownie, der im Cockpit in der Nähe von Dags saß, schrie: »Du musst ins Wasser springen und den Rest der Leine zu dir ranziehen.« So sollte das Ganze zwar nicht funktionieren, aber Dags sah keine andere Möglichkeit. Er sprang ins Wasser und zog sich, Hand über Hand, Richtung Rettungsschlinge. Plötzlich riss die Bergeleine. Die Sollbruchstelle war nicht so stabil, dass sie bei der stürmischen See eine erwachsene Person tragen konnte.

Zu diesem Zeitpunkt hatte Dags nichts, an dem er sich festhalten konnte, und er wusste auch nicht, wie – oder ob – der Hubschrauber ihn bergen könnte. Er war schon zu weit von der *Sword* weg, um zu ihr zurückschwimmen zu können, und plötzlich erkannte er, dass er sich in exakt der gleichen Lage befand wie auch Glyn Charles. Dann wurde das Ganze noch übler. Zwar sah er den Hubschrauber, aber der Scheinwerfer war nicht mehr auf ihn gerichtet. Ihm fiel ein, dass irgendwer aus dem Hubschrauber zu Watson gesagt hatte: »Wenn jemand im Bach liegt, holen wir ihn raus«, aber Dags bezweifelte, dass das in seinem Fall zutreffen würde. Im Augenblick konnten sie ihn ja nicht einmal sehen. Er drosch mit den Armen aufs Wasser, schrie dabei und schnappte nach Luft, während gleichzeitig die Angst zu ertrinken immer stärker Besitz von ihm ergriff.

Als der Suchscheinwerfer ihn wieder anstrahlte, sagte Dixie: »Die Bergeleine ist weg. Der Bursche ist mit gar nichts mehr verbunden.«

»Befestige eine neue Leine am Stahlseil«, befahl Tanzi, »aber nimm die Sollbruchstelle raus.« Ohne die Sollbruchstelle war die Bergeleine lediglich ein dickes Tau, das mit dem Stahlseil verknüpft war.

Da Dixie, im Gegensatz zu Tanzi, direkt unter den Hubschrauber blicken konnte, indem er den Kopf zur Seitentür hinausstreckte, versuchte er den Piloten so zu dirigieren, dass sich die Leine um Dags schlängelte. Das war etwa so, wie wenn ein Wasserskiboot eine Schleppleine zu einem gestürzten Wasserskiläufer befördern wollte, nur viel schwieriger. »Sechs Meter nach rechts«, sagte Dixie über die Bordsprechanlage. »Eineinhalb Meter vorwärts ... noch sechs Meter weiter nach rechts.«

Dags kämpfte immer noch gegen die aufsteigende Panik an, als er das durchs Wasser schneidende Kabel bemerkte. Auf einmal war er wieder klar im Kopf. Er schwamm auf das Stahlseil zu und ließ es durch die Hände gleiten, bis er zu der Rettungsschlinge kam. Zu entscheiden, was er als Nächstes tun sollte, war bedeutend schwerer. Erfahrene Segler üben vieles, aber nicht so etwas. Er musste sich die Schlinge über den Kopf und unter die Arme ziehen, aber sie kam ihm nicht groß genug vor. Jedes Mal, wenn er die Schlinge in die richtige Lage gebracht hatte und einen seiner Arme hineinzustecken versuchte, ging er mit dem Kopf unter, und Panik ergriff ihn von neuem. Nach einer Reihe hektischer Verrenkungen lag die Schlinge endlich eng an seinem Oberkörper und unter seinen Armen. Nachdem er dem Hubschrauber zugewinkt hatte, straffte sich das Drahtseil, und er erhob sich aus dem Wasser. Doch plötzlich stürzte er ins Meer zurück, und zwar direkt in einen Brecher, der über seinem Kopf zusammenschlug. Daraus schloss er, dass die Verbindung zwischen ihm und dem Hubschrauber erneut gekappt war. Er war erschöpft und mehr als 150 Meter von der *Sword* entfernt und glaubte erneut, im nächsten Moment sterben zu müssen.

Tatsächlich aber hatte Dixie, der befürchtete, die Spitze eines Brechers könnte Dags treffen, während er in der Luft hing, den Segler absichtlich wieder ins Wasser hinuntergelassen. Sekunden später, fast zwanzig Minuten nachdem Dags ins Wasser gesprungen war, zog ihn das Drahtseil stetig hinauf bis zum Hubschrauber.

»Okay, wir haben einen an Bord«, sagte Money über Funk zu Watson. »Wir sind bereit, noch einen raufzuholen.«

Nigel Russell war der Nächste. Da er während Dags' Bergung in der Kajüte gewesen war, wusste er nicht, was sein Mitsegler durchgemacht hatte. Im Glauben, dass der Rettungseinsatz nicht übermäßig schwierig werden würde, hatte er einige persönliche Gegenstände in einen Matchbeutel gestopft. Als Brownie den Beutel sah, schüttelte er den Kopf: »Das geht nicht. Du kannst nichts mitnehmen.« Tatsächlich verlief Russells Bergung sehr viel leichter als Dags', und zwar hauptsächlich deshalb, weil es in der Bergeleine keine Sollbruchstelle mehr gab. Sechs Minuten nachdem Russell über Bord gesprungen war, befand er sich an Bord des Hubschraubers.

Nach Russells Rettung erklärte Kulmar, der nun nicht mehr bereit war, noch länger zu warten: »Als Nächster bin ich dran – ich geh von Bord.« Und damit stieg er an Deck, ehe jemand etwas dagegen einwenden konnte. Doch als er im Heck der Yacht angelangt war und die Leine auffing, saß er nur da. Er stand immer noch unter Schock und brachte es nicht über sich, ins Wasser zu springen.

»Worauf warten wir?«, fragte Tanzi über Bordfunk. »Wir können nicht noch eine Viertelstunde bleiben. Wenn er nicht will, gut – aber dann müssen wir ihn da zurücklassen.«

Dixie war noch viel besorgter. »Häng dich ans Funkgerät«, brüllte er Chris Money an, »und sag ihnen, dass der Typ in das verdammte Wasser springen *muss*.«

Money war zwar genauso verärgert wie Dixie, aber er dachte nicht daran, irgendwas zu sagen, das kontraproduktiv sein könnte. »Wir müssen los«, sagte er zu Watson über Funk. »Uns geht allmählich der Sprit aus.«

An Deck der Sword riss Brownie, der neben Kulmar kniete und dem bewusst war, was die Verzögerung für die anderen bedeutete, der Geduldsfaden. »Du musst ins Wasser springen. Du hältst die Schlange auf.«

»Ich kann das nicht. Ich kann das einfach nicht«, sagte Kulmar und starrte dabei ins Dunkel. Er hatte ein wenig von der Bergeleine eingeholt, aber obwohl noch eine Menge Loses übrig blieb, hielt er die Leine einfach nur in beiden Händen. »Ich habe eine Familie, ich habe zwei kleine Töchter. Ich kann das einfach nicht.«

Schließlich erledigte Brownie das für ihn – und stieß ihn über Bord. Mit gespielter Gutmütigkeit rief er ihm noch hinterher: »Wir treffen uns dann oben.«

Kulmar zog wie wild an der Leine. Endlich erreichte er die Rettungsschlinge, aber dann konnte er nicht herausfinden, wie man die verwendete. Er steckte einen seiner Arme hindurch, aber weil er ungeheuer erschöpft war, probierte er nichts anderes. Als Dixie ihn von oben beobachtete, sah er, dass Kulmar die Schlinge nicht richtig handhabe; weil die Zeit jedoch drängte, versuchte er trotzdem, ihn hochzuziehen. Fast sofort fiel Kulmar aus der Schlinge – und ins Wasser.

»Er hat die Leine verloren. Der Typ macht echt Scherereien.«

Abermals zog Tanzi die Leine in einem Bogen um das Ziel herum, doch Dixie sah, dass Kulmar wieder nur einen Arm durch die Schlinge steckte, anstatt sie sich über den Kopf zu ziehen, sodass sie unter beiden Armen lag.

»Er macht das falsch«, sagte Dixie. »Das klappt so nicht.«

Aber für solche Komplikationen hatten sie jetzt keine Zeit. Es war äußerst schwierig, den Hubschrauber im Schwebeflug zu halten, und während eine Böe ihn zur Seite warf, wurde die Schlinge von Kulmar fortgerissen. Jetzt, wo er allein im Wasser war, nichts mehr da war, woran er sich festhalten konnte, rasten seine Gedanken, und Bilder von seiner Frau und seinen Töchtern wie auch von Glyn Charles blitzten auf. Wie viele Menschen, die sich dem Tod nahe wähnen, machte Kulmar Gott Versprechungen und beschloss – so er denn überleben sollte –, sein Leben der Aufgabe zu widmen, ein besserer Ehemann und Vater zu sein – und nie wieder ein Hobart zu segeln.

Der Hubschrauber verbrauchte 1000 Pfund Kraftstoff pro Stunde. Nach den Berechnungen, die Tanzi vor Dags' Bergung angestellt hatte, würde »Bingo« – der Augenblick, da er Richtung Land zurückfliegen musste – kommen, wenn er noch 1800 Pfund übrig hatte. Die Nadeln auf den drei Kraftstoffanzeigern auf der linken Seite der Konsole zeigten, dass schon jetzt nur noch 1700 Pfund in den Tanks waren. Obwohl in diese Kalkulationen eine Sicherheitsreserve eingebaut war, wurde es schwieriger, eine Entscheidung zu treffen. Wenn ihnen der Kraftstoff über dem Wasser ausging, würde das wahrscheinlich den Tod bedeuten. Der Hubschrauber verfügte zwar über eine Schwimmvorrichtung, aber die konnte die Sinkgeschwindigkeit nur verzögern – theoretisch so lange, dass sie ein Rettungsfloß zu Wasser lassen konnten. Angesichts der Höhe der Wellen war es nach Tanzis Meinung aber kaum möglich, die Insel durch die Tür des Hubschraubers hinauszubekommen.

Kulmar lag schon seit zwanzig Minuten im Wasser. Obwohl er sich nicht so in der Rettungsschlinge befand, wie es eigentlich sein müsste, hatte er alle weiteren Versuche aufgegeben. Er war nicht von Panik überwältigt, er hatte sich einfach geschlagen gegeben. Umnebelt dachte er: *Immerhin werde ich Glyn wiedersehen.*

Von oben sah es aus, als hielte sich Kulmar mit den Händen das Kinn, als besäße er gerade noch genügend Kraft, mit dem Kopf über

Wasser zu bleiben. »Er kann sich selbst nicht helfen«, sagte Chris Money. »Er leidet an Unterkühlung oder wird gleich bewusstlos.«

»Scheiße!«, entfuhr es Dixie.

Dixie wusste, dass es nur eine Chance gab: Er musste ins Wasser springen und Kulmar helfen. Und er wusste auch, dass es nicht nur für Kulmar, sondern für ihn selbst und möglicherweise auch für die übrige Rettungscrew um Leben oder Tod dabei gehen könnte. Nicht nur hatten sie »Bingo« überschritten, sondern Dave Hutchinson, der die Seilwinde bediente, war immer noch luftkrank.

»Was meinst du, Dave?«, fragte Dixie. »Kannst du die Winde bedienen, wenn ich runtergehe?«

Hutchinson bejahte das zwar, aber Tanzi zögerte. »Ich weiß nicht, Dixie. Sieh dir mal an, wie's da unten aussieht. Bist du sicher?«

»Was sollen wir denn sonst machen? Ihn da draußen lassen, sodass er stirbt?«

Das war eine Möglichkeit.

Seinen Neoprenanzug hatte Dixie schon an, also streifte er sich die Schwimmflossen über und klinkte seinen Sicherheitsgurt am Ende des Kabels ein. Als Hutchinson ihn abwinschte, wurde Dixie vom Wind erfasst und durch die Bewegungen des Hubschraubers umhergeworfen. Lange bevor er das Wasser berührte, verlor er sein Ziel aus den Augen. Dann traf ihn eine Welle, und er ging unter. Als er auftauchte, sah er Kulmar kurz, aber sie waren noch über 15 Meter auseinander. Dixie schwamm mit aller Kraft. Als er die Hälfte der Strecke zurückgelegt hatte, schrie er, gegen den Lärm des Hubschraubers und der Wellen: »Schieb deinen Arsch hier rüber!«

Kulmar hörte nichts, ja, er bemerkte Dixie erst, als sie nur noch ein, zwei Meter voneinander entfernt waren.

»Hier, ich hab dich«, schrie Dixie, hielt dabei die Rückseite von Kulmars Schwimmweste fest. Kulmar war sich nicht sicher, ob das, was er sah, tatsächlich passierte.

Nachdem Dixie gewartet hatte, bis eine Welle vorbeigezogen war, drückte er Kulmar die Schlinge über den Kopf. Nachdem die beiden Männer aus dem Wasser herausgezogen worden waren, sagte er Kulmar direkt ins Ohr: »Uns passiert schon nichts. Alles in Ordnung mit dir?«

Kulmar hörte immer noch nichts. Er spürte, wie sein Herz schnell und hart schlug, und sein Schädel fühlte sich an, als würde er platzen; aber seine Augen waren geschlossen, und er wusste nicht mal, ob er tot oder lebendig war. Als er schließlich die Augen öffnete und in den gleißend hellen Suchscheinwerfer schaute, hielt er es für das große Licht, das manche Menschen kurz vor ihrem Tod erblicken. Erst als man ihn in den Hubschrauber gezogen hatte, ging ihm auf, dass er vielleicht doch noch lebte. Trotzdem zeigte er nicht, was er fühlte. Er bedankte sich nur, kroch über den Gummimattenboden und legte sich auf die Seite. Er hörte noch, dass man sich über »Sprit« unterhielt, aber da hatte er die Augen schon wieder geschlossen. Er hatte nur noch die Kraft, sich den Puls zu fühlen. Er war immer noch unsicher, was seinen Zustand betraf, und suchte nach Bestätigungen dafür, dass er noch lebte. Steve Kulmar, der Mann, der über ein höchst ausgeprägtes Selbstvertrauen verfügte, wusste nicht einmal mehr, ob er seinem Herzschlag trauen sollte.

Aus der Kanzel des Hubschraubers sprach Chris Money mit Watson über Funk. »Wir haben ihn – aber wir haben nicht mehr genug Kraftstoff. Tut uns Leid, aber wir müssen abfliegen. In spätestens einer Stunde kommt ein anderer Vogel und holt euch. Die wissen genau, wo ihr seid.«

»Hoffentlich kommen die erst bei Tagesanbruch zurück«, sagte Andrew Parkes zu Brownie. Wenn man bedachte, wie lange Kulmar im Wasser gewesen war, war es sicher besser, wenn sie auf dem Boot blieben.

Unterwegs zum Flughafen in Merimbula hörte Dags, der einen Kopfhörer trug, Bruchstücke dessen, was mit den anderen Yachten passiert war. Er lauschte dem schlechten Funkverkehr und erfuhr dabei, dass möglicherweise bis zu 28 Segler den Tod gefunden hatten. Und er bekam auch mit, wie Tanzi über den Sprit und die Salzkruste auf dem Motor redete. Wenn sich Salz auf die Außenkante der sich drehenden Rotorblätter legt, so unterbricht dies den Luftstrom durch die Maschine, was zu Überhitzung und nachlassender Leistung führt. Weil Tanzi schätzte, dass der Hubschrauber ein Drittel seiner Schubkraft verloren hatte, sah er auf einer Karte nach, wo sie den ersten Strand erreichen könnten, falls sie notlanden müssten. Zum Glück profitierte er von einem starken Rückenwind, sodass er in einer Stunde nach Merimbula gelangte. Niemandem war die seltsame Ironie bewusst, dass ohne ebenjenen Sturm, der den Rettungseinsatz von Shark Twenty erzwungen hatte, dem Hubschrauber möglicherweise der Kraftstoff ausgegangen wäre, bevor er Land erreicht hätte.

30

Am Sonntagabend überschlug sich Steamers Rettungsinsel noch zwei weitere Male. Bei der zweiten Kenterung war das gesamte Dach abrasiert worden, jetzt verlief der Schlitz im Boden von einer Wand zur anderen. Seit ihnen weder Dach noch Boden Schutz bot, war allen klar, wie leicht sie von der Insel getrennt werden konnten. Und ob sie nun auf dem Kopf lag oder nicht – ein Sicherheitsnetz war jedenfalls nicht mehr da. Gibbo hielt die Insel allmählich für eine Art wildes Tier, das seine menschliche Fracht absichtlich abwerfen wollte.

Obwohl der Zustand der Rettungsinsel extrem gefährdet war, kam unter den Crewmitgliedern keine Verzweiflung auf, zumindest keine, die ausgesprochen wurde. Allerdings führten sie auch keine Gespräche irgendeiner Art, während sie durch die Nacht gondelten. Dafür waren sie alle zu erschöpft, und auch das jagte ihnen Angst ein. Sie waren schlicht zu müde, um ständig wach zu bleiben. Dennoch mussten sie sich weiterhin an der Rettungsinsel festklammern, und so hielten sie sich auch während ihrer Schläfchen an den Leinen oder an dem Stofffetzen fest, der vom Dach übrig geblieben war.

Irgendwann nach Mitternacht hob eine riesige Welle, die sich so gut wie geräuschlos genähert hatte, Steamers Rettungsinsel bis zum Wellenberg empor und überschlug sich. Das war die schlimmstmögliche Kombination. Die fünf Männer hatten keine Vorwarnung, kein Signal erhalten, sodass sie sich fester an die Rettungsinsel hätten klammern können. Und weil sie sich, während sie hin und her schlingerte, weit oben auf dem Wellenkamm befanden, legten sie einen weiten Weg inmitten der dahinjagenden Wassermassen zurück.

Gibbo verlor fast sofort den Halt. Das Wasser war wie eine Flutwelle, sie schob seinen Körper nach vorn, drehte ihn aber auch in alle anderen Richtungen, als steckte er in einer riesigen Waschmaschine. Der größte Teil des Wellenritts fand unter Wasser statt, aber ihm war auch, als stürze er von einer endlosen Klippe. Er war eher überwältigt als verängstigt und konnte nichts anderes tun, als nach Luft zu schnappen.

Bevor die Welle gekommen war, hatte Steamer den linken Arm um den aufblasbaren Gummischlauch geschlungen, der dazu diente, das Schutzdach zu tragen. Durch den Halt, den der Schlauch bot, befand er sich in einer bevorzugten Position; die anderen hatten sie ihm wegen seines verletzten Beins überlassen. Sobald er fühlte, wie die Welle über ihn hereinbrach, umklammerte er den Schlauch, indem er mit der rechten Hand den linken Unterarm packte. Auf seinem ganzen Körper lastete ein ungeheurer Druck, der offenbar einzig und allein dazu bestimmt war, ihn fortzureißen. Er ahnte, dass er sich auf den Kopf und seitwärts drehte und dass er möglicherweise nicht mehr atmen könnte – doch seine Gedanken kreisten nur um eines: dass er sich mit aller Kraft festhalten musste.

Als die Welle schließlich die Rettungsinsel freigab, waren seine Augen so voller Salz, dass sein Blick ganz verschleiert war. Er fürchtete das Schlimmste. Dann holte er kurz Luft, rieb sich die Augen und rief: »Seid ihr noch alle da?«

Nur Gibbo antwortete. Durch seinen Sicherheitsgurt immer noch mit der Rettungsinsel verbunden, trieb er in der Nähe im Wasser.

Die Wasseroberfläche wirkte erstaunlich ruhig, und weil helle, schäumende Gischt sie bedeckte, war die Sicht gar nicht so schlecht. Als Steamer in die Ferne sah, bemerkte er zwei Personen, die etwa 30 Meter entfernt nahe beieinander auf dem Wasser schaukelten. Die eine hielt ein Licht hoch, das musste Jim Lawler sein, er hatte eine Taschenlampe dabeigehabt. Ob neben ihm Michael Bannister oder John Dean schwamm, war nicht zu erkennen. Vom dritten Mann gab es keinerlei Anzeichen. Die Entfernung war bereits so groß, dass man sich nichts mehr zurufen konnte, und weil der Wind die Rettungsinsel viel schneller vor sich hertrieb, als die Männer schwimmen konnten, wurde die Lücke rasch größer. Auch Gibbo besaß eine Taschenlampe, er schaltete sie an und hielt sie sich über den Kopf – in der Hoffnung, dass sie ihm eine Art Beruhigung bieten würde. Doch binnen Minuten, während die Rettungsinsel die treibenden Männer hinter sich ließ, verschwand Lawlers Licht.

Steamer schaute über das Wasser, und Tränen traten ihm in die Augen. Betrübt und gerade so laut, dass Gibbo ihn hören konnte, sagte er: »Es gibt nichts, was wir tun können.«

Gibbo und Steamer verloren kaum noch ein Wort über das, was passiert war. Sie wussten, dass sie sich eine Methode ausdenken mussten, um sich für den Fall einer erneuten Umdrehung zu schützen. Und sie wussten auch, dass sie versuchen sollten, zumindest mit dem Oberkörper über Wasser zu bleiben. Weil die Rettungsinsel so breit war, dass ihre Füße die andere Seite nicht erreichen konnten, dachten sie in den folgenden Stunden ein provisorisches System aus. Lag die Insel hochkant, setzten sie sich Rücken an Rücken, hockten sich rittlings auf den Gummischlauch, der das Dach getragen hatte, und stemmten die Beine gegen die Wand. Lag die Insel auf dem Kopf, befand sich der Gummischlauch unter Wasser und bot daher weniger Schutz. In dieser Zeit saßen sie einander gegenüber und stemmten sich mit den Füßen so gegen die Wand, dass sie beide mit dem Rücken eng an der Wand saßen. Das war die am wenigsten komfortable Position, denn sie erforderte, dass Steamer einen seiner Füße Gibbo zwischen die Beine legen musste. Ihm taten die Beine derart weh, dass er die umgekehrte Stellung nicht einnehmen konnte. Es war zwar die beste Methode, die ihnen einfiel, aber vor Tagesanbruch am Montag überschlugen sie sich trotzdem noch zweimal.

Doch mit jeder Kenterung entwickelte Gibbo mehr Selbstvertrauen. Nach der dritten entschied er, dass er sich im Krieg gegen die Rettungsinsel befand – und ihn gewonnen hatte. Mutiger geworden, führte er stumme Gespräche mit dem Feind: *Wenn du nicht mehr als das hier bringst, dann kannst du mich mal. Ich bin immer noch da. Du kriegst mich nicht.*

Mehrere Stunden nachdem die drei Männer verschollen waren, zog er nicht einmal in Erwägung, dass seine Freunde womöglich nicht überleben würden. Erst irgendwann nach Sonnenaufgang begann er, ihre Chancen abzuwägen. Sie waren Wind und Wellen preisgegeben und allein gewesen, nur ihre Rettungswesten hatten dafür gesorgt, dass sie sich in dem unbarmherzigen Meer über Wasser halten konnten. Drei Männer. Drei Freunde. Verschwunden.

31

Adrian Lister, der 35-jährige Pilot eines Sea-Hawk-Hubschraubers der australischen Marine, hatte den Regattastart vom besten Aussichtspunkt Sydneys verfolgt, von einem Marinestützpunkt, der auf einer Steilküste unweit der Hafeneinfahrt thronte. Von dort oben bot sich ihm ein atemberaubender Blick auf die Yachten, während sie aus dem Hafen aufs offene Meer hinausfuhren.

Um vier Uhr am Sonntagnachmittag rief sein Dienstvorgesetzter ihn zu Hause an. »Lassen Sie Ihr Bier stehen.« Dann erklärte ihm sein Chef, dass die Regattaflotte wahrscheinlich in einen gefährlichen Sturm geraten und dass man Lister möglicherweise auffordern werde, an einer Rettungsaktion teilzunehmen. Und so flog er natürlich mit seiner Besatzung um 2.30 Uhr montags in Richtung der *Sword of Orion*. Die Besatzung des Rettungshubschraubers hatte bereits einen langen Arbeitstag hinter sich. Die Männer waren schon seit so vielen Stunden wach, dass ihr Flug eine Ausnahmegenehmigung von der vorgeschriebenen Pausenregelung erforderte.

Während der ersten halben Stunde, nachdem sie Merimbula verlassen hatten, war das Wetter gut, aber dann gerieten sie immer öfter in Turbulenzen. Es dauerte nicht lange, und Listers zehn Tonnen schwerer Hubschrauber hüpfte wie ein Auto, das eine Treppe hinunterfährt. Dann war da noch das Radar: Als es erstmals Zellen des Sturms auffing, zeigte es diese in Grün. Als die Wolkendecke sich verdichtete, wurde der Radarschirm gelb, dann bernsteinfarben und rot, bis er schließlich schwarz wurde, weil das Radar nicht so stark war, dass es die Wolkenschicht durchdringen konnte. Nicht nur, dass Lister durch einige der schlimmsten Turbulenzen flog, die er je erlebt hatte, er tat dies auch noch im Blindflug. Besorgt, er könnte mit Tanzis Hubschrauber zusammenstoßen, stellte er Funkkontakt mit dem anderen Piloten her, um die jeweiligen Flugkorridore zu koordinieren. Ferner fragte er Tanzi nach dessen Bergungstechnik. »Habt ihr jemanden ins Wasser runtergelassen?«

»Ja, aber die Bedingungen waren extrem. Wenn's geht, muss man das vermeiden.«

Lister wusste, dass Rettungsaktionen bei Nacht viel gefährlicher waren als am Tag – seiner Schätzung nach fünfzigmal gefährlicher –, und nahm deshalb an, dass die Sword nahe dem Untergang war. Jetzt, wo er auf eine aktuellere Positionsmeldung zufliegen konnte, hatte er keine Mühe, die Yacht ausfindig zu machen. Nachdem er um 4.10 Uhr morgens über ihr eingetroffen war, versuchte er sofort, über Funk Informationen zu sammeln.

»Sinkt Ihr Boot?«, fragte er. »Wie ist Ihre Lage? Und was halten Sie davon, jetzt von Bord zu gehen?«

»Wir sinken nicht«, antwortete Carl Watson. »Die letzte Bergungsaktion hat sich als ziemlich schwierig erwiesen, wir sind deshalb nicht sicher, ob wir im Dunkeln noch weitere durchführen wollen.«

»Einverstanden. Wir haben genügend Kraftstoff an Bord, um noch etwas durchhalten zu können, außerdem wäre es für alle viel sicherer, wenn wir ein wenig Tageslicht hätten, warten wir also ab. Wir werden alle Viertelstunde über Sie hinwegfliegen, ob alles in Ordnung ist.«

Weil der Hubschrauber im Schwebeflug 1000 Pfund Kraftstoff pro Stunde verbrauchte, im Vergleich zu 700 Pfund, wenn er sich langsam fortbewegte, drehte Lister jetzt große, ovale Runden. Kurz nach 5.00 Uhr, als der Himmel sich aufhellte, drehte er zur Sword ab, bereit, die Bergungsaktion zu starten. Aber bei dem immer noch trüben Wetter konnte er sie nicht orten. Allerdings war der Suchscheinwerfer des Hubschraubers von der Yacht aus zu sehen, und so gab Watson per Funk Anweisungen. »Eine Meile nach Osten.«

Bei Tageslicht konnte die Hubschrauberbesatzung das Meer zum ersten Mal richtig sehen. Der Höhenmesser zeigte, dass die Wellen über zehn Meter hoch waren, aber sie wirkten bei weitem höher.

»Was meint ihr, Jungs?«, fragte Lister über die Bordsprechanlage. »Habt ihr Lust, runterzugehen?«

»Ich schon«, erwiderte David Oxley, das 32-jährige Besatzungsmitglied, das am Stahlseil heruntergelassen werden würde. »Aber vorher sollten wir noch etwas anderes ausprobieren.«

»Klingt vernünftig. Versuchen wir's mit einer Bergeleine ohne Sollbruchstelle.«

Lister erklärte seinen Plan Watson, aber der wollte über Kooky sprechen. »Wir haben einen Verletzten an Bord. Wie läuft das mit ihm?«

»Das werden wir Ihnen noch sagen.«

Die ausweichende Antwort beunruhigte Kooky, der den Wortwechsel mit angehört hatte. Lister wusste aber keine bessere Antwort. Der Hubschrauber hatte keine Bergetrage an Bord, und selbst wenn er eine gehabt hätte – sie könnte unter diesen Bedingungen nicht eingesetzt werden. Deshalb entschloss er sich, mit ein paar der anderen Männer anzufangen.

Watson bat Andrew Parkes, als Erster das Boot zu verlassen. Parkes war froh, dass er nicht zusehen musste, wie vor ihm jemand das Boot verließ, weil seine Angst sonst nur noch größer geworden wäre. Er war auch so schon reichlich nervös. Während er hinten im Boot saß und auf die Bergeleine wartete, sagte er zu Brownie: »Ich weiß nicht, ob ich das alles kann.« Aber Brownie musste ihn nicht über Bord stoßen; Parkes wusste ja, dass die Zeit drängte. Kaum hatte er die Leine gepackt und so weit zu sich herangezogen, wie er konnte, lag er auch schon im Wasser. Als er die Rettungsschlinge erreichte, passte sie jedoch nicht über seinen Kopf. Er trug seinen einteiligen Überlebensanzug, ein Kleidungsstück, das so wasserdicht zu sein schien, dass Brownie mehrere Geldbörsen und Handys in den Rücken gestopft hatte. Dieses Gepäck hatte Parkes' Oberkörper allerdings so anschwellen lassen, dass es mehrere Minuten voller hektischer Bewegungen dauerte, bis er sich die Rettungsschlinge um den Leib ziehen konnte. Als er im Hubschrauber war, fühlte er sich derart ausgelaugt, dass er einfach nur auf den Boden starrte.

Die Nächsten waren Sam Hunt und Brownie, und sie wurden schnell, fast routinemäßig abgeborgen. Watson, der als Letzter von Bord gehen wollte, machte sich wegen Kooky größte Sorgen. Mit Hilfe von Segellatten aus Fiberglas und Nylongurten hatte Simon Reffold zwar bereits eine Schiene für Kookys Bein gebastelt, aber Reffold und Watson bezweifelten, dass Kooky das, was nötig wäre, schaffen würde. Als er an der Reihe war, mussten sie ihn praktisch zum Heck tragen. Während er auf der Kante saß, beide Beine außenbords, drehte er den Kopf, um zu sehen, was von seiner stark angeschlagenen Yacht übrig geblieben war. Er war seit der Rolle zum ersten Mal oben, und ihn schauderte beim Anblick des Decks. Als er die Risse sah, die sich von einer Seite des Cockpits zur anderen zogen, wunderte er sich, dass es nicht eingestürzt war. Die Steuerbordseite sah aus, als hätte ein Bulldozer die Relingsstützen und alles andere glatt abrasiert. Am meisten schockierte ihn allerdings das zerfetzte Steuerrad.

Auch die Wellen waren übler, als er sich das vorgestellt hatte; sie verursachten ihm ein flaues Gefühl in der Magengrube. Aber da ihm klar war, dass die *Sword* kurz vor dem völligen Zusammenbruch stand, entschied er sich für das kleinere Übel. Er holte tief Luft und wollte ins Wasser springen, als eine ungeheure Welle das Boot rammte, das sich daraufhin fast um 180 Grad drehte. Zu aufgeputscht, um warten zu können, stieß sich Kooky von der Steuerbordseite ohne Zögern ab. Die Welle hatte das Boot aber so weit gedreht, dass er auf der Leeseite im Wasser landete. Infolgedessen wurde die *Sword* in die gleiche Richtung geweht, in die er schwamm – und sie bewegte sich viel schneller als er. Alle, die zuschauten, packte ein grauenhafter Gedanke: Die *Sword* war außer Kontrolle geraten und hielt direkt auf Kooky zu. Während sie sich drohend über ihm erhob, hielt er eine Hand schützend über den Kopf, um den Rumpf abzuwehren. Sein Kopf tauchte im selben Augenblick unter, als die Yacht von einer Welle glitt und hart aufs Wasser schlug. Oxley sah den Spritzer vom Hubschrauber aus. Aus seiner Position betrachtet schien es, als sei der Rumpf mit Karacho auf Kookys Kopf geknallt.

»Verdammte Scheiße!«, schrie Oxley über die Bordsprechanlage. »Er steckt in Schwierigkeiten. Das Kabel muss unter der Yacht liegen. Kann sein, dass der Junge k. o. gegangen ist.«

Aber Kooky war bei Bewusstsein. Der Rumpf hatte seinen Kopf zwar um Haaresbreite verfehlt, aber die Bergeleine war schon unter dem Boot und zog ihn nach unten. Als er die Augen öffnete, sah er, dass sich die Leine um das Ruder geschlungen hatte. Er wusste, dass er sich zur Unterseite des Ruders, das bis auf zwei Meter unter die Wasseroberfläche reichte, ziehen und die Leine losmachen musste. Bis auf das verletzte Bein setzte er alle Gliedmaßen ein, um sich nach unten zu kämpfen. Sowie er die Unterseite des Ruders erreicht hatte, zog er die Leine mit einem Ruck nach unten. Nachdem sie losgekommen war, tauchte er auf der anderen Seite des Boots wieder auf.

»Er ist wieder oben!«, rief Oxley. »Es scheint ihm nichts passiert zu sein.«

Aber Kooky war immer noch weit entfernt von der Schlinge. Und während er keuchend Luft holte, kamen ihm Zweifel, dass er genügend Kraft haben würde, um sie zu erreichen. Auch der Hubschrauber hatte Probleme. Denn als sich Kooky luvwärts bewegte, veränderte sich der Winkel des Stahlseils. Schließlich befand es sich beinahe 45 Grad zur Meeresoberfläche. Und nach einer weiteren gewaltigen Böe verfing es sich am rechten Fahrgestell des Hubschraubers.

»Das Stahlseil hat sich verhängt«, rief Marc Pavillard, der Mann an der Winde, über Bordfunk. »Es ist unter dem Steuerbord-Fahrgestell. Ich lasse noch etwas mehr vom Seil abrollen, damit es mehr durchhängt. Kannst du geradeaus und nach rechts fliegen?«

Durch das Flugmanöver kam das Seil frei, aber Oxley und Lister ahnten, dass es beschädigt war, möglicherweise irreparabel. Die aus einzelnen Stahlsträngen bestehenden Bergungsseile verfügen zwar über eine enorme Hebekraft, können jedoch leicht beschädigt werden, wenn man sie biegt. Nachdem Kooky die Schlinge über den Kopf bekommen hatte, drückte Oxley, der Lederhandschuhe trug, den HOCH-Knopf und ließ das Rückseil durch die Hand gleiten, um es auf unebene Stellen hin zu überprüfen. Obgleich er keine spürte, war er doch nicht richtig beruhigt.

Ursprünglich hatte Lister nicht geglaubt, dass er genügend Treibstoff im Tank haben würde, um alle von der *Sword* abbergen zu können. Wenn man den Kraftverbrauch berechnete und 15 Minuten pro Bergung kalkulierte, würde er seiner Meinung nach am Ende mindestens zwei Personen einem anderen Hubschrauber überlassen müssen. Aber weil nach Kookys Bergung mehr Sprit im Tank war, als er vorausberechnet hatte, beschloss er weiterzumachen, selbst wenn dies bedeutete, dass er auf einem Strand landen musste, anstatt die ganze Strecke bis nach Merimbula zurückzulegen. Simon Reffold kam als Nächster an die Reihe, und er wurde ohne Komplikationen hochgezogen.

Als Letzter wurde Watson abgeborgen. Weil er zu viel Kleidung am Leibe trug, hatte er Mühe zu schwimmen. Als er an die Schlinge kam, bekam er sie nicht über den Kopf und unter die Arme. Als er dann beide Arme durch den Bergegurt gesteckt hatte, fiel ihm nichts Besseres ein, als sich mit beiden Händen daran festzuhalten.

»Er steckt nur halb in der Schlinge«, sagte Oxley. »Wenn wir ihn hochziehen, fällt er da raus.«

Lister blickte auf seine Uhr und beschloss, einen Versuch zu wagen. »Versuchen wir's. Er wird sich schon festhalten.«

Watson klammerte sich an dem Stahlseil fest. Als er kurz vor 6.00 Uhr den Hubschrauber erreichte, war sein Gesicht wachsbleich, und er hyperventilierte.

»Sie sehen aus, als ob Sie gleich einen Herzinfarkt bekämen«, sagte Sam Hunt.

»Nein, mir geht's ganz gut«, behauptete Watson, obwohl er die Hände immer noch fest zu Fäusten ballte und sich fragte, ob sie jemals wieder normal funktionieren würden.

Aber sie hatten weiter Glück, denn weil der Kraftstoff ausreichte, konnte Lister den ganzen Weg bis nach Merimbula zurückfliegen. Ungeheuer erleichtert betraten beide Crews das Rollfeld. Die Männer des Rettungsteams hatten seit über vierundzwanzig Stunden nicht mehr geschlafen. Bevor sie den Flughafen verließen, informierten sie noch einen Ingenieur über das Problem mit dem Winschseil und sahen zu, wie es auf dem Rollfeld des Flugplatzes ausgerollt wurde. Als der Ingenieur einen Knick in dem Stahlseil entdeckte, zogen drei Männer mit einem scharfen Ruck daran – und es riss entzwei.

32

Auf Richard Winnings Rettungsinsel keimte in der Dämmerung am Montagmorgen leise Hoffnung auf. Es überschlugen sich nicht mehr so viele Wellen, und die Segler nahmen auch an, dass etliche Schiffe und Flugzeuge nach ihnen suchten und sie binnen weniger Stunden gerettet würden. Mit dem Morgen kamen aber auch Probleme. Als Lumpy sich anders hinsetzte, strömte auf einmal dort, wo er gesessen hatte, Wasser in die Rettungsinsel. Im Boden der Insel hatte sich ein etwa 15 Zentimeter langer Riss gebildet. Winning fuhr mit dem Finger daran entlang: »Als hätten wir nicht schon genug Probleme. Hier muss irgendwo ein Reparaturset sein.«

Lumpy fand es zwischen dem Boden und der eingesackten unteren Wand und las sich mehrmals die Bedienungsanleitung durch, bevor er schließlich einen Auszug daraus vorlas: »Vor Gebrauch für einen sauberen und trockenen Untergrund sorgen.« Aber weil ein Teil des Flickzeugs zu fehlen schien, schmiss er es einfach hinaus. Ein paar Sekunden später fragte er: »Und was machen wir jetzt?«

»Setz dich einfach mit deinem dicken Hintern darauf«, antwortete Winning.

Beavers aufkeimende Hoffnungen waren jäh zerstört. »Die Insel wird nicht durchhalten«, erklärte er, »und das heißt, dass wir es auch nicht schaffen werden.«

Doch Lumpys Körper schien das eindringende Wasser aufzuhalten, ohne dass der Riss schlimmer wurde. Obwohl er einen guten Teil der Nacht ausgeschöpft hatte, meinte er sogar, die Insel würde stabiler sein, wenn mehr Wasser darin wäre. »Wisst ihr, wenn wir lenzen, bis das Wasser nur noch ein paar Zentimeter hoch steht – genau dann werden wir überschlagen.«

»Du könntest Recht haben«, sagte Winning. »Dann werden wir

zwar nasser, aber dass sich jemand den Hintern unterkühlt hätte, davon habe ich noch nie etwas gehört.«

Aber trotz der gelungenen »Reparatur« konnte im Laufe des Vormittags niemand seine Enttäuschung verbergen. »Was ist denn da los?«, fragte Beaver. »Warum sind die noch nicht hier?«

»Vielleicht glauben sie ja, wir sind gesunken – und tot«, antwortete Lumpy.

Winning gab ihm keine beschönigende Antwort. »Wir haben eine falsche Position durchgegeben. Die wissen nicht, wo wir sind.«

Das EPIRB bereitete ihm ebenfalls Kopfzerbrechen. Die Funkboje besaß eine Teleskopantenne, so wie manche Autos. Weil irgendwann in der Nacht, vermutlich bei einer der Kenterungen, die oberen zwei Drittel der Antenne abgebrochen waren, fragte er sich, ob das Ding überhaupt ein ausreichendes Signal aussendete: »Vielleicht funktioniert es ja gar nicht.«

»Entweder es funktioniert nicht, oder es strahlt ein zu schwaches Signal aus, weil es sich in der Insel befindet«, sagte Lumpy. Er war schon seit langem der Ansicht, dass das EPIRB hier drinnen nichts zu suchen hatte. »Angeblich funktionieren die Dinger besser im Wasser. Warum lassen wir es nicht einfach aus der Insel raushängen? Wir haben nichts zu verlieren.«

Winning war einverstanden. Nachdem er an der Insel und am EPIRB eine Leine aus Polypropylen befestigt hatte, ließ er es ins Wasser fallen. Aber nach ein paar Minuten riss das Tau aus irgendeinem Grund, und er musste mit ansehen, wie das EPIRB davontrieb. Die Insel bewegte sich allerdings zu schnell, als dass er es zurückholen konnte, und so verschwand es – und mit ihr noch ein wenig mehr Hoffnung.

Bruce Gould hatte den ganzen Morgen über praktisch kein Wort gesagt. Ihm war sichtlich kalt, und er hatte die Arme vor der Brust verschränkt. Aber da der Kopf auf der Schulter ruhte, fand Lumpy, dass er aussah wie eine Leiche.

Seiner Meinung nach würde Gould nur dann überleben, wenn er wach bliebe. Manchmal fallen Menschen, die an Unterkühlung leiden, nach dem Einschlafen ins Koma und sterben. Lumpy war überzeugt, dass er selbst, jedenfalls relativ gesehen, noch ziemlich fit war. *Gould hat Probleme, weil er kein Fett auf den Rippen hat. Ich dagegen bin ein so dicker Brocken, dass ich wahrscheinlich am längsten überlebe.* Etwas später übermannte ihn schließlich der Schlaf, und seine Träume bescherten ihm wunderschöne Erinnerungen: Partys mit Freunden, Ferien und ein Strandpicknick mit seiner Frau und seinen beiden Töchtern. Als er aufwachte, sinnierte er über die verkehrte Welt nach: Anstatt aus einem Albtraum zu erwachen und die tröstliche Entdeckung zu machen, dass alles in Ordnung war, fand er Glück nur in seinen Träumen, und die Wirklichkeit war ein wahrer Albtraum.

Zu den Dingen, die ihn an seine albtraumhafte Existenz erinnerten, gehörte Urin. Die Rettungsinsel besaß einen Notvorrat an Wasser. Der reichte zwar nicht, dass alle ihren Durst löschen konnten, doch er genügte für einen kleinen Schluck alle paar Stunden und auch dafür, dass jeder irgendwann einmal austreten musste. Und weil sie keine Lust hatten, die Rettungsinsel zu verlassen, erleichterten sich die Männer in ihren Schlechtwetteranzügen, wobei es sie inzwischen nicht mehr kümmerte, wie tief sie gesunken waren. Lumpy schnitt als Erster das Thema an.

»Tut mir Leid, Freunde«, sagte er. »Ich muss mal pinkeln.«

»Ist schon in Ordnung«, erwiderte Beaver, der mittlerweile Wärme aus jedweder Quelle zu schätzen wusste. Etwas später, als Lumpy anfing zu lenzen, frotzelte er: »Pass auf, dass du nicht unser ganzes Warmwasser rausschüttest.«

Am Montagmorgen war allen klar, dass sie aller Wahrscheinlichkeit nach nicht vor Einbruch der Dunkelheit gerettet werden würden. In Bruce Gould, der meinte, sich und den anderen Mut zusprechen zu müssen, erwachten die Lebensgeister.

»Wir können noch eine Nacht hier draußen überleben«, erklärte er, »und morgen früh werden alle Wellen verschwunden sein.«

Lumpys Gedanken schweiften ab. Er stellte sich vor, wie das Ende wohl aussähe, wenn niemand käme, und versuchte auch zu begreifen, wie er in eine derart prekäre Lage geraten konnte. Normalerweise war er nicht abergläubisch, aber es war wohl doch keine so tolle Idee gewesen, das hübsche Teamhemd unbedingt behalten zu wollen. Also zog er es aus einer Tasche in seinem Schlechtwetteranzug, hielt es sich vor die Brust und sah Winning an.

»Weißt du, ich wollte es unbedingt haben, aber vermutlich bringt es Unglück.«

Winning schwieg, doch seine verwirrte Miene verriet, dass er keine Ahnung hatte, worauf sein junger Freund hinauswollte.

»Überleg mal. Was ist passiert, seit wir diese Hemden haben? Wir haben unser Boot verloren, wir sitzen in einer Rettungsinsel, die sinkt, und Suchflugzeuge kommen auch nicht.«

»Stimmt alles«, entgegnete Winning.

Worauf Lumpy sein Hemd ins Wasser schmiss.

Die Stunden verstrichen quälend langsam. Beaver fragte dermaßen oft, wie spät es sei, dass Gould schließlich antwortete: »Mach dir deswegen keine Sorgen. Es ist fünf Minuten später, als du zuletzt gefragt hast.«

Die Kombination aus verzweifelter Hoffnung und Erschöpfung rief Halluzinationen hervor. Den ganzen Tag über meinten alle vier Männer, Geschwader von Flugzeugen und Hubschraubern zu sehen und zu hören. Beaver ortete mehrere Schiffe am Horizont, und eine

Zeit lang glaubte er, es wären so viele Flugzeuge am Himmel, dass sie womöglich kollidierten. Er deutete ganz aufgeregt auf die Schiffe und die Flugzeuge, doch dann verschwanden sie im Nebel. Nach einer Weile hörte er auf, über seine Visionen zu sprechen – und hatte weniger davon.

Als Lumpy um 15.30 Uhr sagte, er habe ein Flugzeug gehört, tat Beaver das leichthin ab. »Nein, da war nichts. Das war nur der Wind.«

Doch es war ein echtes Flugzeug. Unglücklicherweise näherte es sich der Rettungsinsel allerdings von der gegenüberliegenden Seite des Einstiegs. Als Winning mit Hilfe eines Plastikpaddels die Insel zur Hälfte um die eigene Achse gedreht hatte, war das Flugzeug schon fast vorbeigeflogen. Es war jedoch genügend nahe, um erkennen zu können, dass es sich um eine zweimotorige Propellermaschine handelte. Man konnte sogar den Namen der kleinen privaten Fluggesellschaft auf dem Rumpf erkennen. Er schoss eine Leuchtrakete ab, aber dafür war es zu spät. Das Maschine flog weiter, ohne irgendwelche Zeichen zu geben, dass sie die Leuchtrakete oder die Rettungsinsel bemerkt hatte. »Ein Charterflugzeug«, sagte Lumpy. »Wahrscheinlich fliegt es nach Hobart, und wenn sie da eingetroffen sind, sagen sie: ›Wir haben nichts gesehen. Ihr müsst nicht noch einmal in diese Richtung fliegen.‹«

»Das war unsere große Chance«, sagte Beaver niedergeschlagen. »Uns steht noch so eine Nacht bevor. Niemand wird uns finden.«

Selbst Gould war der Optimismus ausgegangen; er fragte Winning: »Bist du ganz sicher, dass die unseren Notruf gehört haben?«

»Ja, nur weiß ich nicht, wie gut unsere Positionsmeldung war. Wir hatten keine Seekarten, und das GPS hat auch nicht funktioniert.«

Lumpy suchte nach etwas Positivem, das er zur Unterhaltung beitragen könnte. Er führte die Rettung des britischen Seglers Tony

Bullimore an, der 1200 Seemeilen vor der Küste Australiens gefunden und von seiner Yacht abgeborgen wurde, nachdem er bei einem Einhandrennen um die Welt gekentert war. »Man hat Bullimore doch gefunden, nicht wahr? Wie lange hat das eigentlich gedauert?«

»Ein paar Wochen, glaube ich«, sagte Winning.

Lumpy war sich nicht sicher, ob Winning einen Witz machen oder die Wahrheit sagen wollte. Tatsächlich hielt Winning seine Schätzung für richtig, doch es waren nur vier Tage gewesen.

»So lange können wir nicht mehr durchhalten«, sagte Lumpy.

Sie hatten den Punkt überschritten, an dem gegenseitige Aufmunterungen noch wirkten. Etwas später schaute Beaver aus dem Einstieg hinaus und deutete auf einen Vogel. »Die Küste kann nicht weit weg sein. Das ist ein gutes Zeichen.«

Winning musterte den Vogel: »Ach, die. Die können ein paar hundert Meilen weit fliegen.«

Lumpy war wütend über diese Missachtung des labilen Gefühlszustandes der Crew und entgegnete: »Ah, das war psychologisch sehr geschickt von dir, Richard. Warum hast du nicht gesagt, dass die Vögel vor der Küste leben? Dann würden wir uns jetzt nämlich alle besser fühlen.«

So lauschten sie weiter den Geräuschen der tosenden See.

Auf dem, was von Steamers Rettungsinsel übrig geblieben war, fanden praktisch keine Gespräche mehr statt. Am meisten redete noch Gibbo, der allerdings nur ein und denselben Satz variierte: »Hoffentlich geht's den Jungs gut.«

Gibbo kannte sowohl Jim Lawler als auch zwei seiner Brüder schon seit über 15 Jahren. Mit John Dean und Michael Bannister war er nicht so gut befreundet. Dennoch empfand er, einige Stunden nachdem die drei Männer von der Rettungsinsel fortgespült worden waren, eine Art seelische Nähe mit ihnen. Er hatte die Augen geschlossen und stumm mit ihnen gesprochen, als sagte er ein Gebet auf: *Haltet noch ein paar Stunden durch. Der Sturm wird nachlassen, und bald wird jemand hier draußen sein und euch retten.*

Doch er erkannte auch, dass sie alle, einschließlich Steamer und er selbst, es vielleicht nicht schaffen würden. Wie die Männer in der anderen Rettungsinsel glaubte er, dass positive Gedanken, gelegentlich verstärkt durch gesprochene Worte, hilfreich sein konnten. Steamer in ein Gespräch zu ziehen war jedoch fast unmöglich. Und das führte schließlich dazu, dass er seinem Ärger Luft machte.

»Du unterhältst dich wohl nicht gern mit anderen, was?«

Steamer, den die Beine kontinuierlich schmerzten, brachte nur ein leises Grunzen zustande. Er versuchte gerade, die Geschwindigkeit und Richtung der Abdrift der Rettungsinsel zu schätzen. Weil er es sinnlos fand, sich irgendein Gesprächsthema einfallen zu lassen, ließ er absichtlich mehr als eine Minute verstreichen, bevor er Gibbo antwortete. »Ich habe zu tun und muss herausfinden, wie wir aus dieser Sache wieder rauskommen.« Seiner Meinung nach würden die Flugretter um 10.00 Uhr eintreffen. Vermutlich flogen die Suchflugzeuge bei Tagesanbruch los, weshalb es eine Weile dauern würde, bis sie einträfen, aber bestimmt würden so viele Flugzeuge an der Rettungsaktion teilnehmen, dass eins die Rettungsinsel einfach entdecken musste.

Seine größte Angst war, nicht mehr genug Kraft zu haben, sich bei der nächsten großen Welle an der Rettungsinsel festzuhalten. Außerdem blutete Gibbos Hand, diejenige, die vom Nylontau des Treibankers aufgeschlitzt worden war, und das konnte Haie anlocken. Die Ostküste Australiens ist ein Jagdgrund für verschiedene Haiarten, von denen der Weiße Hai besonders berüchtigt ist. Plötzlich stand ihm eine gespenstische Szene vor Augen: Ein großer Weißer Hai – vielleicht mehr als einer – schlug sein riesiges Gebiss in die Rettungsinsel und zermalmte Gibbo und ihn. Aber er versuchte sich einzureden, dass Haie in einer derart aufgewühlten See nicht an die Wasseroberfläche kamen.

Im Laufe des Vormittages begriff Gibbo immer weniger, warum sie keine Flugzeuge gesehen hatten. »Wieso ist niemand gekommen, um uns zu retten? Ich hoffe doch, dass sie das EPIRB aktiviert haben.« Keiner von ihnen konnte diese Frage beantworten.

Gegen 14.00 Uhr am Montagnachmittag zeigte sich auf Steamers griesgrämigem Gesicht ein breites Lächeln. »Was ist denn?«, fragte Gibbo.

Über Gibbos Schulter hinweg zeigte er auf einen Albatros, der ein paar Meter entfernt von der Rettungsinsel auf dem Wasser saß und sie beobachtete. Die Wellen schienen dem Sturmvogel, der mehrere Minuten lang auf den Wellen schaukelte, bis er zur anderen Seite der Insel flog und Gibbo ansah, keine Angst einzujagen.

»Wir haben Glück«, sagte Steamer.

In Gibbo erwachte neue Hoffnung. »Wir müssen einfach Glück haben. Aber wo sind wir – was meinst du?«

Darüber hatte Steamer auch schon nachgedacht. Seiner Einschätzung nach waren sie mit drei, vier Knoten Fahrt nach Nordost getrieben. »Wahrscheinlich etwa 90 Meilen östlich von Eden.«

Das war weit weg von der Küste, aber die Zahlenangabe machte Gibbo Mut, vor allem, weil sie so präzise war – und er wollte mehr wissen.

»Glaubst du, dass wir uns in einer Schifffahrtsstraße befinden?«
»Nein, Gibbo.«

Steamer klang erschöpft, es war überdeutlich, dass er nicht vorhatte, mehr zu sagen. Gibbo ärgerte sich darüber, dass Steamer keine Lust hatte, sich mit ihm zu unterhalten – und über die Tatsache, dass er sein Bedürfnis nach Hoffnung missachtete. Er überlegte ein paar Minuten lang, wie er sein Missfallen ausdrücken sollte.

»Tja, Steamer, wer wird wohl zuerst von wem gefressen?«

Am späten Nachmittag hatte Gibbo das Gefühl der Verbundenheit mit den anderen drei Crewmitgliedern verloren. »Sieht echt übel aus für die Jungs.« Wieder sagte Steamer kein Wort. Beide Männer hatten Angst, noch eine Nacht in der Rettungsinsel verbringen zu müssen. Zwar waren die Wellen nur etwa sechs Meter hoch, und nur sehr wenige überschlugen sich, und das stärkte ihre Zuversicht, dass sie nicht fortgespült würden. Aber nachdem sie 24 Stunden im Wasser verbracht hatten, begann sich die Kälte doch bemerkbar zu machen. Steamer trug lediglich Shorts, ein T-Shirt und die obere Hälfte seines Schlechtwetter-Anzugs. Hin und wieder fröstelte er – wobei ihm klar war, dass er in der Nacht noch viel stärker frieren würde.

Gibbo hatte Thermounterwäsche und eine mit Vlies gefütterte Weste an. Weil seine Sicherheitsleine immer noch an der Insel festgemacht war, konnte er zwar nicht einfach abtreiben, aber er machte sich trotzdem Sorgen – ebenso wie Steamer –, dass seine Kräfte nachließen, ja sogar darüber, ob er imstande sein würde, mit dem Kopf über Wasser zu bleiben. Wieder zog er sein Messer aus der Scheide, und diesmal schnitt er zwei Löcher in die Überreste des Dachs, in die er seine Arme steckte. Durch diese Maßnahme hoffte er, Kopf und Schulterpartie über Wasser halten zu können, selbst wenn er einschlief. Während Gibbo so dasaß, mit rechtwinklig ausgebreiteten Armen und leicht zur Seite geneigtem Kopf, fand Steamer, dass sein Freund wie gekreuzigt aussah.

Kurz nach 16.00 Uhr kam ein Flugzeug, diesmal ohne Zweifel ein echtes, auf Winnings Rettungsinsel zugeflogen. »Richard, wir müssen ein Notsignal abschießen«, rief Lumpy. »Es ist anscheinend dasselbe Flugzeug, das schon mal an uns vorbeigeflogen ist.« Winning feuerte seine vorletzte Fallschirm-Leuchtrakete ab. Sie erzeugte ein hellrotes Licht, das direkt vor dem Flugzeug zu hängen schien. Dann aber ging es in eine Rechtskurve und entfernte sich von der Insel.

»Zum Teufel noch mal! Der spinnt wohl!«, murmelte Winning. »Er muss die doch gesehen haben.«

Ein paar Minuten später glaubte Lumpy, am Himmel ein anderes Geräusch vernommen zu haben. »Es kehrt um. Ich höre es.«

Das Flugzeug führte eine planmäßige Suche durch; es flog hin und her über Planquadraten des Meeres, so wie ein Farmer, der ein Feld bestellt, bis es schließlich auf die Rettungsinsel zuhielt. Gould, der wusste, dass Winning nur noch eine einzige Fallschirm-Leuchtrakete übrig hatte, sagte: »Schieß die verdammte Rakete erst ab, wenn du sie ihm in sein verdammtes Nasenloch stecken kannst!« Winning gab sein Bestes, aber die Maschine flog abermals weiter, ohne zu erkennen zu geben, dass es sie gesehen hatte.

»Es ist direkt über uns hinweggeflogen«, meinte Beaver zuversichtlich.

»Michael«, sagte Lumpy und benutzte Beavers Vornamen, wie Eltern das manchmal tun, wenn sie ihrem Kind etwas erklären wollen, »man kann aus der Kanzel eines Flugzeugs nicht alles überblicken. Die haben unsere Leuchtrakete nicht bemerkt. Aber vielleicht haben sie ja die andere Insel gefunden.«

Fast zwanzig Minuten später, beim dritten Vorbeiflug, entdeckte der Pilot Winnings Rettungsinsel und signalisierte dies dadurch, dass er die Landelichter aufblinken ließ. »Die haben uns gefunden!«, rief Lumpy. Beaver war zwar ganz begeistert, aber er machte sich Sorgen, wie es weitergehen würde. »Aber wie wollen sie uns rausfischen?« Wieder versetzte Winning seinen Hoffnungen einen Dämpfer. »Kann sein, dass ein Trawler aus Eden losgeschickt wird.« Als Beaver fragte, wie lange das dauern würde, antwortete Winning, der glaubte, dass sie ungefähr 100 Meilen vor der Küste lagen: »Etwa zehn Stunden.«

»Das geht ja«, sagte Beaver, dessen Lebensgeister wieder erwacht waren. »Zehn Stunden halte ich noch durch.«

Kurz darauf tauchte tatsächlich ein Hubschrauber auf. Er schwebte ein paar Minuten lang und flog dann wieder ab. »Vielleicht haben die uns aus den Augen verloren«, sagte Lumpy düster. »Vielleicht müssen wir doch auf den Trawler warten.« Aber zehn Minuten später, kurz vor 16.30 Uhr, ging ein anderer Hubschrauber, der viel größer war als der vorherige, über der Rettungsinsel in Position. Als Beaver Lumpy ansah, liefen ihnen Freudentränen über die Wangen.

»Wir fahren nach Hause«, sagte Beaver.

Cameron Robertson, ein 40-Jähriger mit beginnender Glatze, blickte von seinem Hubschrauber aus auf Winnings Rettungsinsel. Er hatte von seinem Rettungseinsatz erst zu Beginn seiner regulären Schicht um ein Uhr morgens erfahren, als er den scheunenähnlichen Hangar des zivilen Luft-Ambulanz- und Rettungsdienstes betrat, für den er arbeitete. Der Erste, der ihm begegnete, war Peter Davidson, der zu dem Zeitpunkt, da Richard Winning seinen Notruf abgesetzt hatte, gerade mit Müh und Not Crewmitglieder der *Stand Aside* aus dem Wasser zog. Davidson unterrichtete Robertson kurz über das gewaltige Ausmaß der Such- und Rettungsaktion und schilderte ihm die 60-Knoten-Winde und die über 33 Meter hohen Wellen. Wegen dieser unschönen Aussichten konnte Robertson nicht einschlafen. Also legte er sich auf sein Feldbett und wartete auf den fahrplanmäßigen Start des Hubschraubers um 4.30 Uhr.

Sie begannen den Tag, indem sie drei Männer der *Solo Globe Challenger* retteten. Nach ihrem zweiten Einsatz, bei dem sie nach EPIRBs suchten, glaubte Robertson, er habe nun Feierabend. Aber um 16.00 Uhr teilte ihm der 34-jährige Hubschrauberpilot Stefan Sincich mit, dass sie nochmals rausfliegen würden, um nach einer

Ein-Mann-Rettungsinsel zu suchen, die ein ziviles Suchflugzeug entdeckt hatte.

Während des Anflugs auf Winnings Rettungsinsel saß Robertson aufrecht in der geöffneten großen Schiebetür, die Füße auf dem Fahrgestell. Die Sicht war viel besser als am Morgen. Seiner Schätzung nach waren die Wellen fünf bis sieben Meter hoch. Der Wind blies mit einer Geschwindigkeit von 35 bis 40 Knoten. Er befand sich 20 Meter über dem Wasser und sah mindestens zwei Köpfe, die aus der Öffnung im Schutzdach ragten. Einer der Männer leuchtete mit einer Taschenlampe herauf.

»Da ist mehr als einer drin. Drei oder vier, glaube ich«, sagte er zu Steve Collins, dem 35-jährigen Flugretter. Das grundlegende Vorgehen würde sich dadurch jedoch nicht ändern; deshalb ließ Collins Robertson runter aufs Wasser, während er zugleich mit Hilfe des Bordfunks den Piloten so dirigierte, dass der die Position des Hubschraubers entsprechend änderte. »Fünf Meter vorwärts, drei Meter nach zehn Uhr.« Nachdem Robertson ins Wasser eingetaucht war, schwamm er ein, zwei Meter zur Rettungsinsel. Vier Männer waren darin, alle munter und gut gelaunt. Ein hervorragendes Zeichen. Wahrscheinlich waren sie nicht verletzt und litten auch nicht an Unterkühlung.

Robertson zog sich an der Wand der Rettungsinsel hoch und spähte durch die Öffnung: »Gut, ihr seid vier. Alles in Ordnung?«

»Alle sind wohlauf«, sagte Winning.

»Okay. Ich möchte, dass ihr das Dach eindrückt und euch darauf setzt. Dann springt ihr, jeweils einer, ins Wasser, dort lege ich euch dann die Rettungsschlinge um. Sobald ihr da drin seid, zieht man uns beide hoch.«

Er sah Winning an: »Möchten Sie als Erster ins Wasser springen?«

»Ja.«

Ohne zu zögern, hechtete Winning mit dem Kopf zuerst durch den Einstieg der Rettungsinsel nach draußen. Robertson, der vermutet hatte, dass die Segler ihre relativ sichere Rettungsinsel nur widerwillig verlassen würden, war froh. Er hatte keine Mühe, Winning die Rettungsschlinge über den Kopf zu legen. Nachdem er Collins mit erhobenem Daumen signalisiert hatte, dass alles klar war, hob das Stahlseil die beiden Männer rasch aus dem Wasser. Obwohl der Lärm der Rotoren ohrenbetäubend war, schrie Robertson Winning eine Frage ins Ohr.

»Welches Boot?«

»*Winston Churchill*.«

»Großartig!«

Die Antwort versetzte ihn in Hochstimmung. Vor seinem Abflug aus Mallacoota war die *Churchill* in den Gesprächen der Mitglieder der Rettungsmannschaften Thema Nummer eins gewesen. Nach der stundenlangen ergebnislosen Suche waren die meisten zu dem Schluss gekommen, dass die große alte Yacht samt ihrer Crew nie mehr gefunden werden würde. Sobald sie auf der Höhe der Tür waren, zog Collins Winning an der Rückseite der Rettungsschlinge in den Hubschrauber und dirigierte ihn zu einem Sitz. Ohne weitere Verzögerung ließ er Robertson wieder hinunter. Robertson nahm sich nicht einmal die Zeit, ihm mitzuteilen, wen er da gerettet hatte, aber Collins fragte auch nicht danach.

Als Nächster kam Lumpy an die Reihe. Auf Robertsons Frage hin, ob er schwimmen könne, nickte er. Doch als er im Wasser war, erschöpft und ohne Schwimmweste, ging er sofort unter. Nachdem Robertson ihm den Arm um die Brust gelegt und seinen Kopf aus dem Wasser gezogen hatte, murmelte Lumpy: »Alles klar.« Aber kaum hatte Robertson ihn losgelassen, ging er wieder unter. Als Robertson ihn endlich gesichert hatte, umarmte Lumpy seinen Retter.

»Arme an den Körper«, befahl Robertson. »Nichts tun. Wir kümmern uns um alles.«

Als Lumpy in den Hubschrauber gezogen wurde, war er völlig aus dem Häuschen und wollte allen die Hand schütteln und sich bedanken, aber Collins war genauso streng wie Robertson. »Okay. Setzen Sie sich da drüben hin. Nicht bewegen.« Die harsche, militärähnliche Disziplin dämpfte Lumpys Euphorie, und als er Winning ansah, verbesserte das seine Stimmung auch nicht gerade. Er fand, dass sein Freund furchtbar aussah, um Jahre gealtert und total ausgepowert. »Richard, was haben wir nur getan?« Winning schüttelte nur den Kopf.

Als Robertson wieder im Wasser war und auf Gould zuschwamm, erschrak er plötzlich. Gould war nur ein, zwei Meter entfernt und sah aus, als wolle er seinen Lebensretter umarmen. Wie Lumpy war er einfach nur unendlich dankbar. Aber Robertson, der wusste, dass eine Umarmung durch einen Schwimmer in Panik tödliche Folgen haben konnte, ließ eine kurze Reaktionszeit verstreichen und paddelte ein, zwei Meter in die entgegengesetzte Richtung. Gould begriff sofort, warum er auf Distanz ging, ließ die Arme sinken und wartete, bis Robertson ihm die Rettungsschlinge umgelegt hatte. Da wollte Gould ihn erneut umarmen – und wurde wieder zurückgewiesen. »Arme an den Körper.«

Beaver war jetzt allein in der Rettungsinsel, machte sich aber keine Sorgen mehr. Er wunderte sich nur, dass eine derart kleine und kippelige Rettungsinsel ihm das Leben gerettet hatte. Ob sie kenterte, spielte jetzt keine Rolle mehr. Während Robertson herunterschwebte, deutete Beaver, unsicher, ob er ins Wasser springen sollte, erst auf seine Brust und dann ins Wasser. Robertson schüttelte den Kopf und hob die Handfläche der rechten Hand. Er stieg auf die Rettungsinsel, wodurch das Dach in sich zusammenfiel, und erklärte Beaver, den er angesichts dessen, was er durchgemacht hatte, erstaunlich ruhig und gelassen fand, dass sie direkt von der Rettungsinsel zum Hubschrauber hinaufgezogen werden würden.

Erst als Beaver im Hubschrauber war, fragte Collins: »Von welchem Schiff seid ihr?« Auch er hatte gehofft, dass es sich um die Crew der *Winston Churchill* handeln würde, aber er hatte keine Zeit gehabt, danach zu fragen. Als er die gute Nachricht hörte, rief er: »Sensationell!« Dann gab er die Information an Sincich weiter, der sich mit seinem Kopiloten abklatschte und die Nachricht an den AusSAR funkte. Dann reichte er Lumpy einen Kuli und bat ihn, ihre Namen aufzuschreiben. Der versuchte es zwar, aber weil seine Finger taub und steif waren, nannte er ihm die Besatzungsmitglieder mündlich.

»Hat man die andere Rettungsinsel gefunden?«, fragten alle vier Crewmitglieder der *Churchill* wie aus einem Mund.

Als Collins die Frage verneinte, erstarb ihr Lächeln. Trotzdem behaupteten sie im nächsten Moment steif und fest, dass die andere Rettungsinsel in Ordnung sei, und ihre Zuversicht wirkte ansteckend auf die Hubschrauberbesatzung.

Obwohl die meisten Gespräche mit dem AusSAR über einen Funkmelder weitergeleitet werden mussten, wollte Sincich direkt mit jemandem vom Rettungsdienst sprechen. Deshalb griff er zu seinem Satellitentelefon, sobald er in Reichweite war. Zuerst gab er die Namen der Überlebenden der *Churchill* durch, die er aufgelesen hatte, dann schlug er einen Nachfolgeeinsatz vor, den der AusSAR sofort bewilligte. »Nachts können wir mit dem Hubschrauber sowieso nichts ausrichten, warum setzen wir also die Männer nicht einfach ab – und fliegen wieder raus, sobald es geht. Wir können einen Kurs ab der Stelle fliegen, wo das Boot gesunken ist und wo wir die Rettungsinsel gefunden haben. Vielleicht können wir die anderen noch vor Einbruch der Dunkelheit orten.«

Hinten im Hubschrauber griff Lumpy in seine Jackentasche und kramte eine Tüte Kekse und die letzten Wasserbehälter hervor. Beaver hatte Hunger, zum ersten Mal seit Beginn der Regatta: »Darauf hab ich jetzt richtig Appetit.« Offensichtlich hatte er seinen jugendlichen Überschwang wiedergewonnen. Während er einen der trockenen Kekse mampfte, sagte er: »Damit kann man sich richtig den Magen voll schlagen.«

Der Hubschrauber war kaum auf dem Flugplatz in der kleinen Küstenstadt Mallacoota gelandet, als Sincich sich auf seinen nächsten Einsatz vorbereitete. Als er mit seiner Besatzung wieder in der Luft war, erinnerte Steve Collins ihn daran, dass einige Männer in der ersten Rettungsinsel Taschenlampen um den Hals getragen hatten; in der hereinbrechenden Dunkelheit könnte das ein entscheidender Vorteil sein. Sincich gab die Information an die P-3 Orion der Royal Australian Air Force weiter, die bereits das Meer unweit jener Stelle absuchte, wo man Winnings Rettungsinsel gefunden hatte.

Mehrere freiwillige Helferinnen des Roten Kreuzes begrüßten die Überlebenden aus Winnings Rettungsinsel und brachten sie zu einem nahe gelegenen Gemeindezentrum, das in eine Unterkunft für die Segler und ihre Retter umgewandelt worden war. Auf dem Weg dorthin fragte Lumpy eine der Frauen, ob seine Frau gewusst habe, dass er als vermisst galt. »Das meinen Sie doch nicht im Ernst!«, rief sie aus. »Die ganze Welt hat gewusst, dass Sie vermisst waren. Es gibt in Australien wohl keinen Menschen, der nicht um Sie gezittert und für Sie gebetet hätte.«

Lumpy und Beaver gingen direkt in den Duschraum – und zogen sich erst aus, als sie unter dem heißen Wasserstrahl standen. Lumpy war derart erschöpft, dass er sich gegen die Wand lehnte, aber er war sich mit Beaver einig, dass sie eine Dusche noch nie so sehr genossen hatten. »Und hinterher gehen wir in eine Kneipe und genehmigen uns ein Steak und ein Bier«, kündigte Beaver an, von der Vorstellung wie berauscht. Sie nahmen dann eine sehr lange Dusche – keiner wollte wieder darunter hervorkommen. Bevor sie sich anzogen, servierte eine der Frauen, die gehört hatte, was Beaver gesagt hatte, ihnen noch vier Steak-Sandwiches.

Nachdem sie zwei verschlungen hatten, rief Beaver, der noch bei den Eltern wohnte, seinen Vater an. Der Vater hatte einen Gutteil der vergangenen Nacht im Zimmer seines Sohnes verbracht und die beiden Vitrinen betrachtet, in denen Fotos von Beaver auf diversen Booten und mehr als ein Dutzend Segeltrophäen standen.

»Ich hatte die Hoffnung schon aufgegeben«, sagte er am Telefon. »Ich dachte, du wärst umgekommen.«

Wenige Minuten später ging Beavers Wunsch nach einem Bier in Erfüllung, als er sich mit den übrigen Mitgliedern der Crew in dem Gemeindezentrum vor einem Kamin versammelte. Bereits nach einigen Schlucken fühlte er sich angenehm benommen. Lumpy, der immer noch fror, obwohl er geduscht hatte, trank eine Tasse heißer Suppe. *Das ist doch absurd,* dachte er. *Es ist mitten im Sommer, aber ich sitze hier vor einem Kamin, mit einem Teller Suppe, und friere immer noch.* Und während die Crewmitglieder sich über die andere Rettungsinsel unterhielten, versuchten sie, ihrer Hoffnung Auftrieb zu geben, indem sie sich gegenseitig versicherten, dass sie stabiler war als die, auf der sie gewesen waren.

33

Larry Ellison verbrachte die Montagnacht zum größten Teil in der Koje, zu seekrank, irgendetwas anderes zu tun. Die Sonntagnacht war schon schrecklich, aber am Montag waren die Wellen noch steiler gewesen. In den vorangegangenen 24 Stunden hatte er, so wie die meisten seiner Crew, stark unter Seekrankheit gelitten.

Lachlan Murdoch hielt sich gut. Er hatte noch nie bei so üblem Wetter gesegelt und war auch noch nie so seekrank gewesen, aber seine Strategie war schlicht, das Ganze durchzustehen. Er hatte sich bemüht, zu allen Wachen zu erscheinen, und hatte, im Unterschied zu vielen aus der Profi-Crew, nur eine ausgelassen. Aber ihm war klar, wie leicht die Regatta in einer Katastrophe münden konnte. Zunächst hatte der Schaden am Boot sein Bedürfnis nach Gefahr und Erregung sogar noch verstärkt. Das hatte sich inzwischen geändert. Während er im Cockpit saß, fiel ihm auf, dass sich im Gehäuse einer der beiden Kompasse der *Sayonara* Risse gebildet hatten. Etwa jede Stunde ging irgendetwas kaputt, und diese Häufung beunruhigte ihn. Außerdem machte er sich Sorgen wegen seiner verletzten rechten Hand, die sich, wie er befürchtete, entzündet hatte. Als er nach Beendigung seiner Wache unter Deck ging, waren alle Kojen belegt. Er suchte sich einen Platz auf dem Boden, hielt sich dabei an allem fest, was er zu fassen bekam, und trat vorsichtig zwischen die Segel und Leiber. Als die Yacht von einer Welle stürzte, packte er ein Schott aus Carbon, um sich abzustützen. Es verhinderte zwar seinen Sturz, gab ihm aber auch nicht viel Halt. Es fühlte sich hohl an, etwa so wie Pappe oder Balsaholz. Er dachte: *Die Sayonara mag die schnellste Maxi der Welt sein, aber für Nächte wie diese ist sie nicht geschaffen.*

Insbesondere hatte Lachlan Angst davor, dass die Yacht kenterte. Und daran musste er auch denken, als er sich eine freie Fläche neben dem Niedergang suchte, weil er glaubte, im Notfall von dort schnell an Deck zu kommen. Das war keine gute Wahl, denn als er sich hinlegte, tröpfelte es von irgendwoher ständig auf ihn runter.

Weil er nicht einschlafen konnte, ging er zurück an Deck, bevor er mit seiner Wache an der Reihe war. Er legte seinen Sicherheitsgurt an und setzte sich ins Cockpit, nicht weit vom Steuerrad entfernt. Es war dunkel, und er redete nicht viel. Selbst das einfachste Gespräch raubte zu viel Energie. Er war hin und her gerissen. Einerseits schalt er sich selber. *Warum machst du das hier, wenn du noch bei Verstand bist? Das ist doch der absolute Wahnsinn.* Zugleich aber erkannte er, dass er vermutlich noch ein Hobart segeln würde. Bei dieser Regatta musste man bis ans Limit gehen, und das hatte durchaus etwas Erregendes. Lachlan Murdoch wollte der Welt – und sich selbst – beweisen, dass er hart genug für alles war. Nun, härter als *das hier* konnte es nicht mehr werden.

Seine anderen Gedanken kreisten um das Wesentliche – das Wetter und die Frage, wie lange die Regatta noch dauerte. Zu den Dingen, über die er lieber nicht nachdachte, gehörte die Seekrankheit, aber nach jeder Welle rumorte es wieder heftig in seinem Magen. Nach mehreren falschen Alarmen beugte er sich schließlich über die Bordwand. Weil er den Wind nicht einkalkuliert hatte, flog das Erbrochene Robbie Naismith, der gerade steuerte, mitten ins Gesicht.

»Ah, Lachlan. So kannst du keine Sympathiepunkte bei mir sammeln.«

Peinlich berührt, klopfte er Naismith zwar auf die Schulter und entschuldigte sich, aber er fühlte sich zu mies, um noch mehr zu sagen. *Immerhin regnet es*, dachte er und wischte sich mit der gesunden Hand das Gesicht ab. Es regnete so stark, dass die Tropfen das Gesicht schnell wieder sauber gespült hatten.

Etwas später fragte er sich, was geschehen wäre, wenn er in diesem Jahr mit seinem eigenen Boot an der Regatta teilgenommen hätte. 1997 hatte seine Crew zur Hälfte aus ernsthaften Seglern bestanden, aber die anderen waren Freunde gewesen, die wenig Zeit auf dem Wasser verbrachten. Zu den Nichtseglern gehörten der Inhaber einer kleinen Werbeagentur, ein Filmregisseur und ein Internet-Unternehmer. Die Leute, die am wenigsten von der Segelei verstanden, hatten die meiste Führungserfahrung, und diese Kombination hätte seiner Meinung nach tödliche Folgen haben können.

»Wenn wir letztes Jahr Bedingungen wie diese gehabt hätten«, sagte er zu Mike Howard, »hätte ich das Boot verloren.«

Als Ellison Zan Drejes sah, der immer mehr Wasser aus dem Bootsrumpf pumpte, und bemerkte, wie blutunterlaufen dessen Augen waren, sagte er: »Was sind wir doch für ein Haufen dämliche Scheißer, dass wir das hier Spaß nennen.«

»Wart nur ab«, sagte Zan. »Du wirst noch voll Stolz auf dieses Rennen zurückschauen, und eines Tages wirst du wieder hier draußen sein.«

Was Ellison darauf erwiderte, konnte man zwar nicht hören, doch sich selbst gegenüber blieb er hart. *Es ist absolut ausgeschlossen, dass ich jemals wieder hier sein werde.*

34

Am Montagabend, als Steamer die große P-3 Orion sah, war es am Himmel fast dunkel. Er winkte mit aller Kraft, aber das Flugzeug flog weiter geradeaus, bis es begann, einen Ort einige Meilen entfernt zu umkreisen. »Die haben wahrscheinlich die andere Insel gefunden«, murmelte er. Doch diese Hoffnung, ihre Mitsegler könnten gerettet werden, wurde dadurch getrübt, dass sie selber womöglich noch eine Nacht in der Rettungsinsel verbringen mussten. »Sieht so aus, als ob uns eine lange Nacht bevorstünde«, meinte Gibbo. Etwas später wich die Orion jedoch von ihrem Flugmuster ab und kam direkt auf Steamer und Gibbo zugeflogen. Gibbo richtete den Strahl seiner Taschenlampe nach oben, den ein Besatzungsmitglied namens John Flynn bemerkte. Als die Orion mit einem Aufblinken der Landelichter antwortete, hatte Steamer etwas zu sagen:
»Gibbo, wir haben Glück.«

Shane Pashley war mit 16 Jahren in die Marine eingetreten. Jetzt, mit 34, war er ein sportlicher Unteroffizier, auf dessen linker Wade das Bild eines Panthers im Kampf mit einer Schlange tätowiert war. Seit neun Jahren war er einem Hubschraubergeschwader unterstellt, und er hatte schon zehn Menschen aus dem Wasser geholt. Er verfolgte den Regattastart im Fernsehen vom bunt karierten Sofa im Wohnzimmer seines reinlichen Hauses aus, das 100 Meilen südlich von Sydney neben einer Kuhweide stand, und sagte zu seiner Frau Kay, dass ihre Weihnachtsferien vielleicht unterbrochen werden würden. Sie war ärgerlich, aber nicht überrascht. In fünf der vergangenen sechs Jahre war es das gleiche Lied gewesen. Sie hatte Verständnis, dass es zu Shanes Job gehörte, Menschen zu retten, und hatte eine Mappe mit Zeitungsausschnitten und Briefen angelegt, die von seinen guten Taten zeugten. In einem Jahr hatte er Isabelle

Autissier, die berühmte französische Einhandseglerin, aus dem Südpolarmeer gerettet, nachdem ihre Yacht während einer Weltumsegelungsregatta entmastet worden war. Trotzdem hatte sie gehofft, dass die Weihnachtsferien in diesem Jahr von Unterbrechungen frei bleiben würden.

Die schlechte Nachricht kam am frühen Montagmorgen, als Pashley und sein Sea-Hawk-Hubschrauber, ein hoch entwickeltes Fluggerät, das genügend Treibstoff mitführte, um vier Stunden lang mit einer Geschwindigkeit von weit über 200 Stundenkilometern fliegen zu können, einen Einsatzbefehl erhielten. Beim ersten Einsatz war dem Sea Hawk ein 25 Quadratkilometer großes Suchgebiet zugeteilt worden; er hatte das Meer im Tiefflug abgesucht, bis er zum Auftanken auf der *Newcastle* landete, der Fregatte, die aus Sydney Richtung Süden herbeigeeilt war. Nachdem Pashley am Montagabend in die unten im Schiff gelegene Offiziersmesse gegangen war, nahm er sich einen Kaffee und stellte ihn auf ein rutschfestes Gummiset. Der große, durch ein schraubstockähnliches Stahlgestell an der Wand befestigte Fernseher war auf ein Nachrichtenprogramm eingestellt. Pashley erfuhr, dass die *Winston Churchill* 30 Stunden zuvor einen Notruf abgesetzt hatte und dass man die zweite Rettungsinsel immer noch nicht gefunden hatte. *Wenn die Jungs überleben wollen,* dachte er, *müssen sie unglaublich viel Glück haben.*

Einen Augenblick später wurde er zu seinem Hubschrauber gerufen. Der AusSAR hatte Rick Neville, den Piloten, aufgefordert, zur Küste zurückzufliegen. Kurz nach dem Start hatte er jedoch gehört, dass eine in der Nähe befindliche P-3 Orion etwas entdeckt hatte, möglicherweise eine Rettungsinsel. Daraufhin wich Neville, dessen Hubschrauber diesem Bereich näher war als alle anderen Helikopter, von seinem ursprünglichen Kurs ab. Es war kurz nach 22.00 Uhr, der Himmel war bedeckt und dunkel, als Pashley, den Kopf aus der offenen Tür gestreckt, auf dem Boden des Hubschraubers lag und das dunkle Wasser absuchte, jedoch erst etwas sah, als er eine Phosphorkerze bemerkte, die die P-3 Orion abgeworfen hatte. Sekunden später entdeckte er einen kleinen Lichtfleck und schließlich, mit Hilfe des Suchscheinwerfers, die Rettungsinsel. Während der Hubschrauber in den Sinkflug ging, sah er zwei menschliche Gestalten. Über die Bordsprechanlage sagte er: »Sieht so aus, als würden zwei Typen in einem Planschbecken sitzen.«

Auf Gibbo wirkte der Hubschrauber wie eine fliegende Untertasse. Und er war tatsächlich mit zahlreichen futuristisch anmutenden Geräten ausgestattet, darunter ein Radarhöhenmesser, mit dessen Hilfe der Hubschrauber eine gleich bleibende Höhe auf einer Stelle einhalten konnte. Neville stellte das Gerät auf 18 Meter ein und drehte einen Schalter, der es Aaron Abbott, der die Winde bediente, erlaubte, die horizontale Stellung des Hubschraubers mittels einer kleinen Handsteuerung einzustellen. Sobald sie sich fast direkt oberhalb der Rettungsinsel befanden, wurde Pashley Richtung Meer abgelassen. Er tauchte kurz mit den Beinen in zwei Wellen, bis er in etwa sieben Meter Entfernung von der Rettungsinsel, die vom Wind wie auch vom Rotorabwind des Hubschraubers fortgeweht wurde, ganz ins Wasser eintauchte.

In der Marine lautete Pashleys inoffizielle Stellenbeschreibung scherzhaft »Teebeutel« und »Haiköder«, und Haie gingen ihm auch durch den Kopf, während er jetzt auf die Rettungsinsel zuschwamm und an Bord zu klettern versuchte.

»Pass auf – da ist kein Boden«, schrie Steamer.

Pashley, der den Warnruf nicht gehört hatte, fiel klatschend durch das Loch, wo früher einmal der Boden gewesen war. Als er die Arme über die Bordwand legte und sah, dass die beiden Männer, die eigentlich in der Insel hätten sitzen müssen, zum größten Teil im Wasser standen, ohne jeden Schutz vor Haien, dachte er: *Dann muss ich mir wenigstens keine Sorgen machen, gefressen zu werden.* Außerdem wunderte er sich, dass diese doch relativ alten Männer in einer so erbärmlichen Rettungsinsel überlebt hatten.

»Geht's Ihnen gut? Irgendwelche Verletzungen?«

»Nein, nein«, log Steamer und schüttelte den Kopf trotz der Schmerzen in seinem Bein. »Am besten, Sie holen Gibbo als Ersten raus. Er hat sich die Hände verletzt.«

Sofort nachdem Pashley die Rettungsschlinge um Gibbos Oberkörper gelegt hatte, wurden die beiden heftig von der Rettungsinsel fortgerissen und über die Wasseroberfläche gezogen – als wären sie Forellen, die von einem Angler eingeholt werden. Während sie aufstiegen, wurden sie von einer Welle getroffen und verschluckt. Sie tauchten wieder auf und wurden schließlich aus dem Wasser gehoben, stiegen jedoch nur ein, zwei Meter, als etwas anderes schief ging. Plötzlich verlor der Hubschrauber an Höhe und lud beide Männer wieder im Meer ab. Steamer sah von der Rettungsinsel aus zu und dachte: *So soll das Ganze doch bestimmt nicht ablaufen.* Neville kam der gleiche Gedanke. Der Hubschrauber befand sich zu weit im Luv, und man hatte die Männer ins Wasser zurückfallen lassen, weil der Radarhöhenmesser, offenbar überfordert durch die ständigen Änderungen der Wellenhöhen, ausgefallen war. Neville versuchte, das Gerät neu zu starten, aber es funktionierte immer noch nicht. Unter ihm bemühten sich zwei Männer verzweifelt, nicht unterzugehen. Also blieb Neville nichts anderes übrig, als den Hubschrauber manuell auf der Stelle zu halten. Und das musste er sofort bewerkstelligen. Während der Helikopter in den Turbulenzen wie wild hüpfte, wurden Gibbo und Pashley dann die restliche Strecke hochgezogen.

Weil er nicht mehr über einen funktionierenden Radarhöhenmesser verfügte, kam Neville zu dem Schluss, dass es zu gefährlich war, Pashley noch einmal runterzulassen. Stattdessen wies er die

Besatzungsmitglieder an, die Rettungsschlinge abzuseilen, in der Hoffnung, dass Steamer schon wüsste, was zu tun war. Steamer war auf sich gestellt.

Als er das unbemannte Kabel sah, machte Steamer sich keine Sorgen. Weil er vorgeschlagen hatte, Gibbo als Ersten hochzuziehen, nahm die Besatzung des Hubschraubers sicher an, dass er selber in ziemlich guter Verfassung war. *Und das bin ich auch. Ich muss mir nur die Schlinge über den Kopf ziehen. Kein Problem.*

Die Rettungsschlinge landete neben der Insel, er schlang sie sich schnell um den Leib und zeigte mit erhobenem Daumen an, dass alles in Ordnung war. Doch als die Winde ihn hochzuheben begann, sah Pashley, dass Steamer die Rettungsinsel mit sich hochzog. Irgendetwas hatte sich verheddert. Er ließ ihn wieder ins Wasser hinunter und wartete einige Sekunden, bis er die Insel davonfliegen sah, bevor er ihn erneut hochkurbelte. Doch als Steamer etwa sieben Meter über dem Meer war, rutschte er aus der Schlinge und stürzte ins Wasser. Entweder hatte er sich die Schlinge nicht unter beide Arme gelegt oder besaß nicht die Kraft, sie dort festzuhalten. Aber wie auch immer – Pashley befürchtete, Steamer könnte zu geschwächt sein, um es allein zu schaffen.

»Soll ich es ihn noch einmal selbst versuchen lassen oder wieder runtergehen?«, fragte er Neville.

»Lassen wir es ihn noch einmal selbst probieren.«

Pashley ließ die Schlinge wieder ins Wasser fallen, und abermals schien Steamer keine Mühe zu haben, in die Schlinge zu kommen. Diesmal wurde er ohne Komplikationen zum Hubschrauber heraufgezogen.

»Wer sind Sie?«, fragte Pashley.

»John Stanley – und das hier ist John Gibson. Wir sind von der *Winston Churchill*. Haben Sie unsere andere Rettungsinsel gefunden?«

Pashley schrie ihm fast ins Ohr, dass alle aus der anderen Insel in Sicherheit seien. Steamer hatte die Hoffnung für die anderen drei Männer im Grunde schon aufgegeben, aber die eigene Rettung weckte erneut seine Zuversicht. »Die müssen in der Nähe sein«, sagte er. »Wahrscheinlich ein paar Meilen von uns entfernt, auf demselben Kurs, den ihr geflogen seid.« Gibbo behauptete, genau zu wissen, wo sie waren. Er verlangte eine Karte und war erst zufrieden, als man ihm erklärte, dass bereits mehrere Flugzeuge das Gebiet absuchten. Steamer, der ungeheuer erleichtert war, sich nicht mehr an die Rettungsinsel klammern zu müssen, sagte zu Pashley, dass er seit 29 Stunden, seit sie die *Winston Churchill* aufgegeben hatten, nichts mehr getrunken habe. Beide Männer tranken Unmengen Flüssigkeit. Um das Risiko zu verringern, dass sie einen Schock erlitten, versuchte Pashley, Gibbo und Steamer wach zu halten, indem er sie ein Gespräch verwickelte, aber es dauerte nicht lange, bis beide eingeschlafen waren.

Als der Hubschrauber in Merimbula landete, wurde Gibbo von einer der Krankenschwestern, die ihn empfingen, gefragt, ob er an Unterkühlung leide.

»Machen Sie sich nicht lächerlich«, entgegnete er. »Ich brauche nur eine Tasse Tee.«

In Wirklichkeit waren er und Steamer so schwach, dass sie zu dem bereitstehenden Notarztwagen, der sie ins Krankenhaus fuhr, halb getragen werden mussten. Sie waren verletzt, unglaublich kaputt, aber in Sicherheit.

35

Kurz nach Tagesanbruch am Dienstag riss die Fock der *Brindabella* in Stücke, und das obere Drittel des Segels verfing sich in der Takelage. Bis es geborgen war, bestand keine Möglichkeit, ein Ersatzsegel zu setzen. Obwohl Wind von 30 Knoten herrschte, war Andrew Jackson, von allen Jacko genannt, sofort bereit, am Mast hinaufzuklettern. »Ich muss abfallen, damit das Schiff stabiler liegt«, sagte Bob Fraser, der hinterm Steuer stand. Was das für die Regatta bedeutete, musste er niemandem erzählen. Vom Wind abfallen hieß Richtung Norden steuern. Die *Sayonara* lag zwar nur ein paar Meilen voraus, doch während der gesamten Zeit, die Jacko benötigte, den Mast hochzuklettern, das Segel abzuschlagen und wieder herunterzukommen, würde die *Brindabella* in die falsche Richtung fahren.

In Wahrheit dachte Fraser gar nicht an das Hobart. Er erinnerte sich vielmehr an das, was zwei Jahre zuvor geschehen war, als Billy Rawlings während einer anderen Regatta den Mast der *Brindabella* hinaufgeklettert war. Während er hoch über dem Deck war, prallte der Rumpf gegen eine Welle, und Rawlings knallte mit dem Kopf gegen den Mast und wurde ohnmächtig. Danach hing er kopfüber aus dem Bootsmannstuhl. Während er wie ein außer Kontrolle geratenes Pendel hin und her schwang, sah es aus, als würde er aus dem Stuhl fallen oder sich noch einmal den Schädel aufschlagen, bis er endlich an Deck zurückgeholt werden konnte. Am Ende kam er zwar unverletzt herunter und erholte sich wieder, doch Fraser vergaß diesen Anblick nie.

»Ich möchte, dass du da schnell raufkletterst und noch schneller wieder runterkommst«, sagte Steve Byron, Snows Neffe und der Mann, der das Fall bedienen sollte, das Jacko von Deck hochziehen würde.

Jacko war schon viele Male am Mast hochgeklettert, aber noch nie bei einer derart stürmischen See. Während er hochgezogen wurde, versuchte er, den Mast zu fassen zu bekommen und gleichzeitig nach oben zu sehen, um festzustellen, wo genau das Problem lag. Als er etwa 25 Meter über dem Deck war, bemerkte er, dass das Liek, die Zugleine, die eigentlich an der hinteren Kante des Segels entlanglief, sich um das Vorstag, ein Drahtseil zwischen der Mastspitze und dem Bug, gewickelt hatte. Zwar hatte er zunächst Schwierigkeiten, an das Seil heranzukommen, aber sobald er es zu fassen bekommen hatte, konnte er es mühelos mit einem kleinen Messer durchtrennen und jenen Teil des Segels befreien. Die Auswirkungen der 45-minütigen Aktion auf die Position der *Brindabella* waren jedoch katastrophal, denn in dieser Zeit konnte die *Sayonara* ihren Vorsprung um 16 Meilen ausdehnen.

Auf der *Sayonara* klopfte Tugboat am frühen Dienstagmorgen gegen den Rumpf nahe dem Bug, um herauszufinden, wie schwach der vordere Bootsbereich geworden war. Auch Bill Erkelens, der ihm zusah, war aufgefallen, dass die Blasen immer größer wurden. »Sind die okay?«

»Nein, sind sie nicht!«, entgegnete Tugboat. »Das ist so ziemlich die schlimmste Stelle, wo sich die Laminatschicht ablösen kann. Sehr viel länger können wir nicht mehr so weitersegeln.«

Nachdem Erkelens Dickson gefunden hatte, sagte er zu ihm: »Wir müssen das Boot langsamer machen.«

Dickson litt zwar stark unter Seekrankheit, doch allein schon der Gedanke, etwas anderes als echtes Wettsegeln zu betreiben, war ihm widerwärtig. »Damit sagst du, dass wir aussteigen müssen«, entgegnete er barsch.

Auch Erkelens war wütend. Dicksons Erwiderung hatte so geklungen, als wolle Dickson ihm die Schuld an der Ablösung der

Laminatschicht geben. »Nein, aber wir sollten etwas Fahrt rausnehmen oder unseren Kurs ein bisschen ändern.«

Als Frizzle an Deck zurückkam, um das Steuer der *Sayonara* zu übernehmen, fand er ebenfalls, dass man dafür sorgen musste, den Rumpf nicht weiter derart heftigen Schlägen auszusetzen. Er war sich im Klaren darüber, dass sie auf dem direktesten Kurs nach Hobart waren, doch sollten sie seiner Meinung nach auf Tasmanien zuhalten und ruhigere Gewässer aufsuchen. Frizzle, der für Incat arbeitete, einen führenden Hersteller von Hochgeschwindigkeitsfähren und Tasmaniens größter Arbeitgeber, hatte fast sein ganzes Leben mit Booten gearbeitet und kannte deren Grenzen sehr genau. Er beorderte Rudiger ins Cockpit und sagte: »Ich denke, wir sollten darüber nachdenken, etwas zu ändern. Wir steuern immer noch frontal in die Wellen – und das setzt das Boot einer enormen Belastung aus.«

»Ich weiß, worauf du hinauswillst«, sagte Rudiger, »aber das hier ist immer noch der schnellste Kurs nach Hause. Meiner Meinung nach müssen wir ihn noch ein paar Stunden halten.«

Frizzle fragte sich, ob der Navigator eigentlich wusste, wie gefährlich das Meer war. »Wenn das Boot schwer aufprallt, könnten wir großen Ärger bekommen. Eine einzige unberechenbare Welle reicht. Wenn wir landwärts kreuzten, würden wir nicht mehr derart in die Wellen hineinkrachen.«

»Ich glaube trotzdem, dass es noch zu früh ist – ich werd das aber mal mit Dickson und Larry besprechen.«

Ellison, der immer noch in der Koje lag, war bereit für eine Veränderung. Die Seekrankheit und seine Angst, der Rumpf könnte in sich zusammenfallen, hatten ihn seines üblichen Siegen-ist-alles-Eifers beraubt. Bevor Rudiger die Gelegenheit hatte, mit ihm zu reden, spähte er aus seiner Koje und sah Tugboat, der mit einem Leuchtfarbstift Kreise auf die Innenseite des Rumpfs malte.

»Was zum Teufel machst du da?«

»Ich markiere die Stellen, wo sich die Laminatschicht ablöst.«

Ungläubig schrie Ellison: »Was?«

»Am Bug löst sich die Schicht schon seit einiger Zeit. Außerdem gibt's noch viele andere Problemzonen. Das Boot könnte noch eine Weile halten, aber es ist in einem ziemlich schlechten Zustand. Meiner Meinung nach sollten wir darüber nachdenken, in ruhigere Gewässer zu segeln.«

»Scheiße – das war's dann!«, rief Ellison.

Und fügte insgeheim hinzu: *Das hier ist ein total beschissener Albtraum.* Über die Schäden nahe am Bug und dass sich die Schotten vom Rumpf gelöst hatten, wusste er schon Bescheid. Zwar hatte er gelegentlich auch die Möglichkeit erwogen, dass das Boot auseinander brechen und er dabei ums Leben kommen könnte, aber er hatte diese Gedanken weit von sich gewiesen. Er sagte sich – genauso wie er es am Morgen des Regattastarts gegenüber Melanie im botanischen Garten getan hatte –, dass manche meinten, es sei gefährlich, es in Wirklichkeit aber nicht sei. Die Zahlen waren ganz auf seiner Seite, rief er sich in Erinnerung. Tausende Menschen haben Sydney-Hobart-Regatten gesegelt, aber nur sehr wenige sind dabei umgekommen. *Ich befinde mich auf einer perfekt gewarteten Yacht, zusammen mit der besten Crew der Welt. Andere Boote mögen in Gefahr sein, aber nicht unseres.*

Doch die Kreise, die Tugboat an den Rumpf malte, waren nur allzu wirklich.

Ellison nahm an dieser Regatta teil, um sich als Segler auf die Probe zu stellen, und dies war also das Ergebnis. *Ich wollte herausfinden, wie ich mich schlagen werde. Jetzt habe ich die Antwort. Das hier geht weit über mein Limit.*

Er war schon oft zu wichtigen strategischen Entscheidungen hinzugezogen worden. Eines seiner Lieblingsbeispiele hierfür war das Newport-Bermuda-Rennen, das ein paar Monate vor dem Hobart ausgetragen worden war. Nachdem man auf der *Sayonara* beschlossen hatte, einen anderen Kurs als die anderen Maxis zu steuern, war sie hinter alle zurückgefallen. Ellison vertrat die Auffassung, dass sie auf eine Wolkenformation zuhalten sollten, die möglicherweise günstigeren Wind brächte. Zwar wechselte die *Sayonara* tatsächlich den Kurs, doch ein paar Stunden später war immer noch nicht viel Wind vorhanden. Ellison bestand darauf, das Boot weiter zu pushen, wodurch sich die *Sayonara* noch weiter von der restlichen Flotte entfernte. »Es ist genauso wie im Geschäftsleben«, sagte er zu Dickson. »Wenn man schon so weit ans Limit gegangen ist, ist es sinnlos, nicht den ganzen Weg zu gehen.« Am Ende fand die *Sayonara* dann einen günstigeren Wind. Sie holte 35 Meilen gegenüber den anderen Booten auf und wurde Zweite anstatt Letzte der Maxis.

Als Ellison schließlich aus seiner Koje stieg und an Deck ging, stand für ihn fest, dass die *Sayonara* nicht mehr weiter derart von den Wellen herunterknallen durfte, und zwar gleichgültig, was das für das Rennen bedeutete. Sicher, die *Brindabella* hatte beim letzten Bericht ihre Position nicht durchgegeben – weshalb man überhaupt nicht wissen konnte, wo sie sich im Feld befand –, aber das interessierte ihn nicht mehr. Ihm fiel ein Gespräch ein, das er 1995 mit George Snow geführt hatte. Die *Sayonara* hatte einige Tage vor dem Start des Hobart ein kurzes Rennen gewonnen. Hinterher hatte er mit Snow, der Zweiter geworden war, auf einer Cocktailparty im CYC geplaudert. Zunächst wollte Snow ihm gratulieren. Dann aber redete er über das große Hobart, wobei er die Ansicht vertrat, dass es manchmal schwierig sei, die Regatta überhaupt zu beenden. »Das Besondere am Hobart ist, dass man die Ziellinie überfahren muss, um zu gewinnen.«

Rudiger war im Cockpit, als Ellison dort eintraf. »Wo sind wir?«

»Ungefähr 75 Meilen vor der Küste Tasmaniens.«

»Ich möchte das Boot wenden, damit wir auf Land zuhalten und nicht länger in diese Fahrstuhlschächte fallen.«

»Wir wissen nicht, wo die *Brindabella* ist. Ich bin mir nicht sicher, ob es das Beste für das Rennen wäre.«

Ellison wurde wütend. »Und ich bin mir nicht sicher, ob Sinken das Beste für das Rennen wäre. Wende das verdammte Boot.«

Alle waren sofort erleichtert. Außerdem verbesserte sich in der nächsten Stunde das Wetter. Richtung Süden bildeten sich Flecken blauen Himmels. Rudiger machte sich jedoch immer noch Sorgen wegen der *Brindabella*, bis er einen Presse-Hubschrauber sah, der aus Norden Richtung Hobart flog. Die Fotografen hatten vermutlich Aufnahmen von der anderen Maxi gemacht, und das hieß, dass sie hinter der *Sayonara* lag.

Sie waren erleichtert, eine ruhigere Passage gefunden zu haben, und froh, dass sie die Regatta vermutlich gewinnen würden. Diese Gefühle wurden allerdings durch die Hiobsbotschaft getrübt, die Rudiger über ein kleines MW/UKW-Radio empfangen hatte. Er hatte privaten Rundfunksendern gelauscht, in der Hoffnung, dadurch eine Positionsmeldung der *Brindabella* zu erhalten, aber er hatte nichts anderes als Informationen über aufgegebene Boote und verschollene Segler gehört. Insbesondere die Nachricht über die *Winston Churchill* versetzte ihm einen Schock. Als er sie am Abend vor der Regatta bewundert hatte, hatte er zu einem Freund gesagt, dass sie bei schlechtem Wetter das beste Boot sei, wegen ihres Gewichts, des großen Kiels und des tiefen Cockpits.

»Ich dachte mir schon, dass es übel aussah, aber das hier ist entsetzlich«, sagte Joey Allen, als er davon erfuhr. »Kannst du dir vorstellen, auf einem der kleinen Boote zu sein?« Justin Clougher tat genau das. Zwei seiner Brüder nahmen auf kleineren Booten am Rennen teil.

Mehrere Crewmitglieder kannten Glyn Charles. T. A. versuchte sich vorzustellen, wie es war, im Wasser zu liegen und zu wissen, dass man nicht gerettet wurde. Hamish Pepper konnte nicht begreifen, dass ein solcher Topsegler verschollen war. »Ich kapiere das nicht«, sagte er zu Brad Butterworth. »Er ist ein so fabelhafter Segler. Dass gerade er umgekommen sein soll – das ergibt einfach keinen Sinn.« Pepper, der sich mit Glyn angefreundet hatte, als sie an der Olympiade in Atlanta teilnahmen, hatte sich ein paar Tage vor dem Hobart mit ihm auf einen Drink im CYC getroffen. »Eigentlich wollte ich an dem Rennen gar nicht teilnehmen«, hatte Glyn gesagt, »aber der Eigner zahlt gutes Geld, also werde ich mitmachen.«

Ellison war wie betäubt von der Vorstellung, dass Menschen starben. Obgleich er sich Sorgen um das eigene Leben gemacht hatte, im Grunde hatte er nie wirklich akzeptiert, dass es ihm jederzeit geraubt werden konnte. Früher hatte er manchmal versucht, dieser unangenehmen Wahrheit etwas Gutes abzugewinnen, indem er sich selbst zu überzeugen versuchte, dass die Zerbrechlichkeit und die Schönheit des Lebens untrennbar miteinander verknüpft seien, und Freunden erzählt, dass es in seinem Garten deshalb so viele Kirschbäume gebe, weil sie nur wenige Wochen im Jahr blühten. Aber obwohl er die Kreisläufe der Natur zu schätzen wusste, der Gedanke an den eigenen Tod – vor allem auf See – war ihm unerträglich. »Das hier soll Spaß machen«, sagte er zu Butterworth. »Man soll dabei nicht sterben.«

Und er blieb am Leben. Als die *Sayonara* in die Mündung des Derwent einlief und von hier die letzte Strecke nach Hobart zurücklegte, lag sie vor der *Brindabella* und allen anderen Yachten. Es ging ein leichter 15-Knoten-Wind, es gab keinen Wellengang, und die Sonne schien. Ellison saß auf der Kante und betrachtete versunken das Flussufer, wo imposante Felsgebilde von violetter Heide gesäumt waren. Die Gegend erinnerte ihn an Schottland, und der Kontrast ließ ihn philosophisch werden. »Das Leben ist das einzige Wunder«, sagte er zu Steve Wilson, der neben ihm auf der Kante saß. »Es ist so schön – und so ungeheuer kurz.« Und wie er so das Ufer betrachtete, übermannte ihn fast die Erkenntnis, dass sein Boot das gleiche Schicksal hätte erleiden können wie die *Winston Churchill*. »Wir sind an die absolute Grenze unserer Belastbarkeit gegangen. Es war irre. Es hat meine Kräfte überstiegen. Ich werde nie wieder an diesem Rennen teilnehmen.«

»Das hast du beim letzten Mal auch gesagt«, entgegnete Wilson.

Natürlich hatte Ellison das Gleiche nach dem 1995er Hobart gesagt, und er hatte es auch so gemeint, obwohl er schon ziemlich stolz darauf gewesen war, dass er in jenem Jahr mit seinem Boot als Erster die Ziellinie überfuhr. Die Trophäe, die er erhielt, der einzige Pokal, den er je ausgestellt hat, nahm im Salon der *Katana* einen prominenten Platz ein. »Diesmal meine ich es ernst«, sagte er zu Wilson. »Für kein Geld der Welt werde ich noch einmal an dieser Regatta teilnehmen. Nicht in tausend Jahren.«

Die *Sayonara* überquerte die Ziellinie kurz nach acht Uhr am Dienstagmorgen – 2 Tage, 19 Stunden und 3 Minuten nach Beginn der Regatta. Damit lag sie zwar weit hinter der Rekordzeit der *Morning Glory*, doch fast drei Stunden vor der *Brindabella*.

Am Ende der meisten Hobarts empfängt eine Flottille von 200 oder 300 Booten den Sieger. Dieses Mal waren es aber weniger als 50, die die *Sayonara* empfingen. Wie in anderen Jahren stand ein Dudelsackpfeifer im Kilt auf einer Barkasse kurz hinter der Ziellinie und spielte eine klagende Melodie. Für Ellison und die übrigen Crewmitglieder klang sie unsagbar traurig. Den meisten standen Tränen in den Augen. Joey Allen versuchte, an seine Verlobte zu denken und daran, wie sehr er sich auf die bevorstehende Hochzeit freute, aber er hatte das Gefühl, als ginge er zu einer Beisetzung. Und in gewisser Hinsicht stimmte das auch. Denn die Preisverleihung war bereits abgesagt worden, und mehrere Funktionäre des CYC erstellten schon Pläne für einen Gedenkgottesdienst am Neujahrstag.

Sobald die Segel der *Sayonara* geborgen waren, startete die Crew den Motor und versammelte sich im Cockpit. Ellison wollte eine Ansprache halten. Nie zuvor war er sich des Ausmaßes bewusst gewesen, in dem seine Mannschaft zu Dingen imstande war, die er nicht konnte, und so dankte er den Männern in den bescheidensten Tönen, die sie je von ihm vernommen hatten. »Wenn sich eine Gelegenheit ergibt, schaut in den Spiegel. Ihr solltet sehr stolz auf das sein, was ihr da seht. Unter außergewöhnlich schwierigen Umständen ist es euch gelungen, das Nötige zu tun, um uns sicher hierher zu bringen. Ihr habt phantastische Arbeit geleistet, und dafür bin ich euch ungeheuer dankbar. Wir haben das Rennen gewonnen – aber lasst uns nicht vergessen, dass sich da draußen viele Tragödien abgespielt haben. Mehr als alles andere sollten wir an die Angehörigen der Teilnehmer und an unsere eigenen Familien denken.«

Und so ging ein demütiger Larry Ellison – ein Larry Ellison, den Silicon Valley so wohl nie erleben wird – von seinem Boot und stellte sich vor eine Reihe von Mikrofonen, die auf der Pier für das erste in Hobart eintreffende Boot reserviert waren.

»Uns allen hat es die Sprache verschlagen«, begann er mit zitternder Stimme und Tränen in den Augen. »Und das hier ist eine harte Crew. Ich möchte diesen Männern meinen ausdrücklichen Dank aussprechen. Immer wieder wurden sie niedergeworfen, und immer wieder sind sie aufgestanden und an die Arbeit zurückgekehrt – um das zu tun, was nötig war, damit das Boot nicht auseinander brach und wir alle am Leben blieben. Dieses Rennen war nicht das, was Wettsegeln auszeichnen soll. Schwierig, ja. Gefährlich, nein. Lebensbedrohlich, auf keinen Fall. Wenn ich gewusst hätte, wie schwierig das Rennen werden würde, hätte ich nie angemustert. Keine Regatta, an der ich je teilgenommen habe, hat dieser auch nur im Entferntesten geähnelt. Es war, als segelte man durch das Auge eines Orkans. Die Seen waren riesig, und der Wind erzeugte Geräusche, die wir noch nie gehört hatten. Wir wollen der Familien gedenken, die Teilnehmer an dieser Regatta verloren haben. Unsere Gebete gelten den Rettungsmannschaften und all jenen, die noch auf dem Wasser sind. Wir hoffen, dass alle gefunden werden können.«

Ellison wollte gehen. Weniger als eine Stunde nachdem er an Land gekommen war, saß er in seinem Flugzeug, Ziel Antigua. »Die Crew hat Unglaubliches geleistet«, sagte er zu Melanie. »Zwar ist es uns heute nicht mehr erlaubt, Helden zu haben, aber ich habe meine Helden auf dem Boot gefunden.« Es dauerte nicht lange, und er war fest eingeschlafen.

Teil 5: Kielwasser

36

Als sich die *Brindabella* einer Pier in der Nähe der *Sayonara* näherte, stand George Snow am Ruder. Niree Adriaanse, die Ehefrau des Crewmitglieds Erik Adriaanse, wartete schon auf ihren Mann, und als sie sich endlich umarmten, brachen beide in Tränen aus. »Geht's dir gut? Hast du dir etwas gebrochen?« Ohne seine Antwort abzuwarten, tastete sie ihn ab, um festzustellen, ob er unverletzt war. Eric zitterte am ganzen Leibe. So hatte sie ihn erst zweimal erlebt – bei den Geburten ihrer Kinder Alice und Jack.

Für die Crew der *Brindabella* begannen die Nachfeiern zum Hobart seit jeher auf dem Boot. 1997, als die *Brindabella* an der Siegerpier lag, blieb das Team mehrere Stunden dort. Dieses Jahr war die Party nach zwei Stunden vorbei. Anders dagegen war es am Mittwoch, als Snow seine Mannschaft zum alljährlichen Lunch ins Shipwright Arms einlud, einen großen Pub auf einer Anhöhe mit Blick auf Hobart. »Wir sind nur kleine Spieler in den Dramen, die sich in diesem Jahr da draußen abgespielt haben«, sagte er vor dem Essen, »doch es gibt Menschen in diesem Raum, die Dinge getan haben, die im normalen Leben nicht passieren. Es ist sehr schwer, jemanden zu bitten, sein Leben aufs Spiel zu setzen, aber einige von euch haben genau das getan. Jacko hat oben am Mast Unglaubliches geleistet. Ich möchte euch allen für eure hervorragende Arbeit danken.«

Lunch war noch nie eine angemessene Charakterisierung für ein Treffen des Teams der *Brindabella* gewesen. Es zog sich immer über Stunden hin, und 1998 bildete da keine Ausnahme. Gegen zwölf

Uhr trafen die Crewmitglieder mit ihren Frauen und Freundinnen ein. Zunächst widerstrebte es ihnen, eine richtige Feier zu veranstalten, aber das änderte sich im Laufe der Zeit. Irgendwann nach Sonnenuntergang zogen die meisten Crewmitglieder ihre Hemden aus und begaben sich auf die Tanzfläche. Bob Frasers Ehefrau, Sue, die Schwester des großen australischen Tennisspielers John Newcombe, war schon auf vielen Siegesfeiern gewesen, doch noch nie auf einer derart wilden. Sie verstand, wie den Männern zumute war, fühlte sich jedoch auch etwas peinlich berührt. »Hoffentlich glauben Sie nicht, die Männer haben keinen Respekt vor den Toten«, sagte sie zwei Einwohnern Hobarts, die zufällig vorbeikamen. »Sie feiern nur, dass sie noch am Leben sind.«

Richard Winning erfuhr erst am Dienstagmorgen von den Ereignissen auf der anderen Rettungsinsel, als ein Fernsehreporter, der davon ausging, dass er bereits Bescheid wusste, ihn fragte: »Was empfinden Sie, dass Sie Ihre Freunde verloren haben?«

»Was zum Teufel reden Sie da?«

Ihm war, als habe man ihm einen Schlag in die Magengrube versetzt. Er ließ den Reporter stehen und marschierte los, um die anderen Crewmitglieder aufzusuchen, die noch schliefen. Sein wachsbleiches, gesenktes Gesicht sprach Bände. Als sie erfuhren, dass der Hubschrauber, der sie gerettet hatte, kurz vor der Landung war, eilten sie ihm entgegen. Als Cameron Robertson die niedergeschlagenen Männer sah, versuchte er, sich in sie hineinzuversetzen. Während er zu ihnen ging, machte er sich besonders große Sorgen wegen Winning. Er trat von einem Bein auf das andere, und sein Gesicht zuckte nervös. Robertson zog ihn zur Seite und versuchte ihm beizubringen, dass das Geschehene das Ergebnis von Kräften war, die niemand beherrschte. Aber Winning hörte nicht wirklich zu.

»Ich trug die Verantwortung«, beharrte er. »Ich war der Skipper. Es war mein Boot.«

Später am selben Tag fuhren Winning und die anderen ins Pambula-Hospital, in dem Steamer wegen Unterkühlung, einem gebrochenen Knöchel und mehreren Muskelrissen behandelt wurde. Als sie dort eintrafen, war Gibbo schon in ein größeres Krankenhaus in Canberra geflogen worden, und Steamer hatte bereits Jim Lawlers und Michael Bannisters Leichname identifiziert; ein Hubschrauber hatte sie gefunden und zum Krankenhaus geflogen, die dortigen Ärzte hatten den genauen Zeitpunkt ihres Todes jedoch nicht feststellen können. Nachdem sich die vier Männer aus Winnings Rettungsinsel um Steamers Bett versammelt hatten, lauschten sie einer Geschichte, die noch entsetzlicher war als die eigene. »Wir waren wie vom Donner gerührt, dass die anderen umgekommen waren«, sagte Winning hinterher, »und möglicherweise noch verblüffter, dass Steamer zu den Überlebenden zählte.«

Am Neujahrstag war das Wetter in Hobart nicht anders als am Nachmittag des Regattastarts. Der Himmel war strahlend blau, die Luft war warm, und es ging eine leichte Brise. Richard Winning war ungefähr eine Stunde vor dem großen Gedenkgottesdienst unter freiem Himmel, der um 15.00 Uhr beginnen sollte, in seinem Hotelzimmer eingeschlafen. Als man ihn nur eine Viertelstunde vor dem Gottesdienst weckte, kleidete er sich schnell an und eilte zur Constitution-Pier. Auf dem Weg dorthin fragte jemand: »Was werden Sie sagen?«

»Was ich sagen werde? Gar nichts.« Es hasste es, in der Öffentlichkeit zu sprechen. Doch auf dem Weg zum Gottesdienst sah er etwas Erstaunliches. Über ihm flogen vier Flugzeuge in einer Formation, die man als »der Gebliebene« bezeichnet, und plötzlich besann er sich: *Was habe ich mir dabei gedacht? Ich muss etwas sagen.*

Ein wenig später, als er auf einem Podium vor mehr als zweitausend Menschen – Segler und ihre Freunde und Familien neben Ortsansässigen und Touristen – stand, erzählte er davon, wie er mit Michael Bannister und John Dean seit ihrer gemeinsamen Jugend Regatten gesegelt hatte. »Mögen ihre Angehörigen ein wenig Trost in dem Wissen finden, dass diese Männer in Ausübung ihres geliebten Sports starben.« Dann zitierte er ein paar Zeilen, die ihm kurz nach dem Aufwachen eingefallen waren. Er glaubte, sie stammten aus der Bibel, tatsächlich aber handelte es sich um einen Teil eines alten Seefahrergebets. »Die See war so groß, und das Schiff war so klein. Der Mensch und alles von Menschen Geschaffene sind endlich.«

Steve Kulmar, der die *Sword of Orion* vertrat, sprach über Glyn Charles. »Bei ihm wusste man genau, woran man war. Kein Drumherumreden. Einfach nur diese wunderbar direkte Art. Glyn, du wirst der Seglergemeinschaft fehlen.«

Hugo van Kretschmar, der Präsident des CYC, der aus dem Rennen ausschied, nachdem das Funkgerät auf seiner Yacht kaputtgegangen war, hatte die Aufgabe, einen trauernden Club zu vertreten. »Das Band der See ist so stark, dass alle Segler euren Verlust empfinden«, sagte er vor der versammelten Trauergemeinde. »Ihr werdet uns fehlen. Wir werden euch immer in Erinnerung behalten. Wir werden aus den tragischen Umständen eures Todes lernen. Möge die ewige Reise, zu der ihr nun aufgebrochen seid, mit ruhiger See und sanften Brisen gesegnet sein. Möget ihr nie in der Nacht ein Vorsegel reffen oder wechseln müssen. Möge eure Koje immer warm und trocken sein.«

Sechs Segler kamen bei der 54. Sydney-Hobart-Regatta ums Leben. Von den 115 Booten, die an den Start gegangen waren, trafen nur 43 in Hobart ein. Sieben Yachten wurden aufgegeben. Fünf sanken.

Doch es hätte noch viel schlimmer kommen können. Über 20 Segler wurden von ihren Yachten gespült, 55 mussten von Rettungshubschraubern und -schiffen aus dem Wasser gezogen werden. Man konnte sich leicht vorstellen, dass viele dieser Rettungsaktionen auf tragische Weise hätten scheitern können.

Nach der Trauerfeier wurden sechs Kränze aus weißen Gänseblümchen und roten Rosen ins Wasser des Derwent River gelegt, den sie langsam hinabtrieben.

Merrion Charles, Glyns Schwester, Anne Goodman, seine Freundin, und Julie McCollum, eine von Glyns Cousinen, waren nach Hobart geflogen, um an der Trauerfeier teilzunehmen. Einige Stunden später trafen sie sich mit der Crew der *Sword*. »Ich hoffe, es macht Ihnen nichts aus«, sagte Julie, »aber wir möchten, dass Sie uns mehr über das erzählen, was geschehen ist.« Einer nach dem anderen beschrieb die Kenterung und die Geschehnisse im Anschluss daran. Insbesondere wollten die drei Frauen sich mit Dags unterhalten, und so machten sie später zu viert einen Spaziergang, schlenderten an einigen der schönen Lagerhäuser aus Stein am Wasser entlang, die in Restaurants und Kunstgalerien umgewandelt worden waren.

Nachdem Dags mitbekommen hatte, wie Kulmar Glyns direkte, offene Art charakterisiert hatte, nahm er an, dass die Frauen die Wahrheit wissen wollten. Andererseits bewunderten sie Glyn und hatten eine solche Hochachtung vor seinem seglerischen Können, dass sie die Vorstellung, Glyn könnte etwas falsch gemacht haben, vielleicht nicht akzeptieren konnten. Am Ende schilderte er ganz genau, wie die Welle das Boot zur Seite gedrückt hatte und wie der Großbaum, als er quer übers Deck schlug, Glyn ins Wasser gestoßen haben musste. Außerdem erklärte er ihnen, warum er nicht zu Glyn hinausschwimmen konnte.

Dags erzählte nichts davon, wie Glyn das Boot gesteuert hatte. *Was für einen Sinn hätte das gehabt?* Segler konnten Lehren aus den Ereignissen ziehen. Für Glyns Freundin und seine Angehörigen lagen die Dinge anders. Sie hatten nur Erinnerungen, und Dags sah keinen Sinn darin, sie ihnen zu verderben. Selbst seine geschönte Version der Ereignisse war für Anne Goodman zu viel, die die Gruppe verließ und in ihr Hotel zurückkehrte. Die anderen drei trafen sich mit den übrigen Crewmitgliedern der *Sword* im Customs House, einer Hafenkneipe, in der Fotos von klassischen Segelyachten die Wände mit dunklen Holzpaneelen zierten. Das Customs House gehört seit jeher zu den beliebtesten Kneipen unter Hobarts Seglern. Deshalb versuchten einige, ein wenig von der ausgelassenen Feierstimmung wiederaufleben zu lassen, die sich im Anschluss an die meisten Regatten einstellt.

Kurz nachdem Dags eine Runde Bier bestellt hatte, sah er einen finster dreinblickenden Richard Purcell durch die überfüllte Bar auf die Crew der *Sword* zusteuern. Die Überlebenden hatten fast den ganzen Tag über die *Margaret Rintoul* diskutiert. Was das Rennen anging, hatte sie sehr gut abgeschnitten, sie war Erste in ihrer Bootsklasse und Achte nach berechneter Zeit geworden. Einige Crewmitglieder der *Sword* waren überzeugt, dass Purcell ihre Hilferufe ignoriert hatte, weil ihn das Rennen mehr interessierte, vor allem nachdem sie von dem Fernsehinterview erfahren hatten, das er bald nach seiner Ankunft in Hobart gegeben hatte. Darin hatte Purcell sich gebrüstet: »Ich war schon in Seen, die dreimal so hoch waren. Ich fand das gar nicht beängstigend. Wir haben bekommen, was wir wollten. Wir waren darauf vorbereitet.«

Purcell ging direkt auf Carl Watson zu. »Sie sollten lieber aufpassen, was Sie über mich sagen.«

»Ich habe nichts gesagt, das nicht der Wahrheit entspricht«, entgegnete Watson. »Verflucht noch mal, Sie haben uns gesehen – ich weiß es – und sind trotzdem weitergesegelt. Ihretwegen hätten zehn Menschen ums Leben kommen können.«

»Stimmt, ich habe euch gesehen. Wir haben nicht abgestoppt, weil wir euch nicht helfen konnten. Es war meine Entscheidung – und ich würde morgen genau das Gleiche tun.«

Das genügte, um eine Rangelei auszulösen, den Beginn einer regelrechten Schlägerei. Brownie und seine Freundin Barbara Devlin saßen auf Barhockern in der Nähe von Watson. Als Barbara gegen den Tresen gedrängt wurde, verlor Brownie seine übliche Gemütsruhe und wurde wütend. Er schlug die Spitze seines Bierglases gegen die Tresenkante und drohte Purcell. Bevor das Ganze völlig außer Kontrolle geriet, packte Nigel Russell ihn am Handgelenk und entwand ihm das Glas. Auch Kooky schaltete sich in den Streit ein und entschärfte ihn mit Hilfe einer seiner Krücken, mit der er sowohl auf Purcell als auch auf Watson einschlug.

Hinterher beruhigte sich die Lage, wenngleich Purcell das nicht mehr mitbekam, denn er hatte wütend das Lokal verlassen.

Ein paar Tage nach der Regatta flog Lachlan Murdoch auf die Fidschi-Inseln. Dort hatte er ein Haus für einen schon seit langem geplanten Urlaub mit seiner Verlobten und seinem Vater gemietet. Während langer Strandspaziergänge schilderte er ihnen die Regatta. Er zeigte ihnen sogar die Stelle, wo die Haut an seinen Händen abgeschürft war. Aber er versuchte, nicht zu viel darüber zu reden. Er befürchtete, es könnte sich aufschneiderisch anhören, und außerdem wusste er, dass sein Vater lieber über die Zukunft als über die Vergangenheit sprach. Während des mehrere Wochen langen Urlaubs merkte Lachlan jedoch, dass er immer noch unter den damaligen Ereignissen litt. Die Haut unter beiden Augen war dick angeschwollen. So etwas war ihm noch nie passiert, und er war sicher, dass das mit unverarbeitetem Stress zu tun hatte.

Für Sarah O'Hare lag es auf der Hand, dass er sich eine andere Form der Freizeitbeschäftigung suchen musste. »Es gibt keinen Grund, weshalb du an dieser Regatta nochmals teilnehmen solltest.«

»Tut mir Leid, aber ich werde es tun.«

Lachlan verspürte immer noch das unerklärliche Bedürfnis, am Limit zu leben. Andere dagegen wollten die Bass Strait auch nicht von ferne wieder sehen.

An einem Sonntag einige Wochen nach den Beisetzungen ihrer Freunde trafen sich die überlebenden Crewmitglieder der *Churchill* im Haus von Richard Winning zum Mittagessen und sprachen über die Ereignisse; dies geschah teilweise, um sie besser verstehen zu können, aber auch, weil sie wussten, dass der Coroner von New South Wales, dem Bundesstaat, zu dem Sydney gehört, ein gerichtliches Verfahren über die Todesfälle während der Regatta einleiten würde.

Die australischen Coroner, die als Rechtsanwälte ausgebildet sind und als Richter fungieren, verfügen über große Machtbefugnisse. Sie dürfen Polizeikräfte ausleihen und Berater hinzuziehen, um groß angelegte Ermittlungen durchzuführen, öffentliche Anhörungen abzuhalten, Strafanzeige zu stellen sowie Empfehlungen auszusprechen, die darauf abzielen, ähnliche Todesfälle zu verhindern. Dass das gerichtliche Verfahren zur Sydney-Hobart-Regatta in der Öffentlichkeit großes Interesse finden würde, mit potenziell enormen Folgen für mehrere Parteien, stand fest. Sollte der Coroner zu dem Schluss gelangen, dass das Wetteramt grob unangemessene Wetterberichte geliefert hatte, dass der CYC die Regatta hätte absagen müssen oder Skipper ihrer Verantwortung nicht nachgekommen waren, würde dies mit an Sicherheit grenzender Wahrscheinlichkeit Zivilklagen nach sich ziehen.

Richard Winning bezweifelte, dass man ihm im juristischen Sinn irgendetwas vorwerfen konnte. Inzwischen hatte er erfahren, was Mega Bascombe nach eigener Aussage am Morgen des Regattastarts am Bug der *Churchill* entdeckt hatte, doch er war überzeugt, dass es – gleichgültig, worum es sich handelte – mit dem Untergang der *Churchill* nichts zu tun hatte. »Kann sein, dass wir etwas Dichtmasse verloren haben, aber das hätte keinen Unterschied gemacht«, sagte er. »Es ist ausgeschlossen, dass irgendwelche Kalfaterung ausgetreten ist.« Ebenso wie Steamer war er der Meinung, dass die *Churchill* wegen eines Schadens am Heck, nicht am Bug, gesunken war. Dennoch graute ihm vor der gerichtlichen Untersuchung.

Er wusste, dass Jim Lawlers Witwe Denise sich einen Anwalt genommen hatte, der auch schon Nachforschungen bezüglich der *Churchill* und ihrer Crew anstellte. Die anderen Familien hatten nicht mal angedeutet, dass Winning möglicherweise schuld gewesen war. Mehr noch: Als Michael Bannisters Sohn Stephen davon erfuhr, dass Denise Lawler einen Anwalt eingeschaltet hatte, schrieb er ihr. »Wie groß muss Ihr Zorn auf Richard Winning sein, dass Sie ihn verklagen?«, begann der mit Maschine geschriebene Brief. »Einzig und allein das Wetter war schuld, wenn überhaupt, und kein Segler wäre vor der Herausforderung der Sydney-Hobart-Regatta zurückgewichen, nicht einmal unter den Bedingungen von 1998.« Im Schlussteil des Schreibens hieß es: »Ich habe mit Nathan und Peter Dean gesprochen, und sie sind vollkommen meiner Meinung und unterschreiben alles, was ich gesagt habe. Sie sollten Ihre Haltung noch einmal überdenken und überlegen, was Ihr Mann wirklich gewollt hätte. Hätte er je gewollt, dass Sie einen Freund verklagen?«

In Winnings Haus bemühte sich das Team der *Churchill*, die Ereignisse zu rekonstruieren und sich auf deren zeitlichen Ablauf zu einigen. Während die Crewmitglieder und ihre Ehefrauen sich mit kaltem Hühnchen und Reissalat bedienten, regte Bruce Goulds Frau, Pru, die als Krankenschwester arbeitete, ein Gespräch am runden Tisch an und fragte jeden Segler nach seinen Gefühlen. Das war genau das, was Winning nicht ausstehen konnte. »Ich halte dieses ganze gekünstelte Gerede für Zeitverschwendung«, sagte er später. »Dass wir zusammenkommen und die Geschehnisse alle zwei Wochen neu durchleben sollen, ist doch einfach lächerlich.« Als der Nachtisch serviert wurde, verließ er den Raum und ging in einen Teil des Hauses. Dort füllte er einen Fragebogen aus, den der CYC jedem Skipper zugeschickt hatte.

Gibbo folgte ihm und fragte: »Sollten wir dir nicht alle hierbei helfen?«

Eine Spur zögerlich antwortete Winning: »Ja, einverstanden.«

Nachdem Gibbo die übrigen Crewmitglieder ins Zimmer geholt hatte, begann Winning, aus der Liste mit 101 Fragen vorzulesen. Diese drehten sich um die Erfahrungen der Mannschaft, das Wetter, das sie erlebt hatte, die Schäden am Boot sowie Schilderungen von allem, was schief gelaufen war. Zunächst ging Winning lässig, fast zynisch an die Sache heran. Doch schnell entwickelte sich eine lebhafte Diskussion, vor allem, als die Welle zur Sprache kam, die die *Churchill* umgehauen hatte. Als sie alle Fragen behandelt hatten, befassten sie sich noch einmal mit den ersten, um ihren Antworten weitere Einzelheiten hinzuzufügen.

Jeder Überlebende machte sich wegen spezieller Aspekte der damaligen Ereignisse Sorgen. Gibbo kam vor allem von einem Gedanken nicht wieder los: *Wenn ich den Motor angeschaltet hätte, hätte man mit Hilfe der Bilgepumpe den Untergang des Boots möglicherweise verhindern können. Zumindest hätte man dadurch das Sinken verlangsamen können, und zwar lange genug, um Winning die Möglichkeit zu geben, über Funk eine präzisere Position durchzugeben, eine, die dazu geführt hätte, dass wir gerettet worden wären, bevor die drei Männer ums Leben kamen.* Natürlich war Gibbo damit unfair zu sich selbst. Denn er hatte den Motor ja gerade deshalb nicht angeschaltet, weil er die wichtigen Entscheidungen bewusst den älteren und erfahreneren Crewmitgliedern überlassen wollte. Außerdem hätte ja auch Steamer den Motor einschalten können, bevor er Winning und Dean aus dem Rigg befreite. Weil diese Fakten aber nichts dazu beigetragen hatten, sein nagendes Schuldgefühl zu verringern, besprach er das Thema mit Bruce Gould während des Essens in Winnings Haus.

»Das ist doch lächerlich«, erklärte Gould. »Das Boot lief so schnell voll Wasser, dass es auf jeden Fall untergegangen wäre. Die Bilgepumpe hätte da überhaupt nichts ausrichten können. Gar nichts.«

Aber Goulds Antwort überzeugte ihn nicht ganz, teilweise wegen eines Gesprächs, das er mehrere Wochen zuvor mit Steamer geführt hatte. Auch Steamer gegenüber hatte er erläutert, warum er seiner Ansicht nach die Todesfälle hätte verhindern können. Und nachdem der sich Gibbos Theorie angehört hatte, antwortete er mit einem schrecklich unbestimmten Wort.

»Vielleicht.«

Immer wieder hatte Richard Winning die Ereignisse der Regatta Revue passieren lassen und überlegt, was er anders hätte machen können. Trotzdem gab er sich nicht selbst die Schuld. »Verschulden ist eine Sache. Verantwortung eine andere«, sagte er. »Es war zwar nicht mein Fehler, aber ich trug die Verantwortung. Tatsache ist, dass es mein Boot war, und als ich zurückkam, hatte ich ein Drittel meiner Crew verloren.«

Bald nach dem Rennen erklärte Winning gegenüber Freunden, dass er nie wieder segeln wolle. Doch einige Wochen später behauptete er, er habe das nicht so gemeint. »Das war eine diplomatische Aussage«, sagte er. »Um meine Frau zu besänftigen. Ich habe vor, ein anderes Boot zu kaufen – und wenn jemand mitfahren möchte, werde ich wieder am Hobart teilnehmen.«

Steamer kündigte in Winnings Werft, als der Royal Yacht Squadron, Sydneys vornehmster Segelclub, ihm eine besser bezahlte Anstellung als Werftleiter anbot. Überall im Club galt er als eine Art lebende Legende. Alle wussten, wer er war, und wenn sie ihn auf dem Gelände herumhumpeln sahen, mussten sie sich einfach fragen, wie er es überhaupt geschafft hatte zu überleben. Ihm war bewusst, was sie dachten. »Alle sind ein bisschen erstaunt. Und darum denke ich manchmal, dass ich ein Ziel in meinem Leben habe – den Leuten zu erzählen, was passiert ist, damit sie vielleicht daraus lernen, was man tun muss, wenn man auf See ist.«

Wie Winning dachte er nicht daran, dass seine Erfahrungen während dieser Regatta seine Liebe zur Segelei schmälerten oder sich zukünftigen Hobarts in den Weg stellten. »Ich habe mir alles durch den Kopf gehen lassen – ich habe viel verloren –, aber ich habe mir diesen fabelhaften Sport als Kind ausgesucht und weiß, dass ich an Land niemals etwas Vergleichbares finden werde.«

37

Im Juni 1999 veröffentlichte der CYC auf Grundlage seiner eigenen Untersuchung der Regatta einen 166 Seiten langen Bericht, der zu dem Schluss kam, dass »keine einzelne Ursache« für das verantwortlich war, was schief ging. Weder das Alter noch die Konstruktionsweise der Yachten stünden zur Debatte, hieß es in dem Bericht, ebenso wenig wie mangelnde Erfahrung im Hochsee-Segelsport oder die Leitung der Regatta durch den Club. »Der Bericht stellt fest, dass die Organisation der Regatta, die Sicherheitsstandards, die Anforderungen zum Erhalt der Starterlaubnis und die Einstellungen der Skipper und Crews in keiner Weise grundlegend mangelhaft waren«, erklärte Präsident van Kretschmar der Schar von Journalisten, die sich im CYC zu einer Pressekonferenz versammelt hatten.

Aber die Tatsachen waren nicht ganz so eindeutig. So ergab die Untersuchung des Clubs, dass die *Business Post Naiad*, eine Yacht, auf der zwei Segler ums Leben gekommen waren, nachdem sie gekentert war, seinen eigenen Anforderungen an die Stabilität der Yacht nicht entsprach. Die Meldung der *Naiad*, die der CYC akzeptiert hatte, besagte eindeutig, dass der Stabilitätswert weit unter dem Grenzwert des CYC lag. Wenn der Club seine eigenen Regeln geltend gemacht hätte, dann hätte die *Naiad* daher disqualifiziert werden müssen, und zwei Todesfälle hätten vermieden werden können. Die Verantwortlichen des Clubs machten sich zwar Sorgen, dass man ihnen wegen der Zulassung zur Starterlaubnis der *Naiad* auf der Pressekonferenz Fragen stellen würde, doch niemand brachte das Thema zur Sprache.

Stattdessen leitete van Kretschmar die Katastrophe eher aus den äußeren Umständen ab: »Meiner Ansicht nach ist ein Teil der Flotte ganz einfach in unerwartet extreme Wetterverhältnisse gesegelt.« Zwar räumte er ein, dass die Teilnehmer sich besser in den meteorologischen Begriffen hätten auskennen müssen – beispielsweise was den Unterschied zwischen einer *Starkwind-* und einer *Sturm*warnung betrifft –, doch schob er die Schuld weitgehend dem Wetteramt zu: »Die Wettervorhersagen waren irreführend beziehungsweise wurden von den Teilnehmern und Organisatoren falsch interpretiert«, da das Amt »es versäumte, ein klares Bild von den extremen Bedingungen zu zeichnen, mit denen zu rechnen war«, sagte van Kretschmar. Wie fast alle Beteiligten an der Regatta weigerte er sich, die Behauptung des Wetteramtes gelten zu lassen, wonach die Segler hätten begreifen müssen, dass Böen Durchschnittswindgeschwindigkeiten um 40 Prozent übersteigen können. (Tatsächlich zeigte eine Umfrage unter den Teilnehmern, die der CYC im Rahmen seines Berichts durchgeführt hatte, dass neun von zehn glaubten, dass die Winde »leicht stärker oder etwas weniger stark als in der Vorhersage angegeben« sein würden.) Clouds Badham, dessen Bewertung der Vorhersagen des Wetteramtes in den Bericht des Clubs aufgenommen wurde, räumte ein, dass Böen die Durchschnittsgeschwindigkeit übersteigen, doch hat das tatsächliche Verhältnis während der Regatta seiner Einschätzung wahrscheinlich unter 20 Prozent gelegen. Das Wetteramt, so Badham, habe sich dem größeren Verhältnis nur deshalb »angeschlossen«, um die seiner Ansicht nach mittelmäßige Vorhersage zu vertuschen.

Vor der Veröffentlichung des Berichts hatten sich einige der Oberen des Clubs entschlossen, die *Margaret Rintoul* nur insoweit zu erwähnen, als sie einen Protest-Ausschuss mit der Untersuchung der Frage beauftragten, ob sich Richard Purcell unter dem Reglement des internationalen Segelsports eines »groben Fehlverhaltens« schuldig gemacht habe, ein Vergehen, das zu seinem Ausschluss von allen Segelwettbewerben auf der ganzen Welt führen könnte.

»Die Regeln des Yachtsports«, sagte van Kretschmar während der Pressekonferenz, »schreiben präzise vor, welche Hilfe man einer in Seenot geratenen Yacht leisten muss; die Sicherheit der eigenen Crew wird dabei berücksichtigt. Sie ähneln durchaus den Vorschriften zum Anhalten nach einem Autounfall.«

Seglern in Seenot zu helfen war ein Thema, zu dem van Kretschmar dezidierte Ansichten hatte. Während einer Regatta im Hafen von Sydney einige Jahre vor dem 1998er Hobart war sein Sohn Matthew von Bord seiner Yacht *Bashful* gefallen, nachdem sie bei 35 Knoten aus dem Ruder gelaufen und außer Kontrolle geraten war. Van Kretschmar behielt seinen Sohn im Auge, während die übrigen Crewmitglieder das Boot wendeten. Zunächst machte er sich keine Sorgen. Sein Sohn trug zwar keine Rettungsweste, war aber ein guter Schwimmer und allem Anschein nach auch nicht in Panik. Aber dann schlug eine Welle über Matthew zusammen, und er fing an, wild mit den Armen zu fuchteln. Obwohl die Yacht bereits etwa 100 Meter entfernt war, zog van Kretschmar sich bis auf die Unterhose aus und sprang ins Wasser. Als er nach einigen Schwimmzügen innehielt, um zu prüfen, ob er in die richtige Richtung schwamm, bemerkte er, dass Matthew vollkommen panisch war. An diesem Punkt schwamm er mit aller Kraft. Als er bei seinem Sohn ankam, war er völlig erschöpft. Während der folgenden 25 Minuten passierten mehrere Boote im Abstand von weniger als 15 Metern van Kretschmar und seinen Sohn, die sich anstrengen mussten, um mit dem Kopf über der einen halben Meter hohen Kabbelsee zu bleiben. Es schien, als sei jede Yacht im Begriff, zu wenden und ihnen zu helfen, aber keine tat es. Van Kretschmar kam es so vor, als habe man sich auf allen Yachten darauf geeinigt, dass das nächstfolgende Boot die Aufgabe übernehmen soll. Als schließlich die eigene Yacht bei ihm und seinem Sohn eintraf, waren sie beide kurz vor dem Ertrinken. Van Kretschmar vergaß nie die Furcht und den Zorn, die er empfand, als er sah, dass die Yachten, die ihnen mühelos Hilfestellung hätten leisten können, das Rennen fortsetzten.

Doch Purcell hatten die Äußerungen van Kretschmars auf der Pressekonferenz wütend gemacht, vor allem der Vergleich mit der Verpflichtung eines Autofahrers, nach einem Autounfall anzuhalten. Zwar hatte van Kretschmar diesen Vergleich angeführt, um die Frage eines Journalisten zu beantworten, auf welche Weise Segler einem anderen Schiff Hilfeleistung anbieten mussten, aber Purcell deutete ihn als einen empörend ungerechten Angriff auf seine Person. Schließlich habe die *Rintoul*, anders als ein Auto auf einer Autobahn, keinen Motor und habe gegen gewaltige Wellen gekämpft. »Ich traf eine Entscheidung, dass wir nichts für sie tun konnten«, sagte Purcell nach der Pressekonferenz, »und dass ich die alleinige Verantwortung trug, die Sicherheit meiner eigenen Crew zu schützen.« Als sich van Kretschmar für seine Bemerkung entschuldigte, war es zu spät. Purcell hatte bereits ein Team hoch dotierter Anwälte eingeschaltet – und das nicht nur, um sich vor dem Protest-Ausschuss und während des gerichtlichen Verfahrens des Coroner zu verteidigen, sondern auch, um eine Verleumdungsklage gegen den Club-Präsidenten und den CYC anzustrengen. »Das ist grotesk«, sagte van Kretschmar. »Abgesehen von dieser einen Äußerung, die, wenn man sie aus dem Zusammenhang reißt, nicht sehr freundlich klingt, kann er sich auf nichts stützen.«

Der Bericht des CYC empfahl eine Reihe von Änderungen im Reglement, denen der Club-Vorstand seine Einwilligung erteilte. Wenn in zukünftigen Hobarts eine Yacht Windgeschwindigkeiten von mehr als 40 Knoten registriert, muss sie das Regattafeld darüber informieren, genauso wie es Kooky im 1998er tat. Seminare über Wettervorhersagen und Sicherheitsausrüstung werden obligatorisch. Yachten müssen präzisere EPIRBs an Bord haben – solche, die die

Yacht identifizieren, auf denen sie sich befinden – und eines für jede Rettungsinsel. Jede Yacht muss über ein tragbares VHF-Funkgerät verfügen, und jedes Crewmitglied hat ein Röhrenblitzlichtgerät oder eine starke Taschenlampe mitzuführen. Niemand unter 18 Jahren kann Crewmitglied werden.

Ganz im Sinne der Traditionen des Hochseesegelsports hielt der CYC an dem Grundsatz fest, dass die Entscheidung über das Ausscheiden aus einer Regatta dem Skipper überlassen bleiben muss. Schließlich seien die Skipper fast immer am besten in der Lage zu bestimmen, ob ihre Yacht und die Crew mit den Wetterbedingungen fertig werden können, sagte van Kretschmar. Der Club, fügte er hinzu, werde eine Regatta nur dann verschieben oder streichen, wenn bereits zum Zeitpunkt des Starts eine gefährliche Wetterlage herrsche. Es gab Präzedenzfälle für die Verschiebung von Wettfahrten. In den USA war das Newport-Bermuda-Rennen 1982 um einen Tag verschoben, und 1993 war eine Etappe des Whitbread Race ausgesetzt worden. Aber Martin James, Mitglied im Vorstand des CYC und Eigner der *Team Jaguar*, der Yacht, die entmastet worden war, bestand darauf, dass die Verschiebung des Regattastarts wegen der Wetterbedingungen den letztmöglichen Weg darstellen müsse. »Wir sehen darin ein Grundprinzip unseres Sports. Wenn der Club die Verantwortung für die Absage des Rennens trägt, wann immer irgendeiner Yacht eine Gefahr droht, so würde dies den Yachtsport zerstören.«

Zwar räumte van Kretschmar ein, dass die Änderungen seitens des CYC erheblich seien, er hob jedoch hervor, dass sie Auswirkungen auch auf andere Segelveranstaltungen haben und zu einem generellen Wandel hinsichtlich der Durchführung von Hochseeregatten andernorts führen würden. Gerade weil man das 1998er Hobart wegen seiner tragischen Geschehnisse in Erinnerung behielte, werde man aus der Regatta Lehren ziehen und auch die Konzentration auf die Sicherheitsaspekte verstärken, argumentierte er. Und in der Tat führten Yachtclubs auf der ganzen Welt das 1998er Hobart an, als sie neuartige Sicherheitsanforderungen ins Reglement aufnahmen, zusätzliche Sicherheitskurse abhielten und die Durchsetzung der bestehenden Vorschriften verstärkten. »Es gibt keine einfache Lösung, die verhindern kann, dass so etwas noch einmal passiert«, sagte van Kretschmar. »Ich glaube jedoch, dass die Erfahrungen von 1998 allen künftigen Teilnehmern stets in Erinnerung bleiben werden – als eine überdeutliche Mahnung, wie unvorhersehbar und Furcht einflößend die Macht der See sein kann.«

Das Hobart selbst wird jedoch ohne Zweifel überdauern. »Die Sydney-Hobart-Regatta ist Teil unserer Lebensweise«, erklärte der australische Premierminister John Howard. »Diese Menschen haben ihr Leben bei der Ausübung ihres geliebten Sports verloren. Es ist eine Tragödie, doch es gibt unter uns Australiern Zehntausende begeisterte Segler und Yachtsportler, und sie werden weitermachen. Ich bin ganz sicher, dass diejenigen, die von diesen tragischen Ereignissen betroffen wurden, gewollt hätten, dass diese Menschen ihren Sport weiter ausüben.«

38

Kooky hatte nicht vor, seinen Traum vom Sieg beim Hobart aufzugeben. Schon kurz nach seiner Rettung, auf dem Rückflug nach Sydney, dachte er über den Kauf eines neuen Bootes nach. Drei Wochen nach dem Gedenkgottesdienst lud er seine Crew zu sich nach Hause zu Bier und Pizza ein. »Ich werde nicht kürzer treten«, verkündete er. »Würde ich jetzt aufhören, wäre dies meine letzte Erinnerung an die *Sword*. Ich werde ein neues Boot kaufen – und es *Sword of Orion* taufen.« Dags und Brownie rieten ihm, sich mit dieser Entscheidung doch etwas Zeit zu lassen, aber er war wie ein Bulldozer. »Entweder ich handle schnell, oder ich höre auf – aber Aufhören liegt nicht in meiner Natur«, sagte er hinterher. »Wenn man nicht wieder aufs Pferd steigt, lässt einen die Tatsache, dass man es nicht getan hat, nie wieder los. Man wird dann nie wieder handlungsfähig. Ich rechne nach wie vor damit, eines Tages das Hobart zu gewinnen.«

Steve Kulmar wurde nicht eingeladen, sich der Mannschaft anzuschließen. Er hatte die Crew der *Sword* gegen sich aufgebracht, weil er gegenüber einem Reporter der englischen Tageszeitung *Sunday Telegraph* geäußert hatte, *er* habe das Team zusammengehalten und die Rettungsbemühungen organisiert, nachdem Glyn Charles über Bord gegangen war. Die anderen verstanden zwar, dass Kulmar in den Stunden, nachdem sie Glyn aus den Augen verloren hatten, einen Schock erlitten hatte. Allerdings waren die meisten nicht bereit, ihm zu verzeihen, dass er die Rolle eines Helden für sich beanspruchte, nachdem er darauf bestanden hatte, vor den anderen gerettet zu werden.

Kulmar betrat erst mehrere Monate nach der Regatta wieder ein Boot und sagte, dass er seinen Entschluss, kein weiteres Hobart zu segeln, niemals rückgängig machen werde. »Ich hatte eine lebenslange Liebe zum Segeln – eine starke Liebe –, und dadurch fällt mir die Entscheidung noch schwerer«, äußerte er mehrere Monate nach dem Rennen. »Das, was ich lieber als alles andere tue, hat mich tief erschüttert. Es ist völlig ausgeschlossen, dass ich ein weiteres Hobart oder irgendeine Hochseeregatta im Dunkeln segeln werde.«

In vielerlei Hinsicht war Kulmar ein verbitterter Mann geworden. Er hatte große Erfahrungen im Hochseesegelsport und war deshalb der Meinung, dass der CYC ihn hätte bitten müssen, im Rahmen der Untersuchung der Regatta eine führende Rolle zu spielen. Doch es wurde ihm keine angeboten, und als die Verantwortlichen des Clubs es ablehnten, ihm eine Kopie des Berichts vor der Veröffentlichung auszuhändigen, trat er aus dem Verein aus. Kulmars Zorn richtete sich auch gegen Richard Purcell und die Crew der *Margaret Rintoul*. »Die sind wie die sauerstoffsüchtigen Leute, die über halbe Leichen steigen, um den Gipfel des Everest zu stürmen«, sagte er. »Ich finde, Purcell sollte sein Boot verkaufen und sich für den Rest seines Lebens aus dem Wettsegeln zurückziehen.«

Kooky, der inzwischen besser zu würdigen wusste, wie wichtig eine geschlossene Mannschaftsleistung ist, war klar, dass er schnell handeln musste, wollte er seine Kerntruppe nicht an andere Skipper verlieren. Er kaufte eine 13 Meter lange High-Tech-Yacht, nahm, so schnell es ging, wieder an zahlreichen Wettfahrten teil und brüstete sich damit, beim 1999er Hobart erneut an den Start zu gehen.

Dags war sich nicht sicher, ob er noch ein Hobart zusammen mit Kooky segeln wollte. Im August 1999 schloss er sich während der Hamilton Island Race Week, einer Regatta in der Nähe des australischen Great Barrier Reef, 900 Meilen nördlich von Sydney, der *Sword* an. Schon allein die Tatsache, auf der neuen *Sword* zu sein, weckte lebhafte Erinnerungen an das, was auf der alten vorgefallen war. Am Ende eines Wettfahrttages saß Dags im Cockpit und sprach mit Tränen in den Augen darüber, wie schwierig die vorangegangenen acht

Monate gewesen waren. Das Cockpit der neuen *Sword* ähnelte so sehr dem der alten, dass er ständig an den Tag denken musste, als die *Sword* kenterte. »Glyn fror und hatte Angst. Außerdem konnte er nicht mehr klar denken – aber was hätte ich tun sollen?« Er hielt inne, wischte sich mit dem Ärmel des T-Shirts die Augen trocken und fügte hinzu: »Ich muss diese Sache endlich überwinden, damit ich mit meinem Leben weitermachen kann. Alle anderen aus der Crew haben das geschafft, nur ich kann es nicht.«

Später am selben Abend, nachdem Kooky ins Bett gegangen war, diskutierten mehrere Crewmitglieder darüber, ob sie das nächste Hobart auf der neuen *Sword* segeln wollten. Andrew Parkes hatte bereits allen klar gemacht, dass er es nicht wolle. »Ich habe eine Abmachung mit Gott getroffen.« Sam Hunt sagte, er zögere ebenfalls. »Ich werde ein weiteres Hobart segeln, aber nicht auf diesem Boot. Es ist einfach zu klein.« Brownie sagte zwar, er werde mindestens noch ein Hobart absolvieren, war sich aber auch nicht sicher, ob er auf der *Sword* segeln wolle. »Ich vertraue den Booten nicht mehr«, erklärte er. »Außerdem ist das neue Boot leichter und weniger stabil als das erste.«

Einige Monate vor dem 1999er Hobart teilte Dags Kooky mit, er habe sich endgültig dagegen entschieden, die Regatta auf der *Sword* zu segeln. Kooky versuchte, ihn umzustimmen, aber Dags ließ sich nicht erweichen. Nicht lange nach dem Gespräch erhielt er die Gelegenheit, auf einer 20 Meter langen dänischen Yacht namens *Nokia* zu segeln. (Sie trug zwar denselben Namen wie die Yacht, mit der die *Sword* 1998 kollidiert war, aber außer einem gemeinsamen Sponsor hatten die Boote nichts gemein.) Mit dieser *Nokia* ging für Dags ein Traum in Erfüllung: Ihr Eigner hoffte, eine Kampagne für das nächste Whitbread Round the World Race zusammenzustellen, das in Volvo Ocean Race umbenannt worden war. Als Crewmitglied auf der *Nokia* zu fahren würde ihn seinem Ziel, Yachtsport auf höchstem Niveau zu betreiben, viel näher bringen, und darum nahm er die Einladung begierig an. Er wurde der Vorschiffsmann der Yacht und einer von vier Australiern in der multinationalen Mannschaft.

Larry Ellison zog nicht einmal in Erwägung, beim 1999er Hobart an den Start zu gehen. Nach der Regatta von 1998 schilderte er seine Gedanken und Gefühle in einer Rede vor Mitgliedern des St. Francis Yacht Club in San Francisco. »Die *Sayonara* ist perfekt gewartet und hat vermutlich die beste professionelle Crew der Welt, aber wir waren an der Grenze unserer Fähigkeit, alles zusammenzuhalten«, sagte er. »Am liebsten hätten wir einen Funkspruch abgegeben und gesagt: ›Das hier ist der blanke Wahnsinn. Lasst uns alle nach Hause fahren.‹ Aber das ist ja nicht der Sinn von Segelregatten.«

An der 1999er Regatta nahmen nur 80 Yachten teil. Manche Segler blieben wegen der Vorkommnisse im Vorjahr zu Hause. Andere wollten mit ihren Familien Urlaub machen und den Eintritt ins neue Jahrtausend feiern. In den Tagen vor dem Rennen wurden zwar starke Winde vorhergesagt, doch rechnete man damit, dass sie viel günstiger sein würden als 1998. Und tatsächlich lief Clouds Badham einige Stunden vor dem Start zwischen seinen Kunden-Yachten hin und her und kündigte ganz aufgeregt an, dass die schnellsten Boote das erreichen könnten, was man lange für unmöglich gehalten habe – die Regatta in weniger als zwei Tagen zu beenden. »Dies kann das ganz große Rennen werden«, erklärte er. »Ich habe noch nie eine aufregendere Vorhersage für das Hobart erstellt. Solche Wetterbedingungen werdet ihr in den nächsten fünfzig Jahren nicht erleben.«

Clouds lag mit seiner Vorhersage genau richtig. Wie 1998 kämpfte die *Brindabella* darum, als erste Yacht die Ziellinie zu überfahren, diesmal ging es gegen die *Nokia*. Der Wind, der aus Nordost mit Geschwindigkeiten von bis zu 40 Knoten wehte, ermöglichte beiden Yachten, mit rekordverdächtigen Geschwindigkeiten auf den Wellen nach Süden zu reiten; aber die *Nokia* hatte einen entscheidenden Vorteil – ein Wasserballastsystem, mit dessen Hilfe man zweieinhalb Tonnen Wasser von einer Bootsseite zur anderen pumpen konnte und das ebenso viel Gewicht wie 30 Crewmitglieder auf der Kante lieferte. Noch nie hatte jemand diese Lücke in den Anforderungen zur Startberechtigung ausgenutzt und seine Yacht mit Ballastwasser für das Rennen gemeldet – und noch nie war das zusätzliche Gewicht so wichtig gewesen.

Dennoch reichte dieser atemberaubend schnelle Ritt nach Süden nicht aus, um die Erinnerungen an die 1998er Regatta auszulöschen. Um 14.05 Uhr am zweiten Tag des Rennens, etwa zu der Zeit, als die Yachten 1998 allmählich in Schwierigkeiten geraten waren, saß Dags neben der Navigationsecke der *Nokia*, als Lew Carter, der diesmal als Funker fungierte, schwer schluckte und sagte: »Was ich sagen möchte, ist schwieriger, als gegen einen 40-Knoten-Gegenwind anzusegeln. Bitte schließt euch einen Augenblick dem Gedenken an unsere Teamgefährten an, die vor einem Jahr ihr Leben verloren. Es spielt keine Rolle, ob wir sie kannten oder nicht. Das Band zwischen uns, als Segler, ist so stark, dass wir alle den Verlust empfinden, und es schmerzt, den Verlust von Bruce Guy, Phil Skeggs, Glyn Charles, Jim Lawler, John Dean, Mike Bannister in Erinnerung zu rufen. Ihr werdet uns immer fehlen, und wir werden eurer immer gedenken.«

Dags standen schon Tränen in den Augen, ehe er Glyns Namen hörte. »Jener Tag geht mir ständig durch den Kopf«, sagte er zu einem Crewmitglied der *Nokia*. »Ich denke ständig daran, seit das alles passiert ist. Der einzige Unterschied heute ist, dass wir hier draußen sind.«

Die *Nokia* beendete die Regatta nach 1 Tag, 19 Stunden und 48 Minuten und unterbot Hasso Plattners Streckenrekord um mehr als 18 Stunden. Die *Brindabella* überfuhr weniger als eine Stunde später die Ziellinie und war damit die schnellste Yacht ohne Wasserballastsystem, die je das Hobart beendete. Für Dags war es das bestmögliche Ergebnis. Der Skipper der *Nokia*, den Dags' Leistungen als Vorschiffsmann beeindruckt hatten, lud ihn ein, sich der Crew für mehrere in Europa stattfindende Wettfahrten anzuschließen.

Für Kooky und die neue *Sword* verlief die Regatta enttäuschend. Brownie war das einzige Mitglied der Crew von 1998, das wieder mitfuhr. Während eines großen Teils des Rennens lag die *Sword* auf Basis der berechneten Zeit an erster Stelle. Aber nachdem die *Nokia* und die *Brindabella* in Hobart eingetroffen waren, änderte sich die Windrichtung dramatisch, woraufhin die *Sword* und die meisten der kleineren Yachten mit orkanartigen Gegenwinden kämpfen mussten. Am Ende wurde die *Sword* Siebente.

Epilog

Am Morgen des 13. März 2000 betrat Coroner John Abernethy den Gerichtssaal und nahm Platz hinter der langen, erhöhten Richterbank. Links und rechts von ihm standen 32 schwarze Aktenordner, jeder davon randvoll mit Beweismaterial, das sich im Laufe der 14 Monate seit der Regatta angesammelt hatte. Von der Richterbank aus blickte Abernethy, ein bärtiger Mann mit dem vernünftigen, ruhigen Gebaren eines Dorfbürgermeisters, in einen rechteckigen Raum mit fleckigem beigefarbenem Teppichboden, Möbeln, die aussahen, als wären sie viele Jahre zuvor angeschafft worden, und grauen, unansehnlichen Backsteinwänden. Direkt vor ihm, hinter einem langen Tisch, saßen mehr als ein Dutzend dunkel gekleidete Rechtsanwälte. Sie vertraten die meisten jener Personen und Organisationen, die für die Todesfälle, zu denen es während der Regatta gekommen war, möglicherweise zur Verantwortung gezogen werden konnten. An jedem Tag des fünfwöchigen gerichtlichen Verfahrens wurden der CYC und das Wetteramt von mindestens zwei Anwälten vertreten. Auf den anderen Stühlen saßen wechselnde Personen, darunter die Rechtsbeistände von Richard Purcell, Kooky, Lew Carter, Richard Winning sowie Jim Lawlers Witwe.

Hinter den Anwälten waren mehrere Stühle für die Familienangehörigen jener Segler reserviert, die ihr Leben verloren hatten. Penny Dean und ihre beiden Söhne Nathan und Peter waren ebenso an mehreren Tagen anwesend wie Denise Lawler und Shirley Bannister. Anne Goodman war aus England angereist. Jeden Morgen packte sie ihren Laptop aus, steckte das Anschlusskabel in die Wand und verkleidete es mit Klebeband, damit niemand stolperte. Während der Untersuchung tippte sie Notizen und Zeugenaussagen in den Computer. In den Mittags- und Kaffeepausen blieb sie für sich, sprach mit kaum jemandem außer Penny Dean und zwei Polizeibeamten, die Ermittlungen über die Regatta angestellt hatten.

Richard Purcell graute schon vor dem Verfahren. Vor allem machte er sich Sorgen, dass eine Videoaufzeichnung des Fernsehinterviews, das er kurz nach seiner Ankunft in Hobart gegeben hatte – in dem er damit geprahlt hatte, bereits in »dreimal so hohen« Seen gesegelt zu sein –, vorgespielt werden würde, da es seine Behauptung, es sei zu gefährlich gewesen, in Richtung der *Sword of Orion* zu wenden, in Zweifel ziehen würde. Es stand viel auf dem Spiel: Wenn der Coroner zu dem Schluss kommen würde, dass die *Margaret Rintoul* hätte etwas unternehmen können, das den Tod von Glyn Charles möglicherweise verhindert hätte, könnte Purcell wegen eines Verbrechens vor Gericht gestellt werden. Aus diesem Grund hatte er einen der prominentesten australischen Strafanwälte, Alex Shand, zu seinem Rechtsbeistand gewählt.

Als Kooky im Zeugenstand Platz nahm, sagte er aus, dass die *Rintoul* mehr hätte tun müssen. »Hätte sie abgestoppt, hätte man die Suche nach Glyn Charles fortsetzen können«, und zwar früher, als es der Fall gewesen sei. Wäre er auf der *Rintoul* gewesen, fügte er hinzu, »hätte ich als Erstes den zweiten Funkkanal genau eingestellt. Ich hätte festgestellt, in was für einer Lage sich die Männer befanden. Und ich hätte ihre Position durchgegeben – und dass die Yacht entmastet war. Aber die Leute auf der *Rintoul* haben nur gesagt, sie hätten ein Notsignal gesehen – sonst nichts.«

Gerichtliche Verfahren des Coroner sind mitunter durch einen juristischen Schlagabtausch gekennzeichnet, bei dem Schuldzuweisungen wie eine heiße Kartoffel herumgereicht werden. Jeder

Anwalt bekommt die Gelegenheit, jeden einzelnen Zeugen zu vernehmen. Als Shand mit Kooky an der Reihe war, griff er ihn mit jenem Ungestüm an, der ihn unter australischen Strafverteidigern zu einer Legende gemacht hatte. Zuerst zog er Kookys Befähigung als Schiffsführer in Zweifel, indem er ihn kritisierte, weil er mit dem Ausstieg aus dem Rennen so lange gewartet habe. »Einige Stunden lang«, sagte Shand, »waren Sie wie erstarrt, unfähig, eine Entscheidung zu treffen.« Kooky verteidigte sich, indem er dem Wetteramt die Schuld gab, und entgegnete, es habe nicht genügend Informationen über die Lage des Tiefdrucksystems geliefert. »Ich machte mir Sorgen, dass wir erneut in den Sturm geraten könnten, wenn wir nach Norden gesegelt wären.« Nach einer Pause fügte er hinzu: »Und genau das ist dann ja auch passiert.«

Später machte Kooky gegenüber dem Coroner eine Aussage, die näher auf dieses Thema einging, wobei er behauptete, dass das Wetteramt unmittelbar für Glyns Tod verantwortlich sei, weil es versäumt habe, mehr Einzelheiten über den Sturm zu liefern. »Hätte man die Informationen zur Verfügung gestellt«, sagte Kooky aus, »wäre die Entscheidung, umzukehren, nicht getroffen worden, die *Sword of Orion* wäre in besseres Wetter gesegelt, und die Kenterung, die zu Mr. Charles Glyns Tod führte, hätte nicht stattgefunden.«

Das Wetteramt bot offenbar ein leichtes Ziel. Clouds Badham hatte vor Kooky ausgesagt, und auch er kritisierte das Amt, weil es den Ort und die Zugbahn des Tiefdruckgebiets nicht genau festgelegt habe. »Sie haben gesagt: ›In der Bass Strait befindet sich ein Tief‹«, sagte Clouds und sah dabei Richard Stanley, einen der Anwälte des Wetteramts, an. »Dann hätte man den Teilnehmern doch sagen können, wo es liegt, verflucht noch mal. Das war doch kein Geheimnis.«

Stanley wies sowohl Clouds' Kritik als auch Kookys Versuch, dem Wetteramt die Schuld an Glyns Tod zuzuschieben, zurück. Er behauptete, dass die Vorhersagen »im Kern zutreffend« gewesen seien, und argumentierte: »Mr. Kothe hat versucht, Beweise für die Rechtfertigung seines Entschlusses zu finden, nicht zu einem früheren Zeitpunkt umgekehrt zu sein.«

Alex Shand interessierte die Qualität der Vorhersagen des Wetterdienstes überhaupt nicht. Er wollte vielmehr, dass Kooky die realen Bedingungen als so extrem schilderte, dass es unvernünftig gewesen wäre, von der *Margaret Rintoul* zu erwarten, in Richtung der *Sword* zu wenden. Als Kooky nicht jene Antwort lieferte, auf die Shand hinauswollte, stemmte er die geballten Fäuste wie ein Gladiator in die Hüften. Und dann fragte er mit Verachtung und Empörung in seiner Stimme: »Wollen Sie nun endlich meine Frage beantworten – und zwar direkt?«

Als Kooky schließlich zugab, dass das Wetter »ziemlich schrecklich« gewesen sei, nahm Shand die Fäuste von den Hüften und schnauzte ihn an: »Dafür haben Sie aber lange gebraucht.« (Der Coroner, dem bewusst war, dass Purcell eine Verleumdungsklage gegen den CYC vorbereitete, war offenbar besorgt wegen Shands umbarmherzigen Vorgehens und dass sein Gerichtssaal möglicherweise für andere Interessen als die eigenen missbraucht werden könnte. »Und wie hilft mir das?«, wollte Abernethy von Shand wissen. »Vielleicht hilft es Ihnen in einem anderen Zusammenhang. Ich kann aber nicht erkennen, wie es mir helfen könnte.«)

Als Purcell den Zeugenstand betrat, äußerte Alun Hill, der dem Coroner assistierte, indem er eine dem Staatsanwalt ähnliche Rolle spielte, es sei »vermutlich die niederträchtigste Anschuldigung einem Segler gegenüber«, einem Boot in Seenot die Hilfe zu verweigern. Purcell pflichtete ihm bei und charakterisierte seinen Entschluss, nicht umzukehren, als »eine der schwierigsten Entscheidungen meines Lebens«. Aber die *Rintoul* habe mit Wind von 50 Knoten und zehn Meter hohen Wellen gekämpft, und der Motor habe nicht funktioniert. »Mr. Hill, zu dem Zeitpunkt haben wir ums nackte Überleben gekämpft.«

»In Ihrem Fernsehinterview haben Sie etwas anderes gesagt«, unterbrach ihn Hill. Der Augenblick, den Purcell gefürchtet hatte, war gekommen. Nachdem Hill die Gerichtsdiener gebeten hatte, eine Videoaufzeichnung seines Interviews abzuspielen, wurde ein witzelnder und stolzer Purcell, die Nase noch mit dicker weißer Sonnencreme eingeschmiert, auf einen großen Bildschirm an der Vorderwand des Gerichtssaals projiziert. Während sich alle Anwesenden die Aufzeichnung ansahen, senkte er den Kopf. Als das Ganze vorüber war, sagte er, er habe wohl »phantasiert«, als er das Interview gab.

Der Coroner akzeptierte die meisten der Aussagen Purcells. Er bezog die damaligen Wetterverhältnisse ein: »Ich habe kein Problem mit Ihrer Entscheidung, nicht umzukehren, um dem Boot Hilfe zu leisten«, sagte er. Es interessiere ihn aber, warum die *Rintoul* es versäumt habe, mit der *Sword* in Funkkontakt zu treten, worauf Purcell antwortete, dies habe nicht in seinem Verantwortungsbereich gelegen. »Ich habe gar nicht daran gedacht, ans Funkgerät zu gehen. Das hatte ich Colin Betts überlassen«; Betts war der Navigator der *Rintoul*.

Betts, dessen Zeugenaussage durch lange Pausen unterbrochen wurde, behauptete, es sei ihm schlicht nie in den Sinn gekommen, das VHF-Funkgerät anzuschalten. Er habe es ausgeschaltet, bald nachdem er Lew Carter über Funk erreicht hatte, weil er »Energie sparen wollte und auch weil ich dafür sorgen wollte, dass sich die Jungs ein bisschen ausruhen konnten«. Hill, der anmerkte, dass Betts seit 1955 Regatten segele, fiel es schwer, diese Aussage gelten zu lassen. Noch skeptischer schien er, als er Betts fragte, warum er Carter nicht gesagt habe, dass die Yacht, die Purcell gesichtet hatte, entmastet war. Betts erwiderte, dass er das getan habe. Hill entgegnete, dass eine Aufzeichnung des Funkgesprächs mit Lew Carter eine solche Information nicht enthalte.

Die meisten Zeugenaussagen der Überlebenden der *Winston Churchill* konzentrierten sich auf ihren Kampf, inmitten der riesigen Wellen auf ihren Rettungsinseln zu bleiben. Steamer, der seine Aussage in seiner ruhigen und selbstbewussten Art machte, brachte vor, dass niemand von der *Winston Churchill* etwas von dem erfahren habe, was Mega Bascombe am Morgen des Regattastarts nahe am Bug der Yacht entdeckt hatte. Nichtsdestotrotz wies er die Möglichkeit zurück, dass der Defekt irgendetwas mit dem Sinken der Yacht zu tun haben könnte. Das Schiff sei vor der Regatta mehrere Tage lang aufgebockt gewesen, an einer exponierten Lage in Richard Winnings Werft, sagte Steamer, und bekräftigte, dass jedes schwer wiegende Problem aufgefallen wäre. »Fünfzehn Handwerker sind da mindestens viermal am Tag vorbeigegangen«, sagte er und fügte hinzu, dass bestenfalls ein »kosmetisches Stück Dichtmasse« gefehlt haben könnte.

So wie im Fall der *Margaret Rintoul* ging es bei den beunruhigendsten Fragen hinsichtlich der *Churchill* um die Funkkontakte. Steamer hatte keine Erklärung dafür, warum die *Churchill* es versäumt hatte, während des 14.00-Uhr-Positionsberichts am Tag ihres Untergangs ihren Standort durchzugeben. Es war ein entscheidender Punkt. Als Lew Carter die *Churchill* rief, war es zirka 15.00 Uhr, also etwas weniger als zwei Stunden bevor die *Churchill* von der Welle fiel und sank. Hätte jemand auf der Yacht während des Funkrufs eine exakte Position durchgegeben, hätte der AusSAR erkannt, dass es sich bei der Yacht, die Neil Boag entdeckt hatte, um die *Churchill* handelte. Ausgestattet mit einem präzisen und einigermaßen aktuellen Standort, wäre es möglich gewesen, die Suche auf ein vergleichsweise kleines Gebiet zu konzentrieren – und das wiederum hätte die Wahrscheinlichkeit erhöht, dass die Rettungsinseln vor der Nacht, in der Michael Bannister, John Dean und Jim Lawler starben, gefunden worden wären.

Das Gericht legte eine Mittagspause ein, bevor Steamer seine Aussage beenden konnte. Als er mit Gibbo, der den ganzen Morgen im Gerichtssaal gewesen war, einen Pub in der Nähe aufsuchte, bestellte er völlig unbeeindruckt ein Steak-Sandwich und ein Bier. Die Stimmung änderte sich dramatisch, als ein sichtlich aufgeregter Richard Winning zwischen ihnen Platz nahm. Winning war wegen der Fragen in Bezug auf den fehlenden Positionsreport höchst beunruhigt. »Das ändert die Lage vollkommen!«, erklärte er. »Plötzlich versuchen die, es so erscheinen zu lassen, als hätten wir nicht gewusst, was wir tun!«

»Ich sehe das anders«, sagte Gibbo. »Machst du dir tatsächlich Gedanken deswegen?«

»Ja, das tue ich!«, entgegnete Winning scharf. Er sorgte sich vor allem darum, dass niemand erklären konnte, warum Lumpy, der als Navigator die Position der *Churchill* hätte durchgeben müssen, dies nicht getan hatte. »Die wollen es so aussehen lassen, als hätten wir unserem unerfahrensten Mann eine wichtige Aufgabe übertragen – und dass er nicht genug Kenntnisse hatte, um sie zu bewältigen.«

Gibbo wollte ihn beruhigen, aber es nützte nichts. Winning stand vom Tisch auf, rief seine Anwältin an und bat sie, bei der Sitzung am Nachmittag zugegen zu sein. In Wirklichkeit sorgte sich auch Gibbo wegen des fehlenden Positionsberichts, wenngleich er das nicht zugab. Vor dem gerichtlichen Verfahren war ihm dieses Versäumnis nicht einmal bewusst gewesen, doch als ihm aufging, wie wichtig es möglicherweise war, verlangte er nach einer Erklärung.

Die lieferte dann Lumpy, als er in den Zeugenstand trat. Er sagte aus, dass er zwar während des Großteils des Positionsreports das

Funkgerät überwacht habe, um 14.30 Uhr, nicht lange bevor die *Winston Churchill* aufgerufen wurde, jedoch so müde gewesen sei, dass er John Dean gebeten habe, ihn abzulösen und die Position der *Churchill* durchzugeben. Er sei dann in eine Koje gestiegen und eingeschlafen, sagte Lumpy.

Deans Witwe und seine Söhne waren empört über diese Unterstellung, dass Dean eine so ungemein wichtige Aufgabe nicht ausgeführt habe. Natürlich konnte er sich nicht selbst vertreten, aber der Coroner versuchte es trotzdem in seinem Schlussbericht, indem er erklärte: »Nach den mir vorliegenden Anhaltspunkten bin ich mir sicher: Wäre John Dean von Paul Lumtin aufgefordert worden, die Position der *Winston Churchill* per Funk durchzugeben, so wie es der Positionsbericht verlangte, dann hätte er dies auch getan.«

Am Freitagabend, einige Stunden nachdem das Verfahren in die Wochenendpause gegangen war, kam Gibbo mit einer Gruppe von Freunden im Sydney Amateur Sailing Club zu einer Abendregatta zusammen. Es war ein perfekter Abend. Während Gibbo seine Yacht in die Mitte des Hafens von Sydney steuerte, nicht weit entfernt von der Stelle, wo die Startlinie des Hobart gewesen war, ging eine stete, warme Brise. Es war einer jener Abende, an denen alle, die auf einem Boot waren, selbst diejenigen, die noch nie im Ausland gewesen waren, absolut überzeugt waren, dass Sydney die schönste Stadt der Welt ist. Und es war auch die Art Abend, die Gibbo an all das erinnerte, was er am Segeln so liebte. Und da ein wichtiger Bestandteil der Abendregatten die Kameradschaft ist, hatten alle vor dem Startschuss eine Dose Bier geöffnet.

Nach dem Startschuss wurde natürlich die fröhliche Geselligkeit durch den Drang nach sportlichem Wettstreit ersetzt. Gibbos Sohn, ebenfalls John genannt, stand am Ruder, Gibbo schlug die Taktik vor, und die anderen Crewmitglieder trimmten die Segel, während die Sonne im Meer versank und der Himmel sich von strahlenden Blau- zu rosafarbenen Tönen verfärbte. Nachdem die Wettfahrt beendet und die Crew ins Clubhaus zurückgekehrt war, berechnete der Regattaausschuss das Ergebnis jeder einzelnen Yacht nach ihrem Handicap und der korrigierten Zeit. Gibbo wurde zum Sieger erklärt.

Nachdem zur Feier des Tages eine Flasche Rotwein ausgeschenkt worden war, drehte sich das Gespräch um die gerichtliche Untersuchung. »Eine schreckliche Sache für den Segelsport«, sagte Gibbo. »Niemand hat Schuld an dem, was passiert ist. Das Wetteramt hat sein Bestes gegeben. Wie auch alle auf der *Churchill*. Richard Winning hat nicht Unrecht getan. Er ist ein Held: Er hat die Rettungsinsel verlassen und umgedreht – und genau das war heldenhaft.«

In der Bucht manövrierten die Yachten gemächlich hin und her, schaukelten in dem ruhigen Wasser. Jenseits davon lag ein Hafen und dahinter wiederum ein Ozean. Seit Menschen zur See fahren, hat Wasser die Menschen angezogen. Seit Tausenden von Jahren waren Männer wie Gibbo und sein Sohn hinausgefahren, um mit der See zu spielen, sie zu erforschen und sich mit ihr zu messen. Einige kamen nie zurück, andere dagegen kehrten immer wieder heim. Viele konnten nicht genau sagen, warum sie sich so sehr zu den Wellen hingezogen fühlten. Und während sie so dasaßen, Wein tranken und sich erinnerten, fand auch Gibbo keine Worte dafür. Doch die Anziehungskraft war da, so machtvoll wie immer.

Danksagung

Ohne die umfassende Mitarbeit der Protagonisten hätte ich dieses Buch nicht schreiben können. Während meiner zehn Reisen nach Australien unterzog sich jeder der Überlebenden der *Winston Churchill* und der *Sword of Orion* längeren Interviews und nicht enden wollenden Anschlussfragen. Die Crews der *Sayonara* und der *Brindabella* waren nicht weniger zuvorkommend. George Snow schilderte nicht nur seine Erlebnisse bei dieser Sydney-Hobart-Regatta, er zeigte mir auch, worauf es beim Wettsegeln von Maxi-Yachten ankommt, und gab mir mehrmals die Gelegenheit, mich seiner Besatzung anzuschließen. Larry Ellison nahm sich die Zeit, alle meine Fragen zu beantworten, das erste Gespräch führten wir bei einem Marathon-Lunch im Garten seines Hauses in Kalifornien; das Gleiche gilt für Lachlan Murdoch während meiner Interviews mit ihm.

Neben der Rekonstruktion der Ereignisse der Regatta gab jeder Segler sein Bestes, sich an seine damaligen Gedanken und Gefühle zu erinnern. Es mag der Erwähnung wert sein, dass die Zitate im Buch ausschließlich Sätze markieren, an die zumindest eine Person sich erinnert, sie gesagt oder gehört zu haben. Nicht ausgesprochene Gedanken, von denen einige kursiv wiedergegeben sind, resultieren aus Fragen wie beispielsweise: »Was haben Sie zu der Zeit, als dies passierte, gedacht?«

Einige Protagonisten des Buches sind bei der Regatta ums Leben gekommen. Ich habe ihre Familienangehörigen interviewt und bin ihnen zutiefst dankbar, dass sie mich zu sich nach Hause eingeladen und Erinnerungen und Fotos mit mir geteilt haben.

Patrick Sullivan, der ehemalige regionale Leiter des Australian Bureau of Meteorology, tat viel mehr, als mir nur die Rolle des Wetteramtes während der Regatta zu erläutern: Er wies mich geduldig in die komplizierte Wissenschaft vom Wetter ein. Roger Hickman, der Vizepräsident des Cruising Yacht Club, half mir bei der Klärung einiger komplizierter Fragen. John Abernethy, der Coroner von New South Wales, stellte mir mehrere hundert Seiten Material aus seiner Untersuchung zur Verfügung, darunter die Abschriften von Polizei-Interviews, die bald nach der Regatta durchgeführt worden waren. Alan Kennedy, der vielseitig begabte Journalist, der über das Rennen und über dessen Folgen für den *Sydney Morning Herald* berichtete, half mir kollegial während der Recherchen zu meinem Buch und gab mir eine Reihe wichtiger Ratschläge. Zwei meiner Kollegen, Paul Steiger, Chef vom Dienst des *Wall Street Journal*, und John Bussey, Leiter des Auslandsressorts, spielten eine zentrale Rolle, indem sie mir den Urlaub genehmigten, den ich zur Fertigstellung des Buches benötigte.

David und Andrée Milman stellten mich während meiner ersten Reise nach Sydney mehreren wichtigen Personen vor und boten mir eine spektakuläre Unterkunft während fast aller meiner folgenden Besuche. Ebenso wichtig war, dass sie sich für mein Projekt begeisterten, was sie mir bei vielen schönen gemeinsamen Essen zeigten, und mir immer wieder versicherten, dass es sich lohne, dieses Buch zu schreiben. Während verschiedener Phasen lasen mehrere andere Freunde – Reginald Chua, Adam Glick, Denise Scruton, Doug Sease, Harry van Dyke und Tim Zimmermann – das Manuskript mit gezücktem Bleistift. Sie alle haben einen wichtigen Beitrag geleistet.

Das Buch profitierte ferner von hervorragenden Redakteuren und Verlegern. Larry Kirshbaum und Maureen Egen, die »Skipper« bei Time Warner Trade Publishing, und Michael Pietsch, Little, Brown-Verleger und Cheflektor, demonstrierten wiederholt, warum sie die

Besten ihres Fachs sind. Steve Lamont, der penible Korrektor, sorgte für ein fehlerfreies Manuskript, und Elizabeth Nagle half mir beim Zusammenstellen der Fotos. Vicki Flick, Michelle Kane, Jessica Napp und Cathy Saypol warben für das Buch mit unternehmerischem Enthusiasmus. Patrick Gallagher und Paul Donovan von Allen & Unwin, dem Verlag in Australien, danke ich für ihre redaktionelle Anleitung und Gastfreundschaft und auch dafür, dass sie einem Amerikaner ein Thema anvertrauten, das für Australien von solch großer Bedeutung ist. Ebenso danke ich Nicholas Pearson von Fourth Estate, dem Verlag in Großbritannien, vor allem für seine Ratschläge hinsichtlich erzähltechnischer Fragen, die er mir bereits gab, bevor er das Buch akquirierte.

Schließlich wären noch Sarah Burnes und Bill Clegg zu nennen, ohne die dieses Buch gar nicht entstanden wäre. Es war Sarah, eine begabte Lektorin und erfahrene Blauwasserseglerin, die die Idee zu diesem Buch hatte. Und es war Bill, mein Freund und Agent, der Sarah sagte, dass ich dieses Buch schreiben solle. Von Anfang an haben sie mir jene gleich bleibende Unterstützung und jenen klugen Rat geliefert, die jeder Autor benötigt. Nachdem Sarah Little, Brown verlassen hatte, um mit Bill eine aufregende neue literarische Agentur zu gründen, nahm schließlich Geoff Shandler den Ball auf. Es gelang ihm, sowohl einen nahtlosen Übergang herzustellen, als auch einen sehr erheblichen Beitrag zum Endprodukt zu leisten.

G. Bruce Knecht
Hongkong

Bildnachweis

S. 1: © Newspix/News Ltd.
S. 2: © Newspix/Gregg Porteous
S. 3 oben: © Newspix/Roy Haverkamp
S. 3 unten: © Newspix/Tony Palmer
S. 4 oben: © Newspix/Peter Barnes
S. 4 unten: © Newspix/Ian Mainsbridge
S. 5: © Newspix/News Ltd.
S. 6 oben: Satellitenfoto bearbeitet durch © Commonwealth Australia Bureau of Meteorology, aufgenommen von dem Geostationary Meteorological Satellite (GMS-5) der Japan Meteorological Agency
S. 6 unten: © Newspix/News Ltd.
S. 7 oben: © Newspix/AFP
S. 7 unten: © Newspix/Jay Town
S. 8: © Newspix/Ray Strange